KB143219

무엇이 법을 만드는가

What Makes Law

무엇이 법을 만드는가

법 철 학 입 문

WHAT MAKES LAW

리엄 머피 LIAM MURPHY 지음

이종철 · 김대근 옮김

AN INTRODUCTION TO THE
PHILOSOPHY OF LAW

글항아리

일러두기

원서에서 이탤릭체로 강조한 것은 고딕체로 표시했다.

시빌에게

이 책은 법철학의 핵심 문제들을 다루는 고급 입문서다. 현행법의 내용을 결정하는 요소들은 무엇인가? 어떤 규범 체계를 하나의 법체계로 만드는 것은 무엇인가? 국제법은 국내법과 어떻게 다른가? 법은 어떤 도덕적 힘을 갖고 있는가? 이는 모두 법의 본성과 관련된 문제다. 이 책은 중요한 법철학의 기존 견해들을 소개하지만, 기존 문헌을 살펴보는 것이 주목적은 아니다. 오히려 소란스러운 여러 쟁점에서 한발 물러나 주제에 대해 큰 그림을 그리고, 오래된 논쟁들 가운데 중요한 것들만을 골라서 보여주는 데 목적이 있다.

법철학은 다소 무미건조하고 내향적인 학문이 되어가고 있다. 부분적으로 이는 주요 문제들에 대한 학계 내부의 견해차가 다루기 힘들 정도로 벌어졌기 때문이다. 이 책의 주된 목적은 중요한 문제들에 대한 견해차가 극심한 이 상황에서 진단과 적절한 실천적 대응 방안을 함께 제시하는 것이다.

1장

서문

철학자: 지금까지 우리는 법의 본성과 본질을 고려하지 않은 채, 아무 생각 없이 법을 이야기해왔다. 지금 법이라는 단어를 정의하지 않으면 우리는 아무리 앞으로 나아가도 모호성과 오류에서 벗어날 수 없게 되며, 이는 시간 낭비일 뿐일 것이다. 반면에, 단어들에 관한 합의가 이루어진다면 지금부터 우리가 이야기해야 하는 모든 것이 명확해질 것이다.

법률가: 나는 어떤 법령에서도 법에 대한 정의를 본 적이 없다.

(홉스 [1681] 1971, 69)

법에 관해서는 여러 종류의 철학적 질문이 제기될 수 있다. 존 롤스의 주요 저서들(Rawls 1996·1999)은 한 국가가 정당하고 정의롭기 위해서는 법의 내용이 어떠해야 하는지에 관한 논의라고 볼 수 있다. 또 어떤 연구들은 법이라 불리는 그런 지배 구조를 설계하는 여러 방식을 평가한다는 점에서 좀더 분명하게 법 이론의 테두리 안에 놓여 있다(Kornhauser 2004). 그렇다면 우리는 형식적으로 실현 가능한 법 규칙들을 택해야 하는가(Kennedy 1976), 아니면 좀더 개방적인 기준들을 택해야 하는가? 법치주의라는 도덕적 이상을 실현하고 따라서 우리를 마땅히 책임 있는 행위자로 다스리기 위해서 법 규칙이나 법 기준이 충족해야 하는 원칙은 무엇인가?

이 책은 이러한 문제들을 다루고 있지만, 이는 대체로 '법의 본성이 무엇인가'라는 내 주된 연구 주제와 이 문제들을 대조해보기 위해서다. 두 가지 주된 질문이 있고, 나는 그중 첫 번째 질문에 좀더 초점을 맞추고 있다. '무엇이 법을 만드는가'라고 물을 때 우리는 '현행법의 내용을 어떻게 결정하는가'라는 질문을 염두에 두고 있는지도 모른다. 이는 법의 근거들에 관한 질문이다. 여기서 오래된 쟁점─지난 200여 년간 비로소 철학의 주요 관심사로 자리 잡게 되긴 했지만─은 '법이 무엇이어야 하는가'와 대조되는 문제인 '법이 무엇인가'에 대해 알아내고자 할 때 도덕적 고려 사항들이 항상 관련 있는가 하는 것이다. 이 책 후반부에 가서야 다룰, 우리가 염두에 두고 있는 또 다른 문제는 규범 질서를 법질서─관습적 도덕, 에티켓, 도둑들끼리의 의리 같은 다른 어떤 것이 아니라─로 만드는 것이 무엇인가 하는 것이다.

법의 근거들이라는 문제에 대한 두 가지 핵심 입장 중에서, 법의 내용을 이해할 때 도덕적 고려 사항들이 항상 관련된다는 것을 부정하는 쪽이 이른바 "실증주의자"다. 이와 반대로 도덕적 고려 사항들이 항상 관련된다고 주장하는 쪽에는 아직 적절한 명칭이 없는데, 나는 이쪽 사람들을 "비실증주의자"라고 부르겠다. H. L. A. 하트가 1961년

『법의 개념The Concept of Law』(Hart 1994)을 출간한 이래, 특히 로널드 드워킨이 1967년에 「규칙들의 모델The Model of Rules」(Dworkin 1978 수록)이라는 논문을 발표하며 실증주의를 공격하기 시작한 이래, 이 논쟁과 관련해 엄청난 양의 문헌이 쏟아져 나왔다. 나는 이 책에서 다음 세 장을 통해 이 논쟁의 골자를 보여주고자 한다. 논쟁의 수많은 우여곡절을 온전하게 다루려는 것이 나의 의도는 아니다. 오히려 나는 두 입장에 동기를 부여하고, 각각의 입장이 가장 근본적으로 믿고 있는 바를 설명하며, 내가 생각하기에 각 입장에 가장 유리해 보이는 것을 통해서 두 입장을 보여주고자 한다. 이 말은 결국, 많은 성가신 문제는 무시하고 주요 텍스트들을 내 마음대로 수정주의적으로 해석하겠다는 의미다.

2장에서는 어떤 법이든 법의 내용을 만드는 것이 무엇인가—법의 근거들의 문제—에 대한 이론과, 법관을 비롯한 법적 의사 결정자들이 어떻게 판결해야 하는가에 대한 이론의 중요한 차이를 설명한다. 법의 근거들에 대한 논쟁을 어떤 식으로 이해하든 그 차이를 이해하는 것은 중요하다. 여기서는 또한 두 입장에 대한 간략한 소개와 그 논쟁의 역사도 제시한다. 실증주의와 비실증주의에 대한 좀더 상세한 내용은 그다음 두 개 장에서 서술한다.

3장에서는 하트를 전형적인 실증주의자로 다루며, 실증주의 입장을 옹호하는 또 다른 중요한 두 사람인 한스 켈젠과 조지프 라즈도 참조한다. 하트에 대한 해석에서 나는, 하트의 법 이론에 대한 가장 강력하고 설득력 있는 설명이라 할 만한 서술에 이르기 위해 최대한 노력할 것이다. 나는 하트의 글에서 드러나는 복잡성이나 종종 보이는 부적절한 표현, 그리고 그의 글에 대한 방대한 문헌을 거론하는 데는 많은 시간을 할애하지 않을 것이다. 4장에서는 가장 중요한 비실증주의 철학자인 로널드 드워킨을 주로 다룬다. 그러나 드워킨 역시 개략적으로 다룰 것이다. 나는 드워킨의 입장을 구성하고 있는 여러 주장을 펼쳐놓을 텐데, 그 주장들은 한데 모여 설득력 있는 하나의 기조를 이루긴 하지만, 내가 알기로는 그 주장들 하나하나가 모두 비실증주의에 필수적인 것은 아니다. 비실증주의는 현행법의 내용을 결정하는 데는 반드시 도덕적 고려 사항들이 관련된다고 보는 것이다. 드워킨은 이런 생각을 갖고 있지만 그 밖에 다른 생각도 많이 갖고 있는데, 그의 다른 주장들 일부에 동의하지 않아도 비실증주의를 수용할 수 있음을 이해하는 것이 중요하다.

하트와 드워킨에 관해서는 이 책 3장과 4장의 내용보다 더 포괄적인 탁월한 학술서가 많이 나와 있다. 이 책의 목적은 분명하고 타당한 두 가지 입장을 설정함으로써, 그 사이에서 어떤 판단을 할 것인지의 문제를 다룰 수 있도록 하는 것이다.

이것은 간단한 일이 아니다. 이 책의 주된 주장 중 하나는, 두 진영이 법이라는 것에 대한 근본적으로 상반된 두 가지 해석을 대변하며, 어떠한 논변으로도 한쪽이 다른 쪽으로 다가가게끔 할 수 없을 것 같다는 것이다. 이 책의 핵심인 6장에서 자세히 설명하겠지만, 각 진영을 뒷받침하는 어떤 논변도 각 진영이 내놓는 애초의 근본적 입장보다 더 설득력 있어 보이지 않는다. 실증주의자들에게 법이란 오직 사실에 기초한 것이다. 반면에 비실증주의자들은, 법이 사회적·정치적 사실과 연관되어 있을지라도 본성상 좋은 것, 혹은 적어도 잠재적으로 좋은 것이며, 따라서 법의 내용을 판단할 때는 당연히 도덕을 고려해야 한다고 믿는다. 나는 어느 진영도 자기 진영의 근본적 믿음을 사실상 포기할 필요가 없는 그런 전제들에 기댄 논변은 보지 못했다.

이런 팽팽한 경합에 따른 답보 상태는 법의 근거들에 대한 논쟁과 관련해 자주 언급되는 어떤 특징을 해명해줄 수도 있다. 즉, 많은 법률가와 철학자는 그 논쟁이 전적으로 공허하고 무의미하다고 생각한다는 것이다. 법이 무엇인지가 중요하지 않다면 법의 내용을 어떻게 결정하는지도 중요할 수 없으므로, 이러한 견해는 놀라워 보인다. 이 답보 상태로 인해 아무것도 할 수 없는 상황이 법의 근거 논쟁을 포기할 만한 충분한 이유가 되지는 않는다. 법의 근거들이라는 문제의 중요성에 대한 진지한 공격은 법의 내용이 무엇인지를 사실상 알 필요가 없다는 견해에 대한 옹호를 요한다. 이 "배제주의eliminativism"라는 선택지에 대해서는 6장에서 상세히 다룬다. 하지만 이러한 견해가 진지하게 받아들여진다 해도 이는 잘못된 견해일 것이다. 법이 무엇인가 하는 질문과 또 다른 논쟁적인 정치적 개념들에 대한 질문들— 이를테면 민주주의란 무엇인가, 자유란 무엇인가, 법치주의란 무엇인가—사이에는 두드러진 차이가 있다. 그 차이를 드러내기 위해, 5장에서는 정치철학에서의 "X란 무엇인가?" 논쟁의 몇 가지 예를 다루고, 이러한 논쟁들이 정말로 중요하지 않다는 결론에 도달한다. 그 논쟁들이 중요하지 않은 것은, 민주주의가 정말로 무엇인가에 관한 정확한 합의가 없더라도 우리는 우리에게 중요한 온갖 정치적 주제에 대해 계속 이야기할 수 있기 때문이다. 하지만 법의 경우에는 사정이 다른데, 법의 내용이 무엇인가에 관한 논의를 어떤 다른 것—이를테면, 법관은 무엇을 해야 하는가—에 관한 논의로 대체할 수 없기 때문이다.

법의 내용을 간과할 수 없는 주된 이유는, 법 주체에 따라서는 종종 법을 준수해야 할 강력한 도덕적 이유가 존재한다는 데 있다. 7장에서는 법을 따라야 하는 불변의 (하지만 무효화될 수 있는) 도덕적 의무가 존재하는지에 관한 오래된 물음을 다룬다. 나는 도구적 혹은 결과주의적 입장을 옹호하는데, 말하자면 이는 법을 따르는 것이 다른 어떤 행위보다 이로울 때 법을 따라야 한다는 것이다. 이는 사적 개인들에게는 종종 도덕적으로 법 준수가 요구되지 않으리라는 것을 의미한다. 하지만 나는 정부 공무원, 특히 고위 공무원들에게는 일반적으로 법을 준수해야 할 매우 강력한 도덕적 이유가 있다고 보는데, 이것이 7장의 주된 주장이다. 이러한 주장은, 특히 강대국들에는 일반적으로 국제법을 준수해야 할 강력한 도덕적 이유가 있다는 8장의 주장에 결부될 때 "국가들을 위한 법"(Goldsmith·Levinson 2009)이 상당히 중요하다는 주장으로 이어지며, 법의 근거들이라는 문제 전반이 중요한 주된 이유가 되어준다.

나의 두 가지 결론—법이(특히 국가들의 법이) 중요하다는 것, 그렇지만 법의 내용을 해석하는 방법에 관한 대립되는 두 견해가 너무 확고해서 논쟁을 통해 거리를 좁히기 힘들어 보인다는 것—은 내게 어

　　　　　　　　　　　　　　　　무엇이 법을 만드는가

떤 문제를 안겨준다. 만일 법의 내용이 그렇게 중요하고, 또 두 견해가 각기 근본적으로 다른 완고한 견해를 반영하고 있다면, 어째서 수많은 법률가, 정치인, 그리고 보통 사람들이 실증주의와 비실증주의 간의 논쟁에 관심을 갖지 않는 것인가? 만일 우리가 법의 내용을 알기에 앞서 어떤 견해가 옳은지를 알아야 한다면, 그리고 법의 내용이 중요하다면, 왜 우리는 이 문제에 대해 언제나 논하지 않는 것인가? 이물음에 대한 답은 6장에서 제시되는데, 법의 내용을 해석하는 방법에 대해 두 견해가 제시하는 방향이 상당 부분 중첩되어 있다는 것이다. 비록 한쪽은 도덕이 전혀 관계없다고 주장하고 다른 한쪽은 반드시 도덕이 관계있다고 주장하긴 하지만, 이러한 근본적 의견 불일치는 대개 의미가 없다. 따라서, 여기서 법이 무엇인가라는 물음에 대해 두 견해의 답변이 다른 경우가 많다 해도, 사실상 다르지 않은 경우가 더 많을 것이다. 마지막 장에서는 두 견해가 상이한 결론을 도출하는 경우들에 대해 우리가 얼마나 관심을 가져야 하는지, 그 간략한 생각을 제시한다.

법의 본성에 관한 두 번째 주된 문제, 즉 법을 다른 무엇이 아닌 법으로 만드는 것이 무엇인가에 관해서는 8장에서 다룬다. 8장에서는 국제법과 국가를 넘어서는 또 다른 형태의 법들이 제기하는 몇몇 문제를 다루며, 그중에는 실증주의의 견해와 비실증주의의 견해가 그 영역에서 어떻게 작용하는가의 문제도 있다. 하지만 주된 초점은 국제법이 하나의 법체계로서의 자격이 있는가, 그리고 국가를 넘어서는 법인 국제법이 말하자면 전 세계 행위자들 사이의 관습적 도덕이 아니라 법의 한 형태로 간주될 수 있는가에 모아진다. 이 후자의 문제를 다루면서 나는 조심스럽게 하나의 견해를 제시한다. 강제 집행은 하나의 법질서로 여겨지는 규범 질서의 필수 조건으로 간주될 수 없지만, 그것이 우리가 말하는 법이라면(이를테면 도덕이나 에티켓이 아니라) 강제 집행이 원칙적으로 적절하다고 간주된다는 것이 내 생각이다. 독자에게 설득력을 발휘할 수 있기를 바라며 하나의 견해를 제시하는 가운데, 나는 무엇이 법을 법으로 만드는가에 대한 견해차가 법의 근거들에 대한 논쟁에서 보이는 그런 근본적인 답보 상태를 초래하는 것은 아니라는 생각을 드러내게 된다. 하지만 나의 그런 생각이 틀릴 수도 있다는 것 또한 부정할 수 없다.

무엇이 법을 만드는가

2장

도덕, 그리고 법의 근거들

판결과 법의 근거들

법의 본성과 관련된 전통적인 논쟁이자 이 책의 중심이 되는 논쟁은 도덕이 어떤 특정 지역의 현행법의 내용을 해석하는 것과 무슨 관련이 있는가 하는 것이다.

한편에는 사실 문제들, 이를테면 입법부와 같은 법 기관에서 발행되는 어떤 문서에 적혀 있는 것의 의미가 있다. 그리고 다른 한편에는 개인의 옳고 그름뿐만 아니라 규범적 정치 이론(이를테면 사회 정의나 국가 권력의 적정 한계에 대한)까지 포함하는 넓은 의미에서의 도덕적 고려 사항들이 있다. 누구나 사실 문제들이 현행법의 내용을 결정하는 데 관련 있다고 생각한다. 하지만 법의 본성에 관한 주된 논쟁은 도덕적 고려 사항들도 이에 관련되는가 하는 논쟁이다. 이것은 드워킨 (Dworkin 1986, 4)이 법의 근거들이라고 부른 것에 대한 논쟁, 곧 무엇이 법 명제들을 참으로 만드는가에 관한 논리적 다툼이다.

이러한 논쟁은 도덕 판단이 법을 만드는 자들에게 영향을 미치는지, 혹은 미쳐야 하는지의 문제와는 명확히 별개다. 우리는 도덕 판단이 영향을 미쳐야 하며, 어느 정도는 영향을 미치고 있다는 것을 당연시해도 된다. 문제는, 현존하는 법이 무엇인지를 해석하는 데 도덕적 고려 사항들이 관련 있는가 하는 것이다.

법의 근거들의 문제는 또한 법관이 분쟁에 대해 판결할 때 도덕적 고려 사항들을 적용해야 하는가의 문제와도 별개인데, 이 점은 그리 명확하지 않을 수도 있다. 이 대비를 밝히는 것이 아마도 법의 근거들에 관한 이 전통적 논쟁에 초점을 맞추는 가장 좋은 방법일 것이다.

다른 사람들의 법적 권리와 의무를 결정하는 일을 하는 정부 공무원에게는 법적 의사 결정에 대한 이론이 필요하다. 법관에 있어서는 이러한 이론이 판결 이론Theory of adjudication이라 불린다. 다른 정부 기관의 공무원들 역시 다른 사람들의 법적 권리와 의무에 관해 의사 결정을 하지만―후반부 장들에서 중요하게 다루어질―, 핵심 사건과 자연스러운 출발점을 제공하는 것은 법관이다.

한 법관의 판결 이론은 개략적일 수도 있고, 어쩌면 그저 암시적으로 드러날 수도 있지만, 법관은 반드시 판결 이론을 가지고 있어야 한다. 무엇을 고려하는 것이 적절한지에 대한 견해를 갖지 않고는 사람들이 처한 법적 상황에 관해 결정을 내릴 수 없다. 이에 반해, 법관들이 법의 근거들에 관한 이론을 반드시 갖고 있어야 하는 것은 아니다. 말하자면 (현존하는) 법이 무엇인지의 문제에 도덕적 고려 사항들이 관련 있는지, 그리고 어떤 경우에 관련 있는지를 법관에게 알려줄 그런 이론은 법관에게 필수가 아닌 것이다.

판결 이면에서 이루어진 추론에 대한 기록에는 관련 있는 것으로 간주된 많은 요인이 언급될 수 있다. 이를테면 헌법, 법령, 선행하는 사법 판단, 특정 업계나 지역의 지배적 관습, 법학자들의 견해, 사회 복지, 정의, 공정성 같은 것이다. (어떻든 보통법 관할권에서) 사법적 견해는 하나의 판결이 어떻게, 어떤 이유로 도출되는지를 설명해주고, 따라서 법관의 판결 이론에 관해 많은 것을 말해주지만, 판결의 근거가 된 요인들 중 어떤 것이 현존하는 법에 속하는 것인지에 대한 법관의 견해를 반드시 드러내주지는 않을 것이다.

만약 법관이 자신이 어떤 선행 법을 발견했을 때 그 법의 상태를 밝힐 것을 항상 요구받는다면, 법관은 예컨대 공정성에 대한 고려 사항들이 그 법의 일부분인지 아니면 그 법의 일부분은 아니나 판결 시 정당하게 고려해야 하는 사항들의 범주에 드는 것인지에 대해 자기 견해를 밝힐 필요가 있을 것이다. 그러한 범주화에는 원칙적으로 어떤 종류의 요인들이 법의 내용을 해석하는 데 관련되는지에 관한 이론이 요구된다. 법의 근거들에 대한 이론이 요구되는 것이다. 법관들이 그런 범주화에 관여하는 것은 일반적으로 불필요하고, 따라서 법관들이 법의 근거들에 관한 이론을 갖는 것도 일반적으로 불필요하다.

이는 심지어 보통법 법원들이 어떤 판례를 명백하게 "뒤엎"거나 혹은 "따르기를 거부"할 때도 마찬가지다. 그러한 진술은, 그 법원의 관점에서 그 파기된 판례가 과거에는 법의 일부였으나 지금은 달라진 것인지, 아니면 그 실추된 판례가 제대로 합의된 법의 일부가 아닌 하나의 오류였던 것인지에 대해 미해결로 놔둔다. 두 견해 모두 전통적인 보통법 사상에서 발견되지만, 보통법의 테두리 안에서 판결을 하는 법관들이 이에 대한 입장을 밝힐 필요는 없다.

어떤 법관과 법 이론가들은, 하나의 사건에 대해 판결할 때 법관이 취할 수 있는 모든 규범적 고려 사항이 당연히 현존하는 법의 일부라고 여긴다. 우리는 이것을 심판자적adjudicatory 법률관 혹은 판결적adjudicative 법률관(Perry 1987)이라고 부를 수 있다. 심판자적 법률관의 함의는, 법이 무엇인지 결정하는 것과 법원에서 특정 분쟁을 해결하는 데 중요한 고려 사항들을 나열하는 것 사이에는 관심을 끌 만한 간극이 존재하지 않는다는 것이다.[1] 만일 심판자적 법률관이 옳다면, 법관들이 법의 근거들에 관한 이론을 가질 필요가 없다고 말하는 것은 옳지 못할 것이다. 하지만 심판자적 법률관은 옳거나 옳지 않을 수도 있으며, 심판자적 법률관이 옳은지 아닌지에 관해 법관이 하나의 견해를 갖고 있을 필요는 없다.

19세기 뉴욕의 '릭스 대 파머 사건'에서 다수 의견과 반대 의견은 법률 해석에서 의견을 달리했다.[2] 프랜시스 파머는 뉴욕주의 관련 법률에 따라 공식적으로 유효한 유언장에서 손자에게 재산을 남길 것임을 명시했는데, 바로 그 손자에게 살해당했다. 결국 그는 자신을 살해한 사람에게 재산을 남기게 된 셈이었다. 다수 의견은 만약 입법자가 이런 사례를 염두에 둘 수 있었다면 살인한 상속인에게 피해자의 재산이 상속되는 것을 허용하지 않았을 것이라고 주장했다. 다수 의견은 또한, 법 조항이 "보통법의 근본 격률"에 비추어 해석되어야 한다

무엇이 법을 만드는가

고 주장했다. 한편 반대 의견을 낸 법관들은 관련 법 조항의 문자적 의미를 그대로 적용해야 한다고 주장했다. 드워킨은 이 논쟁이 "법이 무엇인가에 대한, 입법자들이 제정한 실제 법령이 정말로 말하는 바는 무엇인가에 대한" 논쟁이었다고 설명한다(Dworkin 1986, 20). 법관들이 적절한 판결에 대해 분명 의견 불일치를 드러내긴 했지만, 판결에서 정당하게 고려되는 모든 규범 요소가 현존하는 법의 내용을 결정하는 데 동시에 관련된다는, 법의 근거들에 관한 이론을 법관 모두가 채택하고 있는 것인지는 우리는 알지 못한다. 법관들은 밝히지 않았다. 그들은 법의 본성에 대해 분명한 입장을 취하지 않았는데, 그럴 필요가 없기 때문이었다.

모든, 혹은 거의 모든 법관이 심판자적 법률관을 견지하고 있다고 종종 이야기된다. 만일 이것이 사실이라면, 이러한 주장을 뒷받침하는 근거가 될 것이다. 미국에서 이런 주제를 다루어온 저명한 학자적 법관들─올리버 웬들 홈스 주니어부터 러니드 핸드, 리처드 포즈너에 이르기까지─은 분명 법관은 가끔, 어쩔 수 없이, "입법"을 해야만 한다고 생각했다.[3] 벤저민 카도조(Cardozo 1921)는 그러한 입법적 판결에 관한 이론을 만들었다. 법관은 이른바 "사회학적 방법"을 동원해, 공동체 도덕에 의지해서 현존하는 법 속의 간극을 메워야 한다는 것이다. 하지만 대부분의 법관은 자기 의견 속에서 자신의 법 이론을 표명하지도 않고 사법 절차에 관한 책이나 논문을 쓰지도 않으니, 그들이 어떤 법 이론을 견지하고 있는지 알긴 어렵다.

최근 미국에서는 법관과 법관 지망자들이 "판사석에서의 입법"을 공개적으로 부인하는 것이 일반적인 일이 된 게 사실이다. 그런데 그 같은 법관들 중 많은 이가 법을 적용함에 있어서 법관들이 "스스로의" 도덕적 견해나 정치적 견해에 의지해야 한다는 것 또한 단호히 부인할 것이다. 현존하는 법에 법정에서의 모든 질문에 답해줄 능력을 제공하는 것은 법의 테두리 안에 도덕 판단을 포함시키는 것일 터이므로, 이것은 이들 법관이 견지하는 법 이론이 무엇인지를 조금 이해하기 힘들게 만든다.[4]

물론 대부분의 법관이 하는 말 속에는 다음과 같은 진실이 담겨 있다. 판결 이론에서 논란이 되는 게 무엇이든 간에 법관은 법을 적용해야만 한다는 것이다. 법을 적용하는 것이 법관들이 해야 하는 일의 전부가 아닐지라도 법관에게는 법 이론이 필요하리라는 것이 결론인가? 즉, 법 이론이 사실상 법관에게 일차적으로 필요한 것이라는 말인가(Dworkin 2006, 18~21)?

사실 판결 이론을 발전시키는 한 가지 방법은, 법의 근거들에 관한 이론에서 시작해, 나중에야, 법관들이 언제 선행 법과 결별할 수 있는지(법의 근거들에 관한 이론이 그럴 필요가 있어 보이게 만든다면), 그리고 유효한 법이 문제를 해결하지 못할 때 어떤 결정이 취해져야 하는지(법의 근거들에 관한 이론이 그것을 하나의 가능성으로 만든다면)의 주제로 넘어가는 것이다. 하지만 하나의 사건에 대해 판결하는 방법이라는 직접적이고 실질적인 물음에서 출발하는 것도 가능하다.[5] 만일 우리가 그런 목적에서 시작한다면, 판결 이론의 테두리 안에서, 법과 법이 아닌 것 간의 경계를 설정할 필요는 없다.

무엇이 법을 만드는가

법적 분쟁을 해결하기 위해서는 선행 법의 내용에 관한 판결이 필요하다고 법원이 선언한 예외적인 사례들도 있었다. 독일이 통일된 직후, 두 명의 전직 동독 국경수비대원은 베를린 장벽을 오르려 한 사람에게 총격을 가한 일로 살인죄 유죄 판결을 받았다. 이들은 자신들의 총격이 구독일민주공화국(동독)의 법에 따른 것이었다고 주장했다. 그 살인은 당시의 현행법에 의하면 정당한 행위였으며, 따라서 살인 혐의는 현재의 통일된 독일연방공화국 법에 저촉되는, 법률 소급으로 간주되어야 한다는 것이었다. 항소법원인 독일 연방법원의 형사재판부는 만일 그 살인이 효력 있는 동독 법에 부합하는 것이었다면 그 유죄 판결은 헌법에 위배되리라는 데 동의했다. 하지만 법원의 주장에 따르면 소급은 없었다. 국경선 경비활동에 대한 구동독의 법률은 총체적으로(국경을 넘어 도주하는 사람에 대한 국경수비대원의 총격을 허용하는) 부정의한 내용을 담고 있는 만큼 법이 아니기 때문이었다.[5]

이 사건에서 법원은 법의 근거들에 관한 어떤 진술을 했다. 아마도 법원은 잠재적으로 그 행위를 정당화하는 법률에 직면해 그 유죄 판결을 확인해줄 다른 방법이 없어 보였기 때문에 그렇게 했을 것이다. 총체적으로 부정의한 법은 결코 법이 아니라는 주장을 지지하면서 법원은 독일 법률 저널에 발표된 구스타프 라드브루흐의 1946년 논문(Radbruch 2006)을 인용했다. 하지만 동일한 결과에 이른 덜 모험적인 길도 있었다. 비슷한 종류의 유죄 판결을 심사한 독일 헌법재판소는 연방법원의 접근의 합헌성에 의문을 제기하지 않으면서, 그 유죄 판결들이 법의 근거들에 대한 어떤 입장 없이도 유지될 수 있는 방법을 보여주었다.[7] 헌법재판소는 헌법의 소급효 금지에 대한 창조적 해석에 기초해, 장벽을 향해 총을 쏜 행위에 기인한 살인죄 유죄 판결을 확인했다. 독일 헌법 제103조 2항에 따르면 "어떤 행위는 그 행위가 있기 전에 법에 의해 형사 범죄로 규정된 경우에만 처벌될 수 있다."[8] 법원은 다른 경우에는 범죄 행위에 해당되는 것이 어떤 지극히 부정의한 법에 의해 정당화되는 상황에서는 이러한 조항이 적용될 수 없다고 보았다. 법원은 이러한 해석을 민주주의 사회에서 소급 처벌을 금지하는 점에 대한 논의를 통해 정당화했다. 이런 식으로 문제에 접근함으로써 법원은 총을 쏠 당시 국경수비대원들의 행위를 다루는 법률의 효력에 대한 의견 표명을 회피했고, 그리하여 법의 내용을 결정하는 데 도덕이 관련 있는지에 대해 분명한 입장을 취하지도 않았다.

이 사례에서 독일 헌법재판소는 분명 그 판결에 이르기까지 도덕 추론을 하고 있다. 이러한 추론이 전적으로 적절하다고 우리가 생각한다고 가정해보자. 이러한 추론은 법의 내용을 결정하는 데 도덕적 고려 사항들이 관련 있는지에 관한 우리 견해에 대해 아무것도 보여주지 않을 것이다. 법철학자들이 무엇에 대해 의견을 달리하는 것인지를 선명하게 드러내는 좋은 방법 한 가지는 바로 다음과 같이 질문하는 것이다. 양심적 법관이 도덕적 고려 사항들에 적절히 의지해 하나의 판결에 이르렀다면, 그는 단지 현존하는 법을 적용하는 것을 넘어 어느 정도는 새로운 법을 만든 것인가? 한편에서는 그렇다고 주장하고 다른 한편에서는 아니라고 주장한다. 법의 근거들에 대한 논쟁은 법관들이 무엇을 해야 하는지에 대한 논쟁이 아니라, 법관들이 하는

무엇이 법을 만드는가

일이 무엇인지를 정확히 기술하는 것에 대한 논쟁이라고 말할 수 있다.[9]

일단 이 점이 명확해지긴 했지만, 왜 이 논쟁이 중요시되는지 많은 이가 의아해할 것이다. 법관들이 법의 근거들에 관한 이론 없이도 판결할 수 있다면, 그리고 그 이론이 단지 법관들이 하는 일에 대해 어떻게 기술할 수 있을지에 영향을 미치는 것뿐이라면, 도대체 왜 그 문제로 골머리를 앓아야 한단 말인가?

현행법

그 이유를 말하자면, 법의 내용에 관한 질문에 답하려는 사람은 제일 먼저 법의 근거들에 대해 어떤 견해를 취해야만 하기 때문이다.

앞의 국경수비대원에 관한 판결이 있기 전에 독일의 어떤 법학 교수가 베를린 장벽을 향한 의도적 총격으로 사람을 죽인 것이 그 사건이 일어난 당시 살인죄에 해당됐는지를 질문 받았다면, 그는 법의 근거들에 대한 어떤 입장을 밝힐 수밖에 없었을 것이다. 만일 그것이 살인죄가 아니라면 동독 법(우리가 극히 부정의하다고 생각할 수 있는 법)을 정당화하는 것이 확실하고, 법의 근거들에 대한 라드브루흐의 설명은 받아들여지지 않는다. 만일 이것이 그 법학 교수의 견해라고 생각해보자. 우리는 그 총격이 당시 범죄가 아니었다 해도 유죄 판결이 유효하다는 헌법재판소의 논고에 대해 그 교수가 어떻게 생각하는가를 물을 수 있을 것이다. 교수는 법원의 판단이 훌륭한 결정이고 자신은 그 결정에 '동의'한다고 말함으로써 질문을 살짝 비켜갈 수도 있다. 그 말은 여러 면에서 모호하다. 첫째, 그 말은 독일 헌법이 그 판결보다 먼저 존재했으니 법원이 헌법을 적용한 것이 맞는다는 뜻일 것이다. 둘째, 그 말은 법적 권위를 갖고 있고 법을 따르는 헌법재판소가 적어도 이 사건에서 독일 헌법을 교수 자신이 현명하다고 생각하는 방향으로 재해석했으며, 따라서 변경했다는 뜻일 것이다. 마지막으로, 그 말은 설령 헌법재판소가 그 사건에서 그렇게 판결함으로써 스스로의 법적 권위를 넘어섰다 해도 그 상황에서는 그것이 해야 할 도덕적으로 올바른 일이었다는—교수는 '구동독 체제의 범죄에 대한 일종의 공적 책임의 중요성을 고려'해서라고 말했을 수도 있다—뜻일 것이다. 결국 교수는 어쩌면, 법관들이 법에 따라 결정할 도덕적 의무가 있을지라도 그 의무는 절대적인 것이 아니며, 때로는 다른 요인들이 그 의무보다 더 중요할 수 있다고 덧붙일지도 모른다.

문제를 좀 단순화하기 위해서, 법관이 법에 부합하지 않는 판결을 하는 것이 도덕적으로 적절한지 아닌지, 만일 적절하다면 어떤 경우에 그러한지와 같은 문제는 제쳐둘 수 있다. 만일 우리가 그 교수에게 자신이 한 말의 의미가 첫 번째와 두 번째 의미 중 어떤 것인지 묻는다면, 우리는 다시금 그에게 법의 근거들이라는 문제를 떠안기는 셈이 될 것이다. 우리는 그 교수가 구동독의 법률을 근거로 제시하는 것이 유효하다고 생각한다는 것을 알고 있다. 만일 그가 그럼에도 불구하고 그 유죄 판결이 헌법재판소가 판결을 내리기 전의 있는 그대로

무엇이 법을 만드는가

의 법 아래서 합헌이었다고 믿는다면, 그는 헌법재판소의 판결을 정당화하기 위해 그 법원이 채택한 정치적 도덕의 논거가 법 영역에 포함된다고 생각하고 있을 것이다. 만일 그가 그 유죄 판결이 이전의 독일 헌법 아래서는 유효하지 않지만 그럼에도 법에 부합하는 훌륭한 결정이었다고 믿는다면, 그는 정치적 도덕의 논거가 법의 테두리 안에 포함되지는 않지만 그럼에도 그것은 법에 따라 결정하는 법관에게는 합당한 고려 사항들이며, 헌법재판소의 추론은 정당했다고 생각했을 것이다.

아주 다른 예를 살펴보자. 1995년 뉴욕에서 동성 부부를 혼인 제도에서 배제한 것이 말하자면 뉴욕주 헌법을 위반한 것인지는 법의 근거들에 달려 있다. 어떤 사람들은 법의 내용이 전적으로 법의 연원들—성문법, 헌법, 사법 판단 등 해석자의 독자적인 도덕 판단을 결코 요구하지 않는 방식으로 해석되는 것들—에 의해 결정된다고 믿는다. 만일 우리가 이러한 견해를 취한다면, 우리는 현존하는 법의 연원들이 1995년에 뉴욕에서 동성 혼인의 합법성을 확정하지 않았고, 따라서 그 문제는 2006년의 '허낸데즈 대 로블스 사건'[10]에서 항소법원이 동성 혼인을 인정하지 않는 판결을 하기 전까지는 미해결 상태였다고 결론 내릴 것이다. 결국 2011년의 혼인평등법Marriage Equality Act이 법을 바꾸었다. 또 어떤 사람들은 법의 내용이 현존하는 법 자료들에 대한 가장 나은, 즉 도덕적으로 가장 나은 해석에 의해 결정된다고 믿는다. 만일 우리가 이러한 견해를 취하고 있고, 또한 제대로 해석된 동등한 보호란 성별 혹은 성적 지향에 관계없이 혼인과 같은 중요한 사회 제도들의 평등한 적용을 함축한다고 믿는다면, 우리는 1995년 뉴욕의 혼인 제도에서 동성 커플을 배제한 것이 뉴욕주 헌법의 평등 보호 조항에 위배된다는 결론에 어렵잖게 도달할 것이다. 우리는 또한 허낸데즈 사건에서 반대로 판결한 것이 잘못이었으며 동성 혼인을 인정한 2011년의 입법은 엄밀히 말해 불필요했다고 결론 내릴 수 있을 것이다.

어떻게 보면 허낸데즈 사건 이전에는 그 법적 문제에 대한 답변이 존재하지 않았다. 그 판결이 있고 나서 뉴욕주 의회가 법을 개정하기까지 5년 동안은 뉴욕에서 동성 혼인이 법적으로 인정되지 않는다는 명백한 답변이 존재했다. 또 다른 식으로 보면 동성 커플을 뉴욕의 혼인 제도에서 배제한 것은 오랫동안 법에 반하는 것이었다. 이는 법의 근거들에 관한 다른 견해들이자 법이 무엇인가에 대한 다른 결론들이다. 어쨌든 뉴욕 주민들에게는 뉴욕의 혼인에 관한 법이 어떤 것인지가 중요해 보인다.

법적 문제들에 대해 답을 제시할 수 있으려면 우리 각자는 법의 근거들에 대한 논쟁에서 하나의 입장을 취해야 한다. 그 논쟁이 아무 관련이 없기는커녕, 법에 관한 한 모든 것이 그 논쟁에 달려 있다. 물론 법이 무엇인가가 중요하지 않다면 법의 근거들에 관한 논쟁도 중요하지 않을 것이다. 법에 대한 이 "배제주의적" 태도는 비록 급진적이지만 진지하게 취급되어야 한다. 이에 대해서는 6장에서 다룰 것이다.

법과 도덕: 간략한 역사

어떤 사람들은 법이 무엇인지를 해석하는 데 도덕적 고려 사항들이 관련된다고 주장하고, 또 어떤 사람들은 결코 그렇지 않다고 주장한다. 그리고 이들 각 진영은 상대방이 법의 본성을 근본적으로 잘못 이해하고 있다고 생각한다. 하지만 어떤 진영도 전적으로 틀리지는 않았다는 것이 적어도 아리스토텔레스 이래 인정되어왔다.

『수사학』에서 아리스토텔레스는 특정 지역 특유의 "성문법"과 모든 곳에서 동일하고 본래 공정한 것을 표현하는 불문不文의 "관습법"을 구별한다(1373b). 그리하여 아리스토텔레스는 아테네의 배심원 앞에서 소송을 다루는 자들에게, 분쟁을 관할하는 법은 전적으로 성문법에 근거하거나 아니면 관습법에 의해 수정된 성문법에 근거한다고 여겨질 수 있음을 이용하라고 조언한다. 성문법이 자신의 생각과 반대된다면, 성문법이 언제나 "법의 기능을 수행"하는 것은 아님을 지적하고 관습법에 기초해 논증해야 한다. 성문법이 자신의 생각에 부합한다면, 배심원의 역할은 "법률보다 현명해지려"(1375a~1375b) 하지 않는 것임을 배심원에게 상기시켜야 한다. 이러한 충고는 아테네 법은 어떤 것인가에 대한 이해 방식에 의존하는 것으로, 어떤 식으로 이해하는 것이 자신이 맡은 사건에 더 적합한가를 따지라는 것이다.

우리는 토마스 아퀴나스의 『법에 관한 논고』[11] 이래 서구에서 익숙해져온 언어를 사용해 아리스토텔레스의 논점을 다음과 같이 정리할 수 있다. 근대 철학자들이 보편 도덕이라 부르는 것을 이해하는 독특한 방식인 자연법과 특정 지역에서 강제되는 법인 실정법 혹은 인정법人定法 사이의 근본적 차이를 받아들여보라. 그러면 어떤 특정 지역의 인정법이 그곳의 성문법 혹은 관습법이라는 법의 연원들에 의해서만 정해지는지, 아니면 적어도 부분적으로는 자연법에 의해서도 정해지는지에 대해 질문이 제기된다. 아리스토텔레스는 (인정)법의 본성에 관한 이런 질문에 대해 나올 수 있는 두 가지 답변 다 설득력 있어 보일 수 있다고 생각한다.

아퀴나스는 아마 동의했을 것이다. 그는 자연법이 인정법이 무엇인지를 부분적으로 결정하는지, 아니면 단지 인정법이 어떠해야 하는지를 결정하는 외적 기초일 뿐인지에 관해 분명한 입장을 취하지는 않았다. 『법에 관한 논고』 서두에서 아퀴나스는 (인정법을 포함한) 모든 법은 "공동체의 행복"에 관심을 가져야 한다고 쓴다. 그리고 특히 인정법을 다루면서는, 만일 법이 (다른 모든 이유보다 특히) 공동체의 이익에 반하거나 부당한 부담을 지우거나 입법자의 권한을 넘어선다면 그 법은 정의롭지 않다고 쓴다. 이어서 그는 다음과 같이 설명한다. "이런 것들은 법이 아니라 폭거다. 왜냐하면 아우구스티누스가 말한 것처럼 '부정의한 법은 결코 법으로 간주되지 않기' 때문이다"(qu. 96). 이러한 설명은 자연법에 부합하는 것이 언제나 실정법의 효력 기준임을 시사한다. 하지만 또 다른 구절은 정반대의 견해를 시사한다. 앞의 인용문은 다음과 같이 이어진다. "그러므로 이러한 종류의 법은 부정한 행위나 불법 행위를 무효로 하려는 것 말고는 양심을 구속하지 않는다." 이것은 부정의한 인정법도 여전히 인정법임을 시사하며, 준수의 이유들이 우리가 자연법에 부합하는 인정법을 준수하는 이유들과 같지 않을 뿐이다. 이러한 해석은 만일 인정법이 "어떤 점에서 자연법과 일치하지 않는다면 그것은 이제 법이 아니라 법의 타락이다"라는 주장과 통하는 것처럼 보인다. 따라서 아퀴나스가 부정의한 법에도 인정법의 지위를 허용하지만, 인정법에 최고로 충실한 의미에서의 '법'—자연법에 부합하고 따라서 인간의 이성에 부합하는 의미에서의 법—의 지위를 허락하는 것은 삼간다고 읽는 것이 설득력 있다(Finnis 1996·2003; 나는 피니스의 해석을 따른다).

가장 중요한 점은 아퀴나스가 인정법의 효력과 해석이라는 문제에는 상대적으로 관심을 갖지 않았다는 것이다. 오히려 그는 인정법이 어떠해야 하는가의 문제에, 그리고 법이라 불리든 그렇지 않든 국가에 의해 공포된 정의롭거나 정의롭지 않은 규칙들을 따를 책무의 본성에 관심을 가졌다.

근대에 이르러서야 비로소 법 이론가와 법에 대한 전문 지식을 갖춘 철학자들은 (실정)법이 무엇인가를 결정하는 데 도덕이 관련될 수 있는가 하는 문제에 의견을 제시하기 시작했다. 토머스 홉스는 법실증주의의 "명령 이론Command Theory"을 명시적으로 언급한다. 즉 법이란 어떤 사람이 준수할 책무가 있는 다른 사람에게 하는 명령이다.[12] 하지만 이러한 주장은 18세기 후반에 제러미 벤담이 취했던 고전적 형태의 실증주의는 아니다. 왜냐하면 홉스는 법의 내용이 정의나 도덕과 별개의 것이라고 믿지 않았기 때문이다. 그는 '법 없는 정의' 같은 것은 없다고 믿었으며, 따라서 정의에 대한 고려가 법이 무엇인지 결정하는 데 관련된다고 생각할 수 없었을 것이다. 홉스는, 군주는 자연법의 지배를 받으며 실정법은 자연법에 비추어 해석되어야 한다고 보았다. 하지만 홉스가 생각한 자연법은 합리적 이기주의의 계율 같은 것이어서, 실정법과 도덕의 관계에 대한 문제는 아직 관련돼 있지 않았다(상반된 해석은 Dyzenhaus 2012를 보라).

엄밀한 의미의 실증주의는 벤담에게서 시작된다. 더욱이 우리는 인정법의 본성에 관한 철학적 논의―법이란 어떤 것인가를 고려할 때 도덕이 법의 근거들 중 하나가 될 수 있는지에 관한 철학적 논의―역시 벤담에게서 시작된다고 말할 수 있다. 자연법 전통에 속하는 초기 근대의 철학자들―프란시스코 수아레스, 휘호 흐로티위스, 푸펜도르프, 존 로크―가운데 누구도 이 문제에 대해서 입장을 취하는 데 아퀴나스보다 더 관심을 갖지는 못했던 것 같다.[13] 흄이나 칸트도 크게 관심을 갖지 않았다.[14] 벤담의 반대자들은 철학자가 아니라 보통법 이론가들이었고, 특히 1776년에 나온 벤담의 첫 책 『정부론에 관한 단편A Fragment on Government』에서 표적이 된 윌리엄 블랙스톤이었다(Lieberman 1989; Postema 1986을 보라).

블랙스톤은 보통법의 내용을 결정함에 있어서 도덕의 역할에 대해 명백한 입장을 갖고 있었던 것 같다. 그는 선례에 대해, 그리고 개인적 판단보다는 현존하는 법에 기초해 판결해야 하는 법관의 의무에 대해 다루면서 다음과 같이 언급했다.

하지만 이러한 규칙에는 예외의 여지가 있는데, 앞선 결정이 이성에 극명하게 대립되는 경우다. 그것이 신법神法에 명백히 대립되는 경우에는 훨씬 더하다. 그러나 심지어 이러한 경우에도 나중의 법관들은 새로운 법을 만드는 것이 아니라 낡은 법을 거짓으로부터 지킨다는 식으로 생각한다. 이전의 판결이 명백히 불합리하거나 부당하다고 판단된다면, 그러한 선고가 **악법**임이 선언된 것이 아니라 **법이 아님**이 선언된 것이기 때문이다. 다시 말해 그것은 잘못 판결된 것이니, 그 분야의 확립된 관습이 아니라는 것이다. 그러므로 우리 법률가들로서는 당연히 보통법의 이성에 대해 칭찬할 말이 대단히 많다는 것이다. 법은 이성의 완성이라는 것, 법은 언제나 이성에 순응하려 한다는 것, 그리고 이성이 아닌 것은 법이 아니라는 것을 그들은 우리에게 말해준다. (*Commentaries*, 1: 69~70)

이것은 부정의한 법은 불가능하다는 말처럼 들린다. 만일 법이 부정의하다면 그것은 법일 수 없다는 것이다. 지난 세기쯤에는 많은 사람이 그런 관점에서 "자연법"이라는 말을 사용했다. 하지만 모든 사람이 그런 식으로 생각했는지는 의문이다. 우리는 아퀴나스가 아마도 그렇게 생각하지 않았으리라는 것을 살펴보았고, 블랙스톤이 보여준 생각은 그가 꽤 분명하게 부정의한 법의 가능성을 인정한 몇몇 구절과는 모순된다(Finnis 1967을 보라). 블랙스톤에 대해서는 좀더 정교하고 설득력 있는 주장을 편 것으로 이해하는 것이 더 타당하다. 다시 말해서 그는 보통법의 결정이 도덕 판단을 포함하는 것으로 이해되는 이성의 적용을 수반한다고 주장했고, 그리고 가끔 이것이 과거의 어떤 판결들(모든 판결은 아니더라도)을 잘못으로, 즉 "보통법이 무엇인지를 보여주는 증거"[15]가 되는 판결들에 속하지 않는 것으로 간주하는 것을 정당화할 것이라고 주장했다. 이렇게 해석할 경우, 블랙스톤의 비실증주의는 드워킨의 법 이론에 다소 근접해 있다. 드워킨의 이론에 따르면, 법의 내용은 도덕 판단에 의해 인도되는, 현존하는 법 자료들에 대한 하나의 해석에 의해 결정된다.[16]

벤담은 법에 대한 이러한 생각을, 제재의 위협으로 뒷받침되는 주권의 명령이라는 법의 정의定義와 대비시켰다(Bentham 1970; Postema 1986, chap. 9와 Postema 2012를 보라). 법에 대한 이러한 설명은 1832년에 처음 출간된 존 오스틴의 『법리학의 범역The Province of Jurisprudence Determined』을 통해서 가장 널리 읽히게 되었다. 1885년 이 책의 제5판이 출간되었을 때, 법과 도덕의 관계에 대한 철학자와 법률가들의 논쟁은 적어도 영국에서는 실증주의가 우세한 가운데 유럽 전역에 널리 퍼져 있었다. '법이 무엇인지'와 '법이 무엇이어야 하는지'의 구별에 대한 벤담의 주장은 일찍이 1877년에, 그리고 헨리 시지윅 못지않게 주의 깊고 공정한 마음을 지닌 어떤 저자에 의해, "우리에게는 너무나 뻔한 진리라서 그것을 일부러 진술하는 것이 오히려 현학적으로 보일 정도"라고 묘사되었다(Sidgwick 2000, 207). 이에 반해 독일에서는 실증주의—통상 "제정법 실증주의"로 표현되는—의 장점들이 19세기에 논쟁거리가 되었으며 바이마르 시대에 와서는 정치적으로 폭발했다(Dyzenhaus 1997과 Paulson 2006을 보라).

어찌 되었건, 20세기가 되어서야 특히 한스 켈젠, H. L. A. 하트, 로널드 드워킨, 조지프 라즈의 저서와 주장을 통해서 법의 본성에 관한 중요한 철학적 기여가 이루어졌다.

두 가지 그림

법의 근거들을 둘러싼 논쟁에서 가장 근본이 되는 것은, 어떤 특정 지역에서의 법의 근거들이 오로지 사실 문제라고 믿는 사람들과 이와는 반대로 법의 내용 역시 부분적으로는 도덕의 문제라고 믿는 사람들 사이의 논쟁이다. 각 진영 내에서의 견해차는 사실의 고려나 도덕의 고려가 법의 내용을 결정하는 방식과 관련돼 있다. 이러한 차이들은, 매우 중요하긴 하지만, 좀더 근본적인 의견 불일치의 하위 문제라할 수 있다. 그러므로 실증주의의 핵심 사상은, 법의 내용을 최종적으로 결정하는 것이 규범이 아니라 사실이라는 바로 그 법의 본성—어느 곳의 법이든—에 있다(Coleman 2001a, 75). 이에 반대되는 견해에는 적절한 명칭이 없는데, 어쩌면 이 때문에 "자연법"이라는 말이 그릇되게 사용되어온 것인지도 모른다. "법도덕주의" 역시 잘못된 것인데, 이 말은 법적으로 도덕을 강제하는 것의 정당성에 대한 또 다른 논쟁에서 이미 사용되고 있기 때문이다. 드워킨이 말하는 "정합성으로서의 법Law as Integrity"은 적당하지 않을 텐데, 우리가 찾고 있는 것은 좀더 광범위한 여러 견해를—드워킨의 견해는 그중 하나일 뿐인(비록 그것이 지금까지는 가장 발전된, 가장 중요한 견해일지라도)—아우를 수 있는 명칭이기 때문이다. 그리하여 남겨진 명칭이 "비실증주의"다. 이 명칭은 지나치게 폭넓어 보일 수도 있다. 왜냐하면 법이 단순히 사회적 사실들에 의해 결정된다는 것을 부정하는 것이 꼭 법이 부분적으로는 특히 도덕적 고려에 의해 규정된다고 말하는 것은 아니기 때문이다. 하지만 우리가 그럴듯한 견해들에 스스로를 한정할 경우, 법의 내용에서 중요할 수도 있는 세 번째 부류의 고려 사항은 존재하지 않게 된다. 그것은 바로 순수한 사회적 사실이거나 혹은 도덕적 고려—특히 정치적 도덕에 대한 고려—가 수반되는 사회적 사실들이며, 따라서 "비실증주의"가 무엇을 의미하는지는 매우 분명하다.

이어지는 두 장에서는 법이 무엇인지에 대한 이 두 가지 그림 각각을 주제 삼아 각 진영 내의 몇몇 주요 쟁점을 이야기해보고자 한다.

무엇이 법을 만드는가

3장

법실증주의

사실에 근거한 규범 체계

실증주의를 움직이는 것이 무엇인지를 분명히 하기 위해서는, 먼저 가장 순수하고 가장 타당성 있는 형태의 실증주의를 통해서 실증주의에 접근해보는 것이 가장 좋다. 이러한 실증주의에 따르면, 설령 법의 연원들이 도덕 추론을 요하는 것으로 해석될 수 있다 하더라도 법이 무엇인지를 해석함에 있어 도덕 추론은 필요하지 않고 적합하지도 않다.[17] 이러한 시각에서의 법리 다툼은 당위에 관한 것이 전혀 아니며, 옳고 그름이나 공정함이나 정의에 관한 생각을 포함하지도 않는다. 물론 법률가들이 사용하는 언어는 도덕 논의에서 사용되는 언어와 중첩되며, 두 영역 모두에서 권리, 의무, 책무, 과실 등등이 이야기된다. 하지만 이 점이 실증주의자에게 장애가 되지는 않는다. 실증주의자는 법이 무엇이어야 하는가에 대한 어떤 사람들 혹은 어떤 집단의 도덕적 결론을 일반적 혹은 이상적으로 법이 반영하는 것을 받아들일 수 있다. 게다가 어떤 법령이나 헌법 혹은 어떤 판결의 역사는 이를테면 "정의" 같은 도덕 용어가 구체적으로 어떤 법적 의미를 얻을 수 있는지에 대해 상당한 지침을 제공할지도 모른다. 중요한 것은, 법의 내용이 도덕적 숙고를 거쳐 생겨나거나 이상적으로 생겨났다 해도, 그리고 법이 도덕 논의에서도 사용되는 말들을 쓴다 해도, 법이 만들어진 뒤에는 법의 내용을 확인하는 데 도덕적 숙고가 요구되지 않는다는 점이다.

법이란 어떤 사람 혹은 사람들에 의해 정립되거나 제시되는 것이다. 우리 모두는 정립된 법이 좋은 법이기를, 도덕적으로 말해서 법다운 법에 꼭 들어맞기를 바란다. 하지만, 실증주의자들의 주장에 따르면, 사람들이 법으로 제시한 것을 보고서 그 대신에 무엇을 제시했어야 하는지를 아는 것은 어리석은 일일 것이다. 노예제가 인간의 도덕적 권리들을 침해한다는 이유로 어느 특정 지역에서 누군가 노예제가 합법적이지 않다고 주장했다고 가정해보자. 실증주의자는 그러한 논의가 난교亂交는 질병을 야기한다는 주장을 옹호해 난교가 처벌받아 마땅하다고 말하는 것과 같다고 본다.

때때로 실증주의는, 법의 내용이 무엇인지는 도덕과는 관련 없는 문제라는 특수한 견해와 혼동되어왔다. 사실상 실증주의의 기원은 법 개혁에 대한 벤담의 열의에 있는데, 그의 법 개혁은 그 자신이 법이 어떠해야 하는가에 대한 올바른 설명으로 간주한 것과 궤를 같이하는 것이었다. 벤담의 우려 중 하나는, 만약 사람들이 법의 본성이 좋은 것이라고 믿는다면 법을 도덕적으로 비판하지 않을뿐더러 개혁하지도 않으리라는 것이었다(Postema, 1986, 304~305). 벤담 역시 건전

무엇이 법을 만드는가

한 비판을 위한 유일한 기초는 공리의 원칙이라고 믿었다. 하지만 법이론으로서의 실증주의는 법을 평가하기 위한 적절한 도덕 이론에 대해 아무런 입장도 갖고 있지 않다.

실증주의는 또한 법 그 자체에 가치 있는 어떤 것이 있으리라는 생각과 양립할 수 있다. 아마도 법체계가 없는 법은 없을 것이며, 하나의 법체계로 자격을 부여받은 것은 무엇이든 어떤 가치가 있을 것이다. 또한, 그런 법이 반드시 행위의 이유가 되어주는 것은 아니지만, 그럼에도 법이 흔히 행위의 이유가 되어준다고 생각할 만한 이유들이 있을 것이다(7장에서 이러한 입장을 다룬다). 법에 관한 실증주의적 그림은 도덕과 법 사이에 필수적 연결 고리가 없다고 지극히 일반적으로 주장하진 않는다(이 점에 관한 명확한 진술은 Gardner 2001을 보라). 법의 본성에 대해 실증주의가 주장하는 것은 명확하다. 법의 내용이 언제나 사회적 사실들에 의해 정해진다는 분명한 의미에서 법은 하나의 사회 현상이며, 따라서 현행법의 내용에 대한 견해를 논함에 있어 무엇이 더 나을지, 어때야만 하는지와 같은 사항들을 고려하는 것은 결코 적절치 않다는 것이다.

어떤 법이 도덕적으로 더 나을지에 대한 우리의 생각이 법은 무엇인가에 대한 우리의 생각을 전혀 이끌어줄 수 없다면 우리를 이끌어주는 것은 무엇인가? 그것은 바로 법의 연원들, 즉 법령, 헌법, 판결 등등이다. 이것들은 모두 해석자의 독자적인 도덕 판단을 결코 요구하지 않는 방식으로 해석된다(고전적인 진술은 Raz 1994, 194~221). 이러한 것들은 법 명제의 근거가 되는 사회적 사실들이다. 따라서 법에 관한 실증주의적 설명은 어떤 텍스트와 어떤 실무가 어떻게 도덕적으로 중립적인 방식으로 해석될 수 있는지뿐만 아니라, 어떤 텍스트와 어떤 실무가 법의 연원들로 간주되는지를 우리가 어떻게 알 수 있는지도 다루어야 한다. 전통적으로 실증주의 이론은 이 중 두 번째 문제에 더 많은 관심을 가져왔다.

그러한 법의 연원들을 다루는 것이 정치적 도덕의 관점에서 적절하더라도, 실증주의자는 텍스트나 실무를 법의 연원들로 간주하는 주장을 거부할 것이다. 실증주의자는 어떤 규칙에 따라 사람들을 강제하는 것을 정당화할 수 있는 가장 타당한 근거가 그 규칙들이 민주적 과정을 통해 만들어졌다는 데 있음을 인정하겠지만, 그러나 이는 입법이 법의 연원인지의 문제와는 전혀 관련 없다고 주장한다. 만일 입법이 하나의 법의 연원이라면, 우리는 정당성 문제를 제기하지 않고 그냥 법을 그 자체로 인정할 수 있어야 할 것이다.

일반적으로, 어떤 특정 텍스트가 어떤 특정 지역에서 법질서의 일부로 간주된다. 왜냐하면 좀더 높은 차원의 다른 법의 연원이 우리에게 그렇게 말해주기 때문이다. 따라서 행정 명령의 효력은 입법에 의지해 확립될 수 있으며, 입법의 효력은 성문 헌법에 의지해 확립될 수 있다. 아마도 벤담이 최초로 주장한 것처럼, 일반적으로 법의 연원들은 개별적으로 효력이 확인되는 것이 아니라 오히려 하나의 체계를 형성한다(Bentham 2010. 이에 대한 논의로는 Postema 2012를 보라). 그러나 물론 체계는 그 자체로 효력을 갖는 것이 아니다. 하위 규범들의 효력을 설명해주는 어떤 최상위 법 규범이 존재한다면, 그 최상위 규범의 효력의 문제도 제기될 것이다. 달리 말해서, 우리는 규칙들의 내적 구조와 최고 규범들의 체계화가 갖춰진 다수의 규칙 체계를 만들어내거나 생각해낼 수 있을지도 모른다. 우리가 답해야 하는 문제는 이러한 체계들 중 어떤 것이 특정 지역에서 법체계로 시행되느냐 하는 것이다. 그러므로 실증주의자의 과제는 하나의 특정 법 규범 체계가 시행되게끔 해주는 사실 문제가 어떤 것인지를 우리에게 알려주는 것이다.

벤담과 오스틴의 경우, 주권에 대한 어떤 해석에 해답이 있었다. 오스틴이 말하고자 한 것처럼, "엄밀하고 적절하게 말해서 이른바" 법은 위협적 제재로 뒷받침되는 주권자의 명령이었다. 이러한 입장은 명령들이 세계에서 일어나는 일들로 확인될 수 있는 만큼 실증주의적이며, 자신의 명령이 법이 되는 바로 그 주권자 ―개인이든 집단이든― 는 또한 순수하게 기술적記述的으로 확인된다. 주권자가 주권자인 것은 통치할 권리 같은 것 때문이 아니라 상시적 복종이 존재하기 때문이다. 그러므로 법의 내용을 알기 위해서는 누구의 명령이 늘 지켜지는지를 파악하고, 그다음에는 그가 명령해온 것이 무엇인지를 파악할 필요가 있다.

명령 이론에 관한 하트의 섬세한 비판은 상당한 영향을 미쳐왔다(그러나 몇 가지 합당한 의심이 있으니, Schauer 2010a를 보라). 그 비판 중 하나는 많은 법 규칙이 매우 부자연스럽게 명령으로 이해되고 있음을 지적하고 있다. 예를 들어 계약법의 규칙들은 명령적인 것이라기보다는 일 처리를 용이하게 하는 것으로 더 잘 이해된다. 또한 모든 법 규칙이 제재로 뒷받침된다는 생각은 통상 법으로 간주되는 것들 중 많은 부분에 끼워 맞춰질 수 없다. (예컨대 오스틴은 그 자신의 견해대로라면 다른 법령을 폐지하는 법령은 엄밀하게는 법이 아니라고 인정해야만 했다.)

하트의 대안적 설명에 따르면, 법 규칙들의 효력은 하나의 계층 구조 내의 다른 법 규칙들에 의해 결정되며, 그 계층 구조는 결국 법 효력의 궁극적 기준들—승인 규칙이라 불리는 어떤 규칙에 의해 그렇게 확인되는—의 집합체가 된다. 하지만 승인 규칙이라는 이 특수한 규칙은 실제로는 법의 연원들이라는 체계의 한 규칙이 아니다. 오히려 그것은 그 체계의 외적 바탕이 되는, 그 체계를 결정하는 규칙이다. "한데 승인 규칙이 효력 있다는 것을 우리는 어떻게 아는가?"라는 질문을 피하기 위해 하트는, 그것은 효력이 있지도 없지도 않으며, 그것은 다만 존재할 뿐이라고 주장한다. 이로써 그가 의미하는 것은, 효력이 있다는 것이 바로 승인 규칙이라는 것이다. 어떤 특정 지역에서 법을 만드는, 아니 무엇보다 적용하는 실무의 당사자들이 현실적으로 수용한다는 게 승인 규칙인 것이다. 그들은 승인 규칙을 법 실천에서 자신들의 행위를 적절히 지배하는 것으로 간주한다. 이러한 상황은 체스 규칙이 바로 체스 규칙임을 우리에게 말해주는 "규칙"과 유사하다. 우리는 저것들이 아니라 이것들이 체스 게임의 규칙임을 어떻게 아는가? 체스 게임의 어떤 규칙도 그 문제에 답할 수 없다. 우리는 다만, 이 규칙들이 일반적으로 체스의 규칙으로 받아들여지는 것들이라고 답할 수 있을 뿐이다.

무엇이 법을 만드는가

대부분의 논평자는 하트의 해석이 오스틴의 해석보다 분명 더 낫다고 여긴다. 법의 본성에 관한 견해의 불일치가 그토록 많다는 것을 생각하면 이러한 견해의 일치는 이상해 보일 수도 있다. 하지만 하트가 법의 본성을 좀더 정확하게 기술했다는 데 모든 사람이 동의하는 것은 아니다. 왜냐하면 비실증주의자들의 관점에서는 오스틴의 해석이나 하트의 해석이나 완전히 가망 없는 것이기 때문이다. 명령 이론과 하트의 해석의 관계를 가장 잘 규정해주는 설명은, 그것들이 사회적 사실로서의 법의 기본 그림에 세부를 제공하는 경쟁적인 노력들이라는 것이다. 만일 그 기본 그림이 당연시된다면, 하트의 해석이 법에 관해 말하고 생각하는 오늘날의 통상적 방법에 잘 부합한다는 점에서 더 나을 것이다. 『법의 개념』의 훌륭한 성과는, 그 기본 그림에 이미 흥미를 느낀 독자에게, 법이 어떻게 오직 사회적 사실들에 의해 결정되는지에 대한 완전히 중립적이고 심지어 상식적으로 보이는 하나의 이야기를 들려준다는 데 있다.

외적으로는 바로 이 지점에 한스 켈젠의 연구와의 큰 차이가 놓여 있다.[18] 효력의 사다리의 마지막 단계인, 효력 있다고 "전제된" 어떤 "근본 규범"에 대한 켈젠의 설명은 적어도 영어권의 많은 사람에게 철학적으로 터무니없고 날카롭지 못하다는 인상을 준다. 하지만 실상을 들여다보면 하트의 해석과 켈젠의 해석 사이에는 겉으로 보이는 것만큼 큰 차이는 없다. 다소 시시한 이유에서 그러한데, 하트나 켈젠이나 모두 자신이 법의 "효력"에 대한 설명을 제시한다고 썼지만 실상 그들은 그 말을 서로 다른 의미로 사용했기 때문이다(Raz 1979, 150).

하트의 경우, 승인 규칙에 명시된 효력의 궁극적 기준들은 특정 지역에서 "시행 중"이거나 법의 일부를 이루는 그런 규칙들을 단지 확인해 줄 뿐이다. 이것은 별도의 논의를 요하는 쟁점으로서, 사람들이 그런 규칙들을 따를 이유가 있다면 어떤 이유인가라는 문제를 남긴다. 하트는 법에 대한 오스틴의 설명을 부인하면서, 많은 사람에게서 법 규칙들이 중요한 심의의 역할을 한다고 지적했다. 그 규칙들은 그냥 습관적으로 준수되는 것이 아니라, 행위의 이유를 제공하는 것으로 받아들여진다. 아울러 그는 "내적" 법 진술—시행 중인 법임을 주장함에 있어 이유 제시로서 발언자의 법 규범 수용을 표명하는 진술—이라는 개념을 끌어들였다. 예를 들어, "세금을 내는 것은 나의 법적 의무다"라는 말은 이러한 의미에서 하트에게는 하나의 내적 법 진술이다. 하지만 이 모든 것은 효력 있는 법 규칙들이 누구에게도 행위의 진정한 이유를 제시하지 못할 가능성과 양립할 수 있다. 특히, 어떤 규칙이 법적으로 효력이 있다는 사실도, 사람들이 그 규칙에 대해 기꺼이 내적 진술을 하는 것도, 그 규칙의 도덕적 힘에 관해서는 아무것도 시사하지 않는다. 하트는 자신이 "법적 책무" 담론에 관해 뭔가 설명을 해야 한다고 믿었지만, 그 설명 역시, 내가 해야 할 법적 의무가 있는 일을 내가 할 실질적 이유가 있는가라는 문제를 남긴다. 이러한 의미에서 법은 우리가 에티켓이라고 부르는 규칙 체계나 혹은 규칙에 지배되는 어떤 게임과도 같다. 우리는 왜 그것이 우리가 해야 하는 게임인지에 대해 아무런 입장을 갖고 있지 않아도, 그 게임 안에서 우리가 할 수 있는 적절하거나 적절치 않은 움직임을 이해할 수 있다. 이것

무엇이 법을 만드는가

이 7장에서 논하게 될 하트의 시각이다.

켈젠은 "효력Validity"이란 말을 다르게 사용했다. 켈젠에게 법 규범은 당위를 부과하는 것과 같다. 규범들이 효력이 있는 한 그 규범들은 당위를 부과한다. 켈젠이 법적 당위가 어떤 의미에서는 도덕적 당위와 다른 종류의 끔찍한 것이라고 생각했는지에 관해서는 논란이 있지만, 만약 법적 당위가 도덕적 당위보다 구속력이 덜하다고 그가 또한 생각했다면—그렇게 생각하지 않은 것이 분명하지만—그러한 구별은 오직 당장의 논지에서만 문제가 될 것이다. 따라서 켈젠이 법체계의 토대는 모종의 사실 문제가 아니라 전제된 근본 규범이라고 주장해야만 했던 이유는, 그가 생각했듯이 효력은 당위를 함축하며 '무엇임'으로부터 '무엇이어야 함'을 얻는 것은 불가능하다는 데 있다. 켈젠이 썼듯이, "사실상 이것은 법의 실정성의 문제다. 법은 '무엇이어야 함'인 동시에 '무엇임'으로 나타나는데, 논리적으로 볼 때 이 두 범주는 상호 배타적이다"(Kelsen 1928, 393~394).

그럼에도 불구하고, 켈젠에게서도 사실들은 법의 근거들의 토대다. 켈젠이 보기에 법의 내용은 유효한 헌법 규칙들에 의해 결정되며, 헌법은 헌법에 따라 만들어진 규범들이 대체로 적용되고 준수될 경우에 유효하다. 이러한 규범들은 어떤 별도의 규범, 즉 사람들이 유효한 헌법을 준수해야 한다고 명시하는 근본 규범이 존재할 때에만 켈젠의 의미에서 법적으로 효력 있다. 근거가 되는 저 당위 진술이 없다면, 어떤 당위도 없이 오직 사실 문제들만 존재할 것이다. 그것은 법에 대한 사회학적 설명은 될지 몰라도 "법리적" 설명은 되지 못한다(Kelsen

1967, 218).

따라서 우리는, 하트나 켈젠이나 모두 법 규범들이 진정한 책무를 부과하는지에 관해서는 어떤 입장을 취하지 않은 채 어떤 법 규범들이 시행 중인지를 결정하는 방법에 대해 설명을 제시하고 있다는 것을 알 수 있다. 하트는 이것을 법 효력에 관한 설명이라 부르고, 켈젠은 그것이 아직 법 효력에 대한 설명은 아니라고 주장한다. 이러한 말들을 가지고 쓸데없이 씨름할 필요는 없다. 나는 대체로 규범적으로 중립적인 하트의 의미에서 "효력$_{validity}$"이란 말을 사용한다. 그것이 현재의 영어 용법에 알맞아 보이기 때문이다. 효력 있는 법 규칙이 부과할 수 있는 책무란 어떤 것인가에 대해서는 7장에서 다루는데, 7장이 근본 규범에 관한 켈젠의 이론을 논하기에 적합한 곳이기 때문이다 (또한 Marmor 2010을 보라).

지금 우리가 다루고 있는 문제는 시행되는 법의 내용을 결정하는 방법이다. 시행되는 법에 대한 하트의 설명이 여러모로 켈젠의 설명보다 발전적인 것이라 할지라도, 근본적으로 두 사람의 견해는 같다. 하트에게서는 법의 내용이 법 효력의 궁극적 기준들에 의해 결정된다. 법 효력의 궁극적 기준들은 승인 규칙에 명시되어 있으며, 승인 규칙은 법을 식별하는 일에서 사람들이 실제로 그 규칙을 따를 때 유효하다. 켈젠에게서는 법의 내용이 유효한 헌법 규칙들에 의해 결정된다. 이러한 용법에서 "헌법"은 사람들에게 적용되는 법 규범들의 제정을 규율하는 규칙들의 총체를 의미하며, 이런 맥락에서, 법 효력의 궁극적 기준들을 제시하는 것인 하트의 승인 규칙과 대략 상응한다

(Kelsen 2006, 124; 1967, 222). 헌법은 그 헌법에 따라 제정된 규범들이 대체로 적용되고 준수될 때 유효하다. 그러므로 이 두 가지 설명에 비추어 법은, 사람들, 특히 법 공무원들의 실무와 관련된 어떤 사실들 때문에 갖는 내용을 갖고 있다.[19]

현행법을 결정하는 방법에 관한 이러한 설명들 때문에, 어떤 법 규범이 효력 있다고 말하는 것은 그것이 진정 구속력 있다고 말하는 것이라는 켈젠의 생각을 우리가 포기하지 않은 것처럼 보일 수도 있다. 또한 우리가 법을 규범들의 집합으로 보는 그럴듯한 이해를 포기한 것처럼 보일 수도 있다. 법이 진정한 책무를 부과하든 그렇지 않든, 법이 일련의 규범으로 이해되려면, 법이 요구하는 것과 법 실천에서 일어나는 일 사이에 차이가 있을 수 있어야 하기 때문이다. 이것은 법의 내용이 사실 문제들에 의해 결정된다는 생각과 양립하기 힘들어 보인다. 하지만 법의 내용을 결정하는 방법에 관한 실증주의 모델은 — 하트와 켈젠의 모델뿐만 아니라 벤담과 오스틴의 모델도 — 법이 규범들의 집합이라는 최소한의 의미와 양립할 수 있다. 이 모델은 개별 지역들에 법이 무엇인가의 문제에 대한 나름의 진실이 존재한다는 것과, 법 공무원이 이 점에 관해 오해할 수 있다는 생각을 거부하지 않는다. 이 명령 모델에 따르면, 법관은 잘못하여 주권의 명령의 내용을 오해할 수도 있다. 하트와 켈젠의 모델에서, 특정 법 공무원이 일반적으로 적용되는 헌법 규범들에 반하는 결정을 할 때, 혹은 단지, 설정된 효력의 궁극적 기준들을 규범 체계 안에서 올바로 판단하지 못할 때, 결정은 오류가 될 수 있다.

요약해보자. 법에 대한 실증주의자의 그림은 법의 근거들, 즉 법의 내용의 궁극적 원천을 사실 문제에서 찾는다는 점에서 두드러진다. 하트와 켈젠의 설명을 법의 근거들에 관한 설명(대부분의 법 공무원의 심의에서 법이 하는 역할에 대한 설명에 대립되는, 혹은 법이 부과하는 책무—만일 있다면—가 어떤 것인지에 대한 설명에 대립되는)에 중요한 것으로 환원함으로써, 우리는 이러한 그림을 채울 수 있는 하나의 설득력 있는 방법을 얻는다. 법의 내용의 근거가 되는 사회적 사실들은 대부분의 법 공무원이 대부분의 시간에 실제로 관여하는 실무들이라는 것이다. 그것이 설득력 있다고 말함으로써 내가 뜻하는 바는, 법에 대한 그림을 무엇보다 호소력 있는 사회적 사실로 보는 사람들에게는 이러한 설명이 전혀 어색하지 않다는 것이며, 또한 이러한 설명이 우리(입헌민주주의하에서 살아가는 사람들을 포함해)가 법을 이야기할 때면 으레 거론하게 되는 것 대부분을 계속 이야기하는 것과 양립할 수 있다는 것이다.

실증주의자의 난제

하트의 공식을 실증주의 모델로 받아들일 경우, 해명하고 수정해야 할 몇 가지 모호한 점이 있다. 하트(Hart 1994, 110)는 다음과 같이 적고 있다. "승인 규칙은 특정 기준에 의거해 법을 진단하는, 법원과 공무원과 사적 개인의 복잡하지만 대개 조화를 이루는 실무로서만 존재한다. 그 규칙의 존재는 사실 문제다." 헌법의 효력에 관한 켈젠의 설명에 가장 근접한 것이 바로 이 말이다.

하트는 또한 사법 체계의 공무원들은 승인 규칙을 수용해야만 한다고 말한다. 내적 관점이라는 관념을 설명하기 위해 도입된 수용의 개념에서 볼 때, 어떤 규칙을 수용하는 사람들은 그 규칙을, 다른 사람들에게도 적용되고 미준수에 대한 자신이나 타인의 비판을 정당화하는, 행위의 어떤 일반적 이유가 되어주는 것으로 간주한다. 앞서 살펴본 것처럼, 그들이 규칙에 대해 이런 태도를 취하는 이유는 확정적이지 않다. 신중함이나 도덕성을 위해서는 그래야 한다고 생각하기 때문일 수도 있고, 혹은 대부분의 다른 사람들처럼, 딱히 깊은 생각 없이 그냥 그러는 것일 수도 있다.

승인 규칙을 하트는 다음과 같이 설명한다.

승인 규칙이 존재하려면, 그것은 내적 관점에서 올바른 법적 판결의 공적이고 공통적인 기준으로 간주되어야지, 각 법관이 오직 자신의 입장에서 따를 뿐인 것으로 간주되어서는 안 된다. 법체계의 개별 법정들은, 경우에 따라 이러한 규칙들에서 벗어날지라도, 일반적으로는 본질상 공통적이거나 공적인 기준에서 벗어나는 것과 같은 그런 탈선을 엄격하게 우려해야 한다. 이것은 단지 법체계의 효율성이나 건전성의 문제가 아니고, 논리적으로 말해서 어떤 한 체계의 존재에 대해 논할 수 있기 위한 필요조건이다.

이어서 그는, 법체계의 통일성과 연속성은 "바로 이 결정적인 점에서, 법 효력의 공통 기준들의 수용에 달려 있다"고 말한다(116).

하지만 여기서 "수용"이 그것의 통상적 의미—규칙을 행위의 이유로 간주하는 것—를 가리킨다면 당혹스러울 것이다. "법 효력의 공통 기준들"은 그것만으로는 행위의 이유가 될 수 없기 때문이다.

법을 일차 규칙과 이차 규칙의 결합으로 보는 하트의 모델에서, 일차 규칙은 "의무를 부과하는" 것이고, 이차 규칙은 "권한을 부여하는" 것이다.[20] 이 두 종류의 규칙 모두 어떤 의미에서는 행위를 지도할 수 있다. 판결과 변경에 관한 하트의 이차 규칙들은 법적 분쟁이 어떻게 명령적으로 해결되는지와 법이 체계 속에서 어떻게 변경되는지를 명시한다. 이러한 규칙들은 법에 따라 특정 분쟁을 해결하거나 법을 변경하기 위해서는 사람들이 어떤 공식적 역할을 획득해야 하는지, 그리고 무엇을 해야 하는지를 말해준다. 마찬가지로, 승인 규칙은 법의 내용을 선포하려는 사람들에게 그 일을 하는 방법을 말해준다. 하지만 이러한 규칙들은 요리법이나 게임 규칙처럼 가언적假言的으로—"만일 당신이 그것을 하고 싶다면, 이것이 그것을 하는 방법이다"—행위를 지도할 수 있다. 그것들 가운데 어떤 것도 행위의 정언적定言的 이유를—이것을 하라!—제공하지 않는다. 하트가 말하는 판결의 규칙은 앞 장에서 논한 판결 이론과 혼동되어서는 안 된다. 판결 이론은 법적 분쟁을 판결하는 공식적인 역할을 통해서 판결이 어떻게 이루어져야 하는지를 사람들에게 가르쳐준다. 판결의 규칙은 분쟁을 판결하는 권위가 누구에게 있는지, 어떤 형식적 과정을 따라야 하는지를 우리에

무엇이 법을 만드는가

게 말해주는 규칙이다(97). 변경의 규칙도 마찬가지여서, 법을 만드는데 있어서 어떤 사람이나 어떤 기관들의 어떤 행위가 유효한지를 말해주는 것이지, 누군가 법을 만들어야 한다고 말해주는 것은 아니다.

우리의 관심은 승인 규칙에 있다. 사람들은 물론 자신이 법을 지키거나 적용해야 한다는 것을 받아들일 수 있으며, 그럴 경우 승인 규칙의 내용을 알아야 할 것이다. 하지만 승인 규칙에 의해 확인된 것인 법을 지키거나 적용해야 한다는 하나의 규범을 받아들일 때―그 규범을 하나의 행위의 이유로 간주하며―그것이 "법 효력의 공통 기준"을 받아들이는 것은 아니다. 나는 단지 법 효력의 궁극적 기준들을 명시하는 하나의 규칙을 그 자체로 행위의 이유로 간주할 수는 없다. 나는 "영양가 있는 식품으로 아이를 키우라"라는 규범을 하나의 행위의 이유로 간주하지만, 좋은 영양의 원칙들 자체를 행위의 이유로 간주할 수는 없다.[21]

만일 우리가 승인 규칙을 실행의 규칙이 아니라 올바르다거나 올바르지 않다고 주장하는, 궁극적 기준들에 대한 단순한 언명으로 간주한다면 모든 것이 훨씬 더 이해하기 쉬워진다. 이런 관점에서, 하트가 승인 규칙을 통상 자신이 생각하는 의미와 다른 어떤 의미로서 논할 때 "수용"이란 말을 사용한다고 생각할 수 있다. 공무원들은 그 기준들이 그런 것이라고 믿거나 그 기준들을 그런 것으로 간주할 마음이 있어야 하며, 그런 의미에서 공무원들은 그 기준들이 이 법체계의 현실적인 궁극적 효력 기준이라는 것을 수용해야 한다고 말할 수있다. 그들이 어떤 상황에서나 의지하는 효력 기준이 모든 사람과 관련된 모든 경우에 똑같이 적용 가능한, 현실적인 궁극적 효력 기준이라고 아무도 실제로 생각하지 않는다면 이는 문제가 될 것이다. 하나의 법체계가 존속하고 통일성을 갖기 위해서는 그 법체계의 공무원들, 즉 사실상 권력을 갖고 있고 법의 이름으로 그 권력을 행사하는 사람들이, 존재하는 그 법체계 안에서 자신들이 효력의 궁극적 기준들로 간주하는 것에 집중해야 한다고 할 만하다. 만일 공무원 각자가 그 기준들이 "오직 자기 측을 위해서" 적용된다고 믿는다면, 하트가 적고 있듯이, 우리는 "너무 뻔해서 눈에 띄지 않는 것을 명확히 의식하게 해준다는 이유에서만 고려할 가치가 있는 어떤 기형물을 마주하게 될 것이다"(116). 따라서 승인 규칙이 "존재"하는지를 결정하는 외적 사실의 문제는, 효력의 궁극적 기준들에 대한 법 공무원들 사이의 믿음이나 태도로 수렴된다고 봐야 할 것이다.

이러한 해석은 승인 규칙이 "일정 영역에서 작동 중인, 법을 확인하는 기관과 법을 집행하는 기관들"의 실무의 하나로서 존재한다는 하트의 언명과 양립할 수 있을까?(Hart 1984, 336. 또한 Raz 1979, 90~97과 Raz 1999, 132~148도 보라). 라즈는 이 두 종류의 기관을 통틀어 "법을 적용하는 기관들"이라고 칭했는데, 이 유용한 명칭을 활용해 하트의 "법 공무원들"을 그 기관들을 위해 일하는 사람들로 이해해보자. 질문은 이렇다. 승인 규칙의 내용을 드러낸다고 여겨지는 이 공무원들이 담당하는 "실무"란 정확히 무엇인가? 앞 장에서 보았듯이, 법원을 비롯한 법적 의사 결정자들이 실제로 행하고 말하는 것을 보면 암시적으로 판결 이론이 드러나기는 하겠지만(이 모든 결정자가 양심적이

무엇이 법을 만드는가

라는 가정하에), 법의 효력 기준들에 관한 믿음이 반드시 드러나는 것은 아니다.

이는 분명 법을 집행하는 기관들에도 해당된다. 희망컨대, 양심적인 경찰 공무원이라면 공적 자격하에서 자신이 할 수 있는 바의 한계를 법이 설정해준다고 믿을 것이다. 하지만 그가 하는 일에서 법에 대한 그의 믿음이 읽힐 수 있다고는 아무도 생각하지 않을 것이다. 법은 구체적인 결정들을 법 적용자의 재량에 남겨둔 채 프레임만 제공한다는 켈젠(Kelsen 1967, 349)의 법에 대한 그림은 법 집행자에게 적용될 때는 이론의 여지가 없다.

법의 근거들에 대한 정보의 일차적 연원은 법 공무원들의 실무였다는 하트의 견해는 호소력 있다. 왜냐하면 그것은 사실상의 정치 권력과 시행 중인 법의 내용 사이에 밀접한 연관이 있음을 시사하기 때문이다. 그것은 또한 법이 매우 구체적인 사회적 사실들―사람들이 행하고 말하는 것과 관련된 사실들―에 근거해 있다고 말할 수 있게 해준다. 하지만 알고 보면 이 두 가지 실증주의적 욕망은 동시에 충족될 수 없다.

법 효력의 궁극적 기준들에 관한 믿음을 직접적으로, 확실하게 드러내는 유일한 실무는, 현재의 법 상태에 관한 교과서나 그 외 발표를 준비하는 법 전문가, 특히 법학자들의 실무다. 이는 법학 교수들의 실무로서 존재하는 어떤 규칙에서 법 효력의 궁극적 기준들을 찾을 수 있다는 불행한 견해로 실증주의를 축소하게 될 것이다.

더 나은 해법은 단지, 승인 규칙이 직설적인 의미에서의 하나의 사회적 실천으로서 존재한다는 생각을 포기하는 것이다. 승인 규칙은—만일 그것이 존재한다면—법의 궁극적 근거에 대한 아마도 암시적인 일련의 공통의 믿음들·태도들의 집합, 그리고/또는 법이 무엇인가를 이해할 때의 궁극적 기준들로 간주되는 것에 대한 경향들의 집합일 것이다.

이제 누구의 믿음이 중요한가를 생각해보겠는데, 법의 토대를 법 공무원 집단과 연계시키는 하트의 견해가 전적으로는 아니더라도 대체로 지지를 받고 있다. 법에 종사하지 않는 대부분의 사람은 법 효력의 궁극적 기준들에 대해 그저 모호하고 불확실한 믿음을 가지고 있을 뿐이다. 공무원들 사이에서도 어떤 이들은 다른 이들보다 훨씬 더 포괄적으로 법과 상호 작용을 한다. 어떤 사람이 법과 좀더 포괄적으로 연계될수록, 법의 근거들을 확고히 함에 있어 그 사람의 믿음을 더 중요하게 여기는 것은 자연스럽다. 따라서 하트가 법원을 빈번하게 강조하는 것은 정당하다. 한편 예컨대 법 공무원들이 행정부의 법 관련 부서에 대해 갖는 믿음 역시 특히 중요한 것으로 간주되어야 한다.

하지만 공무원들이 분명 중심이 된다 할지라도, 좀더 일반적으로는, 전문적인 역량을 가지고 법에 종사하는 사람들 사이에서 궁극적 기준들에 대한 믿음이 수렴되기를 우리가 바라고 있다고 말하는 것이 더 정확할 것이다. 이것은 믿음 수렴의 범위를 국가 공무원들을 넘어 현역 법조인과 대학의 법학자들까지 포함하도록 확장하는 것이다. 여기서 직관적으로 알 수 있는 것은, 설령 모든 국가 공무원이 예컨대 과거에 수용되었던 어떤 헌법 원칙이 법의 연원의 하나가 아니라고 선언하기 시작했다 하더라도, 모든 법조인과 법학자가 의견을 달리하는 한 우리로서는 승인 규칙이 바뀌었다고 즉각 말할 것 같지 않다는 것이다. 한계에 이르러서는 모든 사람이 효력의 궁극적 기준들에 관한 믿음을 갖는 것도 전적으로 가능하다. 만일 사람들의 믿음이 충분히 포괄적이고 수렴된 것이어서 법이 무엇인가라는 질문에 유의미한 것이 된다면, 어떤 공무원들은 방향을 틀기 시작할 것이다(Adler 2006; Tamanaha 2001, 166~167).

법에 종사하는 사람들 사이에 효력의 기준들에 대한 믿음이 수렴된다는 이야기가 공허한 낙관처럼 보일 수도 있을 것이다. 드워킨은 심지어 법관들 사이에서도 그러한 믿음이 수렴될 수 있다는 것을 언제나 부정했다. 실증주의자들의 한 가지 반응은 법 효력을 결정하는 적절한 기준들에 관한 합의와 그 기준들을 어떤 구체적인 경우에 올바르게 적용하는 것에 관한 합의 사이에는 중요한 차이가 있다는 것이었다(Coleman 2001a, 116). 이러한 주장은 분명 옳다. 두 사람이 동일한 사실에 동일한 법 규칙을 적용해도 다른 결론에 도달할 수 있다는 점 때문에 실증주의자가 당황할 필요는 없다. 이는 사람들에게 직접적으로 적용되는 일차적 법 규칙들에 대해서만큼이나 법 효력 기준들에 대해서도 참이다. 두 사람은 합의의 법 집행 가능성의 기준들에 대해 전적으로 합의할 수 있겠지만(이를테면 교환에서 상호 이익이 있어야 할 것이다), 어떤 특정 합의가 집행될 수 있는지에 대해서는 합의하지 못할 수 있다. 오랫동안 시행되지 않은 법규들은 더 이상 효력이 없다는 합의가 있을 수 있지만, 얼마나 오래되어야 이러한 맥락에 해당되는지에 대해서는 의견차가 있을 수 있다.

하지만 이 문제는 여기까지만 가능하다. 설령 모든 사람이 동일한 텍스트를 효력의 궁극적 기준들을 제시하는 것으로 인정하더라도, 그 텍스트를 해석하는 적절한 방법에 대한 의견차는 법의 근거들에 대한 합의를 약화시킬 수 있다. 예를 들어 어떤 집단은 18세기의 어떤 텍스트가 오늘날의 세계에서 어떤 목적(아마도 그 텍스트에 진술돼 있지 않은)을 추진하는 데 가장 바람직한 일이 무엇인지의 관점에서 읽혀야 한다고 주장할지도 모른다. 반면에 다른 어떤 집단은 그 텍스트가 고지식한 18세기 독자가 생각했던 의미 그대로 이해되어야 한다고 주장할지도 모른다. 우리가 법의 근거들에 관해 합의가 존재한다고 말한다면, 그것은 효력의 기준들에 대한 어떤 고전적 진술들을 모든 사람이 옳다고 인정한다는 것 이상의 의미가 될 것이다. 예를 들어 "명백히 부당한 입법은 효력이 없다"라는 말은 우리가 합당함의 적절한 개념에 대해 어떤 생각을 갖고 있지 않은 한 분명 효력의 기준으로서 쓸모가 없다.

승인 규칙이 존재해야 한다면, 법 효력의 궁극적 기준들에 대한 진정한 합의가—대개 그 말을 똑같은 형태로 사용하려는 데서 보이는 명목상의 합의가 아니라—있어야 할 것이다.[22] 물론 하나의 승인 규칙에도 격차들이 있을 수 있다. 많은 문제에서 합의가 있더라도 효력과 관련된 어떤 문제들에서는 합의가 없을 수도 있다. 어느 특정 지역에서든 올바른 종류의 합의가 얼마나 존재하는지는 매우 복잡하고 풀기 어려운 문제다. 이 주제에 관한 상세한 논의는 6장으로 미루어두

무엇이 법을 만드는가

겠다. 6장에서는 의견차의 문제가 다음 층위로, 즉 법 자체의 성격에 관한 의견차의 층위로 넘겨질 것이다.

당장은 실증주의자의 또 다른 난제들을 다루어야 한다. 실증주의자의 설명에 의하면, 법의 기초는 법의 기초에 대한 사람들의 믿음과 태도 속에 있다. 많은 사람은 법에 관해 비실증주의적 견해를 가지고 있다. 그들은 그 궁극적 기준들이 결국 국가의 정당성과 필히 관계있는 어떤 논거에 의해 결정된다고 생각할 수 있다. 예컨대 그들은 헌법이 설정하는 정부 조직이 정당한 강압적 정치 질서를 구성하므로 헌법이 법 효력의 궁극적 기준들을 설정한다고 믿을 수 있다. 실증주의자는 궁극적 기준들에 관한 어떤 믿음들이 (실증주의자가 보기에) 법에 관한 잘못된 견해에 기초를 두고 있다는 사실을 별다른 어려움 없이 받아들인다. 모든 실증주의자가 보는 것은 법의 근거들에 관한 믿음이 무엇인가이지, 그 믿음에 대해 정당성을 제시할 수 있는가가 아니다. 흥미로운 점은, 실증주의자들의 믿음을 이해하는 것이 훨씬 더 힘들다는 것이다.

만일 우리가 실증주의자라면, 우리가 법의 근거들이라고 생각하는 것이 바로 법의 근거들이라고 생각할 것이다. 우리가 법의 근거들에 대해 생각하고 있을 때는 우리가 생각하는 것 말고는 달리 생각할 수 있는 것이 아무것도 없는 것처럼 보일 수 있다.

우리는 법 규범이 무엇인가에 대해 생각을 가지고 있다. 적어도 우리는 법 규범이 우리 행위에 대한 정당한 요구로서 제시되는 명령이라고 생각한다. 이러한 규범들을 창출하는 사람들, 개개의 경우에 대해 규범의 적용을 선언하는 제도적 역할을 맡고 있는 사람들, 그리고 그 규범들을 강화하는 제도적 역할을 맡고 있는 사람들은 모두 자신의 제도적 행위를 정당한 것으로 제시한다. 나중의 장들에서 상술하겠지만, 이것은 법이 권위를 요구한다는 라즈의 중요한 관념 속에서 진리인 것 같다. 우리가 법 규범을 도덕 규범, 관습적 도덕, 에티켓 혹은 게임 규칙과 구별할 때 우리 뇌리에는 이런 식의 생각이 자리 잡고 있을 것이다.[23] 하지만 실증주의자가 보기엔, 이러한 관념들 자체가 법의 근거들을 확인하는 데 어떤 토대가 되어주는 것은 아니다. 그 문제에 관한 한, 우리가 근거로 삼아야 하는 것은 오직 법의 근거들에 대한 우리의 믿음뿐인데, 그러한 믿음들 자체는 더 많은 고려에 의해 정당화되어 있지 않다. 법의 내용을 결정하는 데 궁극적 기준이 무엇인가와 관련해서는 우리 각자가 고려해볼 만한 실질적인 것이 전혀 없다는 것이 난제다.

어떤 사람들은 승인 규칙이 무엇보다 조정調整 문제에 대한 관행적 해법으로 여겨진다고 주장했다. 조정 문제란 해법의 실체가 중요한 것이 아니라(좌측으로 운전하는가 우측으로 운전하는가), 해법이 무엇인가에 대해 우리 모두가 동의한다는 사실이 중요한 그런 문제다. 만일 이것이 법에 관해 생각하는 그럴듯한 한 방법이라면 그 난제를 이해할 수 있을 것이다. 만일 법이 조정 문제에 대한 관행적 해법에 불과하다면, 법의 근거들에 대한 그 누구의 견해에도 실질적 기반이 존재하지 않는 것은 놀라운 일이 아니다. 왜냐하면 몇 가지 법의 근거가 존재하는 한, 법의 근거가 무엇인지는 문제 되지 않을 것이기 때문이다.

　　　　　　　　　　　　　무엇이 법을 만드는가

하지만 우리가 법에 관해 이런 식으로 생각하는 것은 물론 아니다 (Dickson 2007; Green 1999). 우리는 군주의 명령이나 법원의 견해나 의회의 법령이 법의 연원인지 여부가 상당히 중요하다고 생각한다. 이는 법의 근거들에 관한 믿음이 실제로는 결국 정치 이론에 근거를 두고 있다는 드워킨의 주장을 자연스러운 것으로 만든다. 드워킨의 견해에 따르면, 우리가 법의 토대에 관해 성찰할 때 우리 각자에게는 생각해봐야 할 것이 있다. 즉 우리는 법에 의해 수립된 정부를 정당하게 만들고 잠재적으로 올바르게 만드는 것이 무엇인지를 생각해봐야 한다. 실증주의자는 우리가 법의 근거들이 무엇이어야 하는지를 생각할 때 생각해볼 것이 바로 이것이라는 데 동의하지만, 법의 근거들이 무엇인지를 생각할 때의 그것의 관련성은 부정한다.

효력의 궁극적 기준들이 무엇이라고 생각하느냐는 질문을 받았을 때 각 실증주의자가 생각할 법한 것이 무엇인가 하는 난제의 해법은 법의 역사에서 찾을 수 있다.[24] 현행 법체계에서 법관, 법학 교수 등은 특정 시간에 어떻게 생각하는지 서로 묻는 상황에 처할 일이 없다. 여러 이유에서 그들 모두가 믿고 있는 한 가지는, 일반적으로 법 효력의 궁극적 기준들이 시시각각 급진적으로 변하지는 않는다는 것이다. 그래서 지금 법의 근거들에 관한 우리의 모든 믿음을 고정해주는 무엇이 존재하며, 그것이 지금까지 일반적으로 믿어져온 것에 대해 우리가 알고 있는 바다. 이 점에서, 명령 이론(오랜 시간에 걸쳐 구축된 복종의 습관)에 기초해 있건 혹은 규범 체계의 모델에 기초해 있건, 실증주의에는 중요한 어떤 역사주의적인 면이 있다.

하지만 법의 명령도 당연히 혁명적 변화를 겪을 수 있다. 변화가 일어날 때, 관련자들은 법 효력의 기준들에 관한 자신의 믿음의 근거를 더 이상 역사에 기대할 수가 없고, 따라서 다른 설명이 요구된다. 헌법의 급진적 변화에 관한 실증주의자의 설명은, 관련자들이 어떻게든 거의 동시에 다음과 같은 입장에, 즉 저것들(전통적으로 지켜져온 헌법 규칙들)보다 이것들이 효력의 궁극적 기준들(새로운 헌법 속에 제시돼 있는 기준들)이라면 더 좋겠다는 입장에 도달하는 것일 테다. 사람들이 이 기준들이 저 기준들보다 더 좋으리라고 생각하는 이유는 도덕적 믿음에 근거를 둘 수도 있고 그렇지 않을 수도 있다. 그 이유는 또한 사람들의 자기 이익에 대한 의식의 수렴에 근거를 두고 있을 수도 있다. 하지만 다시 말하는데, 중요한 것은 그들이 이렇게 생각하는 이유가 아니라, 그들이 그 새로운 기준들에 의거해 법을 확인하려 하게 되었다는 점이다.

이런 유의 혁명적인 법 개혁의 성공은 법과 관련된 모든 사람이 그 개혁에 동조하는 것에 달려 있다. 만일 이 사람들이 매일매일 다른 요소들을 법 효력의 결정 요인으로 간주하기 시작한다면 그 혁명은 성공한 것이다. 하트의 인상적인 말처럼, 헌법의 근본적인 변화에 관한 "성공하는 것은 성공뿐이다"(Hart 1994, 153). 하지만 앞서 주어지는 승인 규칙의 존재를 결정하는 데 누구의 믿음이 중요한지에 대한 좀더 확장된 설명이라면 헌법의 근본적 변화에 대한 하트의 설명은 조금 변경이 필요하다는 데 유념해야 한다. 하트의 설명을 따른다면, 모든 법 공무원이 새로운 승인 규칙을 받아들일 경우 승인 규칙은 바뀐다. 하지만 내가 제시한 좀더 확장된 설명을 따른다면, 법 공무원들은 법에 종사하는 다른 모든 사람을 끌어들여야 할 것이다. 좀더 확장된 견해를 뒷받침하는 것인 만큼 직관적으로 이것이 옳다. 만일 공무원들이 하나의 기준을 수용하는 반면 공무원이 아닌 다른 모든 법조인과 법 전문가는 그 기준을 거부한다면, 우리는 성공적인 법적 변화와 대립되는 것인 불법적 쿠데타를 운운하고 싶어질 것이다.

　관련자들이 새로운 기준에 따라 법을 확인하려 하게 되는 혁명 시에, 법의 궁극적 기준들에 관한 믿음이 수렴되었다고 말하는 것은 잘못일 것이다. 어떤 요인들을 법의 근거로 삼기로 결정했다는 것은 그것들이 법의 근거라고 믿는 것과는 다르다. 하지만 실증주의자의 맥락에서 이것은 난처할 게 없다. 이 상황은 새로운 게임을 위해 규칙을 만들어내는 것, 혹은 기존에 이름이 있는 어떤 게임에서 급격히 규칙을 바꾸는 것과 굉장히 유사하다. 여기서 구성적 관행constitutive convention이라는 안드레이 마머(Marmor 2009)의 개념이 이해에 도움이 된다. 혁명 시에는 관련 집단의 구성원들이 법 효력을 결정하는 특정 기준들을 주장하는 경향이 있는데, 이는 다른 사람들도 마찬가지 경향이 있다는 그들의 믿음에 근거한다고 말할 수 있다. 사람들이 특정 기준들을 주장하는 경향이 있는 것은 다른 사람들도 그럴 것이라고 그들이 믿기 때문만은 아니다. 그들은 다른 사람들도 그러기를 바라기 때문에, 좋건 나쁘건, 실질적 이유를 가지고 있는 것이다. 하지만 혁명 시에 실증주의자로서 그들은 다른 사람들도 그럴 것이라고 기대하지 않는 한 그 기준들을 주장하지 않을 것이다. 왜냐하면 새로운 법질서가 효력을 발휘할 수 있으려면 먼저 관련 기준들에 대한 합의가 필요하다고 믿기 때문이다. 만일 모두가 혁명에 찬성한다면 의견 수렴이 이루어질 것이고, 새로운 법질서가 수립될 것이다. 일단 이런 일이 일어났다고 사람들이 믿는다면, 그들이 법의 근거들에 대한 믿음을 갖게 되었다고 단도직입적으로 말할 수 있다. 그리고 그때부터는, 승인 규칙을 하나의 관행으로, 즉 사람들이 이러이러한 것이 궁극적 기준이라고 생각하는 부분적 이유가 다른 모든 사람도 그렇게 생각한다는 데 있음을 암시하는 어떤 강력한 의미에서의 하나의 관행으로 생각할 필요가 없어진다.

이러한 상황은 관습적 국제법이라는 새로운 규범의 출현과 꼭 닮았다. 관습적 국제법이라는 규칙은, 어떤 "법적 확신"—관행이 법을 준수하는 하나의 사유라는 믿음—이 수반되는, 국가들의 어떤 일반적 관행이 있을 때 존재한다. 이러한 기준에는 분명 어떤 역설 혹은 순환이 존재한다. 즉 관행이 법적으로 요구된다는 믿음이 그 관행이 법적으로 요구된다는 것보다 선행해야 하는 것처럼 보인다. 이는 법이 비합리적이거나 그릇된 믿음에 기초해 있지 않은 한 불가능해 보인다. 지금까지 법적으로 요구되지 않은 어떤 관행이 법적으로 요구된다고 아무런 이유 없이 믿게 되는 것은 비합리적인 일일 것이다. 해법은 승인 규칙의 변화에 대해 바로 앞서 기술한 바와 동일하다.

첫째, 장기 지속의 규칙들에는 문제가 없다. 오랫동안 일반적으로 믿어져온 것이라는 바로 그 이유로 관련된 모든 사람은 이러이러한 것이 관습적인 법치라고 믿을 것이다. 이 점과 관련해서는 비합리적이거

무엇이 법을 만드는가

나 당혹스러운 것은 아무것도 없다(Tasioulas 2007, 322). 승인 규칙에서 그런 것처럼, 문제는 관습적인 국제법의 변화에 있다. 어떤 관행이 그것이 법적으로 요구된다는 보편적 믿음이 존재한다는 논리적이지만 틀린 믿음에 기초해 법적으로 요구된다고 믿게 되는 것은 합리적일 것이다. 하지만 이것이 새로운 관습적 규범이 시작될 수 있는 유일한 길이라면 곤혹스러울 것이다. 한편 곤혹스럽지 않을 수 있는 방법이 하나 있는데, 이것을 하나의 관행이 법적으로 요구되는 정통 경로라고 불러도 될 것이다. 국가들은 어떤 관행이 법적 지위를 갖는다면 좋을 것이라는 믿음으로 수렴될 수 있고, 그래서 다른 국가들이 그러는 만큼 그 관행을 법으로 간주하려 할 수 있다. 일단 최초의 도약이 이루어져 충분히 많은 국가가 그 관행을 법으로 간주한다면, 그 관행이 법이라는 그 어떤 국가의 믿음도 더 이상 다른 모든 국가의 태도나 성향에 매일 필요가 없으며, 그 규칙의 효력은 오직 대부분의 국가가 그 관행을 법으로 믿고 있다는 사실에만 좌우될 것이다.[25]

포용과 배제

내가 개괄한 실증주의적 해석을 따를 때 법의 근거들을 확립해주는 것은 법에 종사하는 사람들의 수렴된 믿음 또는 의향이다. 그런데 이러한 견해를 내가 개괄한 그대로의, 사실로서의 법이라는 그림—법이 무엇인지 규정하는 데 도덕적 고려에 의지할 필요가 전혀 없다는 생각 — 의 주된 특징과 연결시키는 분명 문제가 있다. 당연히 도덕적 고려가 법 효력을 결정하는 것과 관련 있다고 많은 사람이 믿기 때문이다.

한편에는, 라즈의 저술들에서 가장 잘 표현된, 법은 효력 있는 법 자료들에 대한 도덕적으로 중립적인 해석에서 발견된다는 확고한 신념이 있다. 다른 한편에는, 법 자료들의 효력은 법 공무원과 다른 관련자들의 믿음이나 실무의 우연에 의해 결정된다고 보는, 기본적인 실증주의적 입장이 있다. 문제는, 실증주의적 효력의 사다리의 꼭대기에서는 법 효력의 궁극적 기준들에 관한 믿음이 법의 내용을 결정하는 데 도덕이 결코 관련 없다는 생각에 부합하지 않을 수 있다는 것이다.

실증주의는 이 지점에서 분화한다. 먼저 실증주의자가 된 동기 — 법 내용과 법의 도덕적 가치는 별개임을 주장할 수 있음 — 에 초점을 맞출 경우 배제주의적 입장이 힘을 갖는다. 라즈(Raz 1994)의 말을 빌리자면, 법의 근거들이란 도덕 판단에 의지하지 않고 해석될 수 있는, 사회적으로 확인된 모든 연원이라는 것이 바로 배제주의적 견해다. 만일 법의 본성과 관련해 이러한 견해를 취한다면, 단지 도덕 기준들은 법의 일부가 될 수 없다. 따라서 법 자료들에 담긴 도덕 언어는 법의 일부로 읽히지 않고, 법의 테두리 밖에서 도덕적 시비에 대한 판단을 하도록 의사 결정자를 인도하는 것으로 읽힐 것이다. 이와 반대로 만일 법 공무원이나 그 밖의 사람들이 도덕적인 것으로 들리는 법 자료의 요구들이 정말로 도덕이 법에 통합된 경우라고 믿는다면, 그러한 믿음은 간단히 무시되어야 할 것이다. 효력에 대한 최우선적인 어떤 불문不問의 도덕 기준이 궁극적 기준들 중 하나라는 믿음 역시 무시되어야 할 것이다. 배제적 실증주의의 설명을 따른다면, 우리는 법의 근거들을 법의 근거들에 대한 관련자들의 합의의 순수성에 의지해 결정한다.

이런 식의 전개에 이의를 제기할 만한 것은 없다. 법이 사실에 근거를 두고 있다는 주된 실증주의적 사고는 모든 사람이 이를 믿는다고 주장하는 것으로 정당화되지 않는다. 오히려 그 점에 이르기 위해서는 철학적 논증이 요구된다. 배제적 입장에 따르면, 법은 분명하게 읽히는 사회적 연원들에 근거를 두고 있으며, 법에 종사하는 사람들이 사회적 연원이 무엇인가에 대해 갖고 있는 믿음이 그 문제를 해결한다.

포용적 입장에 따르면, 법은 사회적 연원들에 근거를 두고 있으며, 이와 마찬가지로 법에 종사하는 사람들이 합의한 도덕적 고려 사항이 중요하다. 달리 말해, 엄청나게 불공정한 규칙이나 기준이 효력을 가질 수 있는지, 연원에 대한 "도덕적 읽기"가 언제나 적절한지, 연원에 담겨 있는 "도덕 언어"가 도덕의 바로 그러한 측면들을 법에 통합시키는지를 승인 규칙의 내용 자체가 결정할 것이다.[26]

각 견해에서, 법의 근거들에 관한 특정한 설명이 받아들여질 때 법 관계자들의 특정한 믿음이 의미를 갖게 된다(법은 법 종사자들의 믿음과 태도에 관련된 사실들에 근거한다). 각 견해에서, 법 관계자들에 의해 주장된 법의 근거들에 관한 특정한 믿음들―예컨대 신의 뜻에 반하는 법은 있을 수 없다는―은 간단히 무시되어야 한다. 하지만 어떤 도덕적 고려 사항들이 법의 범위 안에 속한다는 믿음이 무시되어야 하는지에 관해서는 견해가 엇갈린다. 이러한 견해들 사이에서 선택하는 방법은 무엇인가?

이 두 가지 실증주의는 지극히 논리적이다. 배제적 견해는 사실로서의 법에 관한 초기 그림을 가진 사람들에게 훨씬 더 압도적으로 호소력 있는 것처럼 보인다. 하지만 포용적 견해는 우리가 법 실천의 몇 가지 측면을 논할 때 훨씬 더 편안하게 자리를 잡는다. 나는 여기서 이 두 입장 사이의 격렬한 다툼에 대해서는 이야기하지 않겠다. 왜냐하면 6장에서 이야기하듯이, 우리는 좀더 기초적인 단계에서 설득력 있는 논증을 결여하고 있기 때문이다. 즉, 우리는 비실증주의의 어떤 해석보다 실증주의의 두 해석 중 어떤 것을 좋아할 만한 설득력 있는 강력한 논증을 결여하고 있는 것이다.[27]

하지만 나는 더 이상의 논평을 하지 않고, 내부적 논쟁에 관해 한 가지만 지적하겠다. 포용적 입장은 실증주의에 대한 다양한 반대에 답할 필요에서 나온, 반발적인 것처럼 보인다는 것이다. 이에 반해 배제적 입장은 법의 우수성과는 완전히 별개인 법의 효력이라는 중대한 관념이 동기가 된다. 만일 법의 본성에 관한 이 초기 신념을 아무도 견지하지 않았다면, 과연 실증주의라는 바로 그 사고가 출현했을까 싶다. 비실증주의자의 입장은 법이 좋은 것이자 필수적인 것으로서 그 같은 일반적 영역을 점유하며, 법이란 그런 것이라는 정반대의 신념에서 나왔다. 내가 보기엔 포용적 실증주의의 입장을 위한 시원적이고 전前 이론적인 동기는 존재하지 않는 것 같다. 이러한 입장은 특히 권리장전에 근거를 둔 헌법적 판결을 고려할 때(Waluchow 1994) 실증주의가 덜 삐걱거리는 것처럼 보이게 해주는 중간 영역의 경계를 확정해준다. 하지만 이러한 중간 영역은 안정되어 있지 않은 것 같다. 왜냐하면 우리가 법의 내용이 때때로 좋은 것과 옳은 것에 관한 진리에 의해 정해진다는 생각을 안이하게 받아들인다면, 좋음과 옳음에 대한 고려가 항상 법의 내용에 중요하다는 비실증주의적 견해에 우리가 반대하는 이유가 불분명하기 때문이다. 다시 말해, 법은 도덕이 아니라 사실 문제라는 실증주의적 신념에서 내가 생각하기에 지배적인 것은 그 생각의 두 번째 부분, 부정적인 부분이다.

4장

비실증주의

법에 관한 좋은 것

법의 본성에 관한 논쟁에 어떤 형태로든 관심을 갖고 있는 사람들 대부분은 처음부터 매우 확고한 견해를 가지고 있는 것 같다. 실증주의와 비실증주의 가운데 하나만 명백히 옳고 다른 하나는 명백히 틀렸다는 것이다. 실증주의와 관련해 많은 사람에게 명백히 잘못으로 비치는 것은 법이 본성상 좋은 것이라는, 혹은 좋은 것이 되려고 분투하는 듯 보일 수 있다는—혹은 아무리 못해도 결코 나쁠 수 없는 것이라는—사실을 실증주의가 간과한다는 점이다. 이런 식으로 생각하는 사람들 대부분이 보기에, 법은 좋은 것이라는, 혹은 적어도 잠재적으로 좋은 것이라는 명백한 진리는 법이 진짜로 우리에게 구속력 있다거나 혹은 통상적으로 그렇다는, 혹은 어떤 의미에서 그렇다고 생각된다는 더 명백한 진리와 관련이 있다(Greenberg 2011). 그것은 드워킨이 줄곧 주장한 것처럼 실재의 권리와 책무의 영역이다. 법을 궁극적으로 사회적 사실에 근거한 것으로 보는 것은 이처럼 법이 지닌 본질적인 도덕적 성질들을 간과하는 것이다. 이러한 관점에서는 나치와 탈레반에게는 법이 없다고 결론이 날 수도 있다. 하지만 누가 그런 걸 신경 쓰겠는가? 만일 이 영역 전체에서 흥미로운 어떤 것, 성찰해볼 가치가 있는 어떤 것, 특히 철학적으로 성찰해볼 가치가 있는 어떤 것이 진행되고 있다면, 그것은 법과 관련해 가치 있는 어떤 것 혹은 적어도 잠재적으로 가치 있는 어떤 것, 혹은 어떻든 법과 관련해 도덕적으로 직접 관련이 있는 어떤 것이 존재하기 때문일 것이다. 그것이 무엇인지를 알아내는 것이 철학적 과제의 한 부분이다(예를 들어 Perry 2001과 Soper 1984를 보라).

여기서 분명한 대조를 위해 우리는 실증주의자들도 법과 관련해 잠재적으로 가치 있는 어떤 것이 있다는 데 당연히 동의한다는 점을 기억해야 한다. 좋은 법이 좋은 것이다. 심지어 그들은 어느 곳의 법이든 거기서 어떤 면에서 좋은 어떤 것을 발견할 가능성이 있다는 데, 혹은 틀림없이 발견할 거라는 데 동의할 수도 있다. 효과적인 법체계는 사회적으로 있을 수 있는 일들의 범위를 크게 늘릴 것이고, 우리는 이것이 어떤 면에서 그 자체로 좋다고 말할 수도 있다. 실증주의자들은 또한 법의 내용에 따라 때때로 그 법을(그 법의 일부를) 준수할 도덕적 의무가 있다고 말할 수도 있다. 7장에서 보게 될 텐데, 특히 어떤 종류의 법들(국가들에 적용되는 법들)이 행위의 이유가 될 가능성이 높다고 믿는 것은 실증주의에 부합한다. 실증주의자와 비실증주의자의 의견 불일치는, 법이란 어떤 것인가를 생각할 때 법의 내재적인 도덕적 의미를 반드시 염두에 두어야 하며, 결국 어떤 특정한 지역에서 법의 내용을 결정하는 방법에 관한 이론은 바로 그 법의 내재적인 도덕적 의미에 따라 수립돼야 한다고 비실증주의자가 주장한다는 데서 생겨난다. 이와 대조적으로 실증주의자는 법에 담겨 있을 수도 있는 도덕적 의미를 괄호 안에 넣어야 법의 본성을 설명할 수 있다고 믿는다. 나는 6장과 7장에서 법이 도덕적 의미를 지닐 수 있다는 사실이 누군가가 법의 근거들에 관한 이론을 제공하는 일에 처음 관여하는 이유일 것이라고 주장한다. 하지만 실증주의자가 생각하기에 그 이론 자체는 법의 가치에 대한 어떤 견해에 의해서 만들어지는 것이 아니다.

우리가 내재적인 도덕적 의미라고 칭하며 설명하고 있는 그것이 비실증주의의 공통된 전제이지만, 이 폭넓은 개념은 다른 많은 방식으로 설명될 수 있다. 1960년대 말 이래 비실증주의는 당연히 드워킨의 법 이론과 연결되었다. 이 이론은 심오하고 복잡하다. 또한 이 이론은 많은 강력한 의지를 담고 있는데, 비실증주의의 여러 종류를 좀더 잘 이해하려면 그것들을 하나하나 살펴보는 것이 좋다.

법의 근거의 하나로서의 도덕: 도덕적 읽기와 도덕의 필터

내가 모든 비실증주의의 견해 가운데 결정적인 것으로 간주하는 것은 도덕적 고려가 언제나 법의 근거들 중 하나라고 보는 견해다. 도덕은 법의 내용을 결정하는 데 주로 두 가지 방식으로 관여할 수 있다. 첫째, 도덕은 언제나 해석의 지침 역할을 하고 불확정성을 해결한다.

또한 도덕은 법에 담긴 구체적 잘못들을 교정함으로써 법 전체를 도덕적으로 최선의 모습으로 보여준다. 이러한 견해는 보통법의 법 이론에 뿌리를 두고 있으며, 드워킨에 의해 법 해석의 포괄적 이론으로 발전했다. "해석주의interpretivism"라는 용어는 때때로 드워킨의 견해를 나타내는 표지로 사용된다(Dworkin 2011, 401; Stavropoulos 2003). 하지만 어떤 법 이론이든 법 자료들은 해석을 요한다는 것을 인정하므로, 나는 드워킨(Dworkin 1996)도 사용한 좀더 분명한 용어인 "도덕적 읽기moral reading"라는 말을 선호한다. 이러한 접근의 한 가지 공통된 공식이 의미하듯, 법이란 과거의 법 실천을 가장 정당화하는 원칙들을 따르는 것이다.

다른 종류의 비실증주의는 좀더 직설적인 접근법을 취한다. 하트(Hart 1958)의 논문 「실증주의, 그리고 법과 도덕의 분리Positivism and the Separation of Law and Morals」에서 다루어진 덕분에 영어권 법 이론가들에게 잘 알려져 있는 것처럼, 구스타프 라드브루흐는 독일 제3제국 시대에 독일인들이 보여준 나치 법 준수에 대해 어느 정도 책임을 묻는 것이 법에 관한 실증주의적 견해라는 결론에 도달했다. 이에 라드브루흐는 법이 내용에 있어서 심각하게 부정의할 수 있다는 것은 법의 본성에 반하는 것이라는 이념을 발전시켰다. 따라서 나치 체제에서 법으로 제시되었던 것의 많은 부분이 결코 법은 아니었다. 2장에서 언급했듯이, 적어도 통일 독일의 법원은 또 하나의 재건 시기—20세기 후반에 베를린 장벽의 붕괴와 함께 이루어진 독일의 재통일—에 이른바 라드브루흐의 공식을 받아들였다.

무엇이 법을 만드는가

심각하게 부정의한 것은 법이 될 수 없다는 견해는 본질적으로, 도덕의 필터를 맨 위에 놓는, 실증주의(의 한 형태)다. 여기서 드러나는 생각은, 비록 법이 항상 완벽한 것은 아니지만, 우리는 법의 타락이라 불릴 만한 것을 생각하고 싶지 않다는 것이다. 노골적으로 대량 학살을 목적으로 하는 제도화된 규칙·기준 체계는 이러한 견해를 따른다면 법의 영역 안으로 들어올 수 없다. 21세기에 들어와서는 로버트 알렉시가 도덕의 필터라는 시각에 대해 가장 탁월한 옹호자다. 도덕의 필터를 지지하는 그의 논의는 6장에서 간략하게 다루어진다.

합법성, 정당성, 정의

도덕적 읽기와 도덕의 필터에 대해서는 좀더 상술할 필요가 있는데, 단지 법을 해석하는 데 도덕적 고려가 중요하기 때문만은 아닐 것이다. 예를 들어 법과 관련해 좋은 점은, 법이 법의 구성원들의 자율성을 존중하고 그들 모두를 법 앞에 평등한 존재로 대하는 방식으로 사회생활을 규제하는 데 있다고 여겨질 수도 있을 것이다.

법치주의라는 이념에 관한 어떤 해석이 법의 본성에 대한 우리의 이해를 형성한다는 게 론 풀러(Fuller 1969)의 견해다. 풀러의 논의의 핵심은, 법체계 전체가 일정한 형식적 기준을 충족시키지 못하는 한 그 법 안의 규칙이나 기준들 가운데 어떤 것도 법으로 간주될 수 없다는 것이다. 이 점은 8장에서 국제법과 관련된 논의 중 법체계의 필수적 특징에 대한 다양한 견해를 살펴보는 가운데 좀더 상세하게 다뤄질 것이다. 하지만 풀러 역시 법치주의 혹은 합법성에 대한 고려가 법 해석을 형성해야 한다고 생각했다(Rundle 2012, 168~174). 런들의 글은 풀러의 입장의 복잡한 면을 충분히 다루려 하지는 않은 채, 법이 무엇인지 이해하는 방법과 관련해 다음과 같은 견해를 시사한다. 법 자료들을 해석할 때는 그것이 법치주의의 이상에 부합되게끔 하는 방향으로 해야 한다는 것이다. 사실 이것은 드워킨이 자신의 도덕적 읽기를 기술하는 방식이지만, 법치주의에 대한 드워킨의 설명은 어떤 개별 분쟁의 적절한 해법에 대한 결론을 도출하는 데 필요한 모든 도덕적 고려 사항을 아우를 만큼 포괄적이다(예를 들어 Dworkin 2006, 170).

여기에 어떤 변별적 견해가 있으려면, 법치주의의 가치들이 잠재적으로 도덕적 관련이 있는 요인들의 어떤 부분집합을—풀러가 생각한 것과 같은 분명히 법적인 어떤 도덕을—구성하는 것으로 생각되어야 한다. 이것은 예컨대 드워킨의 도덕적 읽기의 자원의 하나인 사회 정의에 대해 자유주의적 이론을 배제하게 될 것이다. 그런한 견해에 대해 가장 풍성한 옹호는 데이비드 다이젠하우스(Dyzenhaus 2000·2007)에게서 볼 수 있다. 이처럼 제한적인 도덕적 읽기를 따른다면, 기존 법은 어떤 개별 분쟁을 해결하는 데 항상 충분히 결정적이지는 못할 것이다. 고전적 법치주의의 가치, 이를테면 공지성, 장래효, 법 앞의 평등 같은 가치들에 비추어 법 자료들을 읽는 것은 도덕적 읽기를 거부하는 실증주의에 비해서 명백히 불확정성을 띨 것이다.

하지만 이 제한적인 도덕적 고려 사항들로는 현존하는 법이 모든 법적 분쟁에 답을 준다고 말하기에 충분치 않을 것이다. 그에게는 법치주의가 담고 있는 가치들에 대한 드워킨의 좀더 포괄적인 이해가 자신의 잘 알려진 주장, 즉 법은 언제나 이미 하나의 "정답"을 제공하고 있다는 주장[28]을 완성하는 데 필요한 것으로 보인다.

다음 장에서 논의되는 것처럼, 법치주의라는 이상의 내용은 법의 본성만큼이나 논란거리다. 그러므로 비실증주의적 견해를 법의 근거들이 법치주의의 가치를 포함한다고 보는지 아니면 그 이상을 포함한다고 보는지에 따라 분류하는 것은 도움이 되지 않는다. 핵심은 단지, 도덕의 필터와 도덕적 읽기라는 두 가지 접근법 안에서 어떤 유의 도덕적 고려 사항들이 법 해석에서 적절히 호소력을 가질 수 있는지와 관련해 다양한 선택지가 존재한다는 것이다. 표면적으로는, 배제적 실증주의가 법은 존재해야만 하는 것이나 좋은 것이 아니라 존재하는 것이라는 근본적인 초기 믿음을 가장 잘 표현하고 있는 것처럼, 드워킨의 견해처럼 그런 극단적인 비실증주의적 견해는 법이 가치의 영역이라는 근본적인 초기 믿음을 가장 잘 표현하고 있는 것 같다. 다른 한편, 다이젠하우스(Dyzenhaus 2000, 2007)가 설명하는 것처럼 제한된 도덕적 읽기에는 장점들이 있는데, 법의 근거들에 속한다고 간주되는 도덕적 고려 사항들은 논쟁의 여지가 있는 도덕적·정치적 이론보다는 법의 지배라는 바로 그 사상에서 출현한다는 점에서 그렇다. 나는 여기서 비실증주의자들을 위한 이런 선택지들에 대해 내부 평가를 시도하지는 않을 것이다.

하지만 단도직입적으로 말해서 도덕적 읽기가 도덕의 필터보다 그럴듯해 보인다. 법의 내용이 부분적으로는 도덕적 고려 사항들에 의해 결정된다고 일단 우리가 믿는다면, 어떤 불연속성을, 이를테면 도덕이 개입하지 않으면 법이 아주 나쁜 것이 될 때만 도덕이 개입하는 그런 불연속성을 인정하는 것은 별 의미가 없어 보이기 때문이다. 결국 법 자료 읽기의 한 가지인 도덕적 읽기는 법의 제도적 실정성을 보존한다. 이러한 읽기는 법 규범들이 당연히 도덕적으로 이상적인 규범이라는 입장을 취하지는 않는다.

정당화와 책무

근본적 비실증주의의 입장에서 법 이론에 접근하는 사람들 중 이를테면 드워킨 같은 이들은 법적 권리와 의무가 언제나 실재적이고 도덕적인 권리와 의무라고 강력하게 주장한다. 법의 규범성이라는 주제는 7장에서 다룬다. 당장 중요한 점은, 우리가 법적 권리와 의무가 도덕적 권리와 의무라는 것을 하나의 고정점으로 간주한다면, 법 해석에서의 도덕 추론은 변별적인 구조를 취할 수도 있으리라는 것이다. 실제로 그럴 것인지는 법을 준수할 의무에 관한 우리의 도덕 이론에 달려 있을 것이다. 따라서 만약 우리가 모든 주체는 타당한 의미에서 법을 준수하기로 동의하거나 약속했다고 여겨 법적 권리와 의무가 실재의 권리와 의무라고 믿는다면, 법 해석은 아무런 영향을 받지 않을 것이다. 하지만 우리가 드워킨의 편을 들어 법이 원칙의 공동체를 창조함으로써 연합적 책무들을 발생시킬 수 있으므로 법적 권리와 의무가 도덕적 권리와 의무라고 주장한다면, 우리는 되도록 법이 원칙의 공동체를 창조한다는 식으로 법을 해석하게 될 것이다. 드워킨의 연합적 책무에 관해서는 7장에서 좀더 이야기할 것이다.

설득력이 더 떨어지는 한 가지 견해는, 법은 법이 주체들에게 진정한 책무를 제공하는지 여부와 관계없이 법의 강제 집행을 정당화할 수 있는 그런 것이어야 한다는 것이다. 따라서 필립 소퍼(Soper 2007)는 최근의 논문에서 어떤 도덕의 필터 견해를 옹호하는데, 이에 따르면 강제 집행이 조금도 정당화될 수 없을 만큼 부정의한 공적 명령은 법으로 간주될 수 없다. 이 "고전적 자연법"의 옹호는 결국, 본성상 법은 정당하게 집행될 수 있는 정당한 명령으로서 국가가 제시하는 것일 뿐만 아니라 사실상 정당하게 집행될 수 있는 것이라는 주장이 된다. 국가는 당연히 부정의한 법을 집행할 수 있지만 극히 부정의한 명령을 집행할 수는 없다. 만일 국가가 극히 부정의한 명령을 집행한다면, 아퀴나스가 말했듯이 우리는 "법이 아니라 폭력"과 마주하고 있는 것이다.

이 스펙트럼의 다른 쪽 끝에서는, 실증주의자와 마찬가지로 비실증주의자도 법적 권리와 의무가 실재의 도덕적 권리와 의무인가의 문제는 언제나 열려 있다고 생각할 수 있을 것이다. 말하자면 법의 내용을 탐색하는 것은, 언제나 도덕적 고려 사항들에 영향을 받긴 해도, 실재의 권리와 의무를 찾는다는 목적에 이끌리지는 않는다는 것이다.

판결과 정답

2장에서 지적한 것처럼, 드워킨의 법 이론은 판결에서 적합하게 취해진 모든 규범적 고려 사항이 사실상 법의 근거들에 속한다는, 좀더 강한 주장을 포함하고 있다. 이러한 주장 역시 내가 규정한 비실증주의의 본질적 측면은 아니다. 이는 (오직) 형식적 법치주의의 가치들이 법의 근거들에 속한다는 그 있을 수 있는 견해에 대한 논의에 의거해 이미 분명하다. 이러한 견해에서 보면, 비록 도덕적 고려 사항들이 언제나 법의 근거들에 속할지라도, 판결에서 적절히 취해진 모든 도덕적 고려 사항이 법의 테두리 안으로 들어오는 것은 아니다. 다른 예를 위해, 언제나 법의 근거들에 속하는 도덕적 고려 사항들이 오직 근본적인 개인의 권리 문제하고만 관련 있다고 가정해보자. 이와 대조적으로 사회 정의나 경제 정의 혹은 보편 복지 같은 고려 사항들은 배제된다. 법 해석에서 개인의 권리와 관련된 사항들만 고려하는 것은 여전히 법에 간극이나 불확정성을 남길 것이다. 사회 정의나 사회 복지 이론을 적용해 이 불확정성을 해결하는 법관은, 이러한 있을 수 있는 견해에 따르면 주어진 자신의 제도적 역할을 적절히 수행하는 것일 수도 있지만, 어찌 보면 단지 법을 적용하는 것이 아니라 법을 만들고 있는 것일 수도 있다.

심판자적 법률관을 드워킨 이론의 매우 두드러진 특징 중 하나인 "정답 테제"와 연결하는 것은 그럴듯해 보인다. 설령 우리가 법 자체는 올바른 혹은 최선의 결과를 보장할 만큼 충분히 확정되어 있지 않다고 믿더라도, 어떤 법적 분쟁에 대한 올바른 혹은 최선의 결과가 항상 존재한다고 믿는 것이 자연스럽기 때문이다. 따라서 심판자적 법률관은 자연스럽게 정답 테제와 함께 가는 것 같다. 하지만 당연하게도 모든 것은 판결 이론의 내용에 달려 있다. 즉, 법이 모든 분쟁에서 유일무이한 최선의 해법을 도출할 방책을 갖고 있느냐에 달려 있다. 만일 우리가 제대로 된 판결이 제한 없는 도덕적 논쟁에 도움이 될 것이라고 가정한다면—설령 그것이 법의 내용을 결정하는 일부가 아닐지라도—, 판결이 언제나 최선의 답변을 내놓으리라고 생각될 법도 하다. 도덕 이론은 분명 단 하나의 최선의 결과를 내놓는 데 필요한 방책을 가지고 있기 때문이다. 하지만 그것은 본질적인 것이 아니다. 다른 판결 이론들 역시 적절한 방책을 갖고 있을 수 있기 때문이다. 만일 "공동체 도덕"과 같은 것이 존재한다면, 카도조의 사회학적 방법 역시 효험이 있을 것이다. 예컨대 불확정성의 사건들에서 피고가 언제나 이긴다고 주장하는 어떤 이론이 그럴 것이다. 하지만 중요한 점은, 모든 판결 이론이 단 하나의 최선의 결과를 보증하는 방책을 갖고 있다고 가정해서는 안 된다는 것이다.

도덕적 읽기: 비실증주의자의 난제

드워킨은 정답 테제, 심판자적 법률관, 법을 준수해야 하는 일응의 prima facie 의무의 존재, 그리고 법 해석에서 참작되는 도덕적 고려 사항들을 무제한적이지만 적절하게(그의 천착을 고려할 때) 구축하는 것에 대해 언급하는바, 이 모든 언급이 합쳐져 일관되고 의욕적인 하나의 견해를 형성한다. 하지만 이러한 언급 중 어떤 것도 내가 정의한 대로의 비실증주의에 본질적인 것은 아님을 강조하는 게 중요하다. 이어지는 장들에서 나는 "비실증주의"를 도덕적 읽기 또는 법 해석에 관한 도덕의 필터 설명과 관련된 최소한의 의미로 사용한다. 그리고 도덕적 읽기가 좀더 나은 견해로 보이기 때문에 나는 일반적으로 도덕적 읽기를 염두에 둘 것이다.

도덕적 읽기는 보통법의 법 추론에 뿌리를 두고 있긴 하지만(Perry 1987), 드워킨이 『법의 제국Law's Empire』에서 보여준 법 해석에 대한 논의 속에 최고로 정교하게 다듬어져 있다. 우리는 세 단계로 이루어진 과정을 가정해야 한다. 해석 이전 단계에서 우리는 핵심적인 사례들, 모든 사람이 동의하는 사례들이 효력 있는 법의 예라는 것으로 시작한다. 이 첫 단계에서는 도덕 추론이 전혀 끼어들지 않는다. 해석 이전의 법에서는 있는 그대로의 사실이 관건이다. 해석 단계에서는 그 법 자료들을 산출한 과거의 법 실천을 가장 잘 정당화하는 일반 원리들을 찾을 수 있도록 도덕적 고려 사항들이 제시된다. 그리고 과거의 법 실천에 들어맞거나 과거의 법 실천을 해명해준다 할 만한 일반 원리들의 최적의 집합으로부터 법적 권리와 의무가 생겨난다. 해석 이후 단계에서 우리는 해석 이전 단계에서 확인된 법 자료들 중 어떤 것은 따져보면 법 자료가 아니라고 결론지을 수도 있다. 우리의 해석 관점에서 볼 때, 그러한 법 자료는 최선의 해석과 갈등을 빚는 만큼 오류

무엇이 법을 만드는가

로서 법에서 제거되어야 한다. (블랙스톤의 말을 떠올려보자. "이전의 판결이 명백히 불합리하거나 부당하다고 판단된다면, 그러한 선고가 악법임이 선언된 것이 아니라 법이 아님이 선언된 것이기 때문이다. 다시 말해 그것은 잘못 판결된 것이니, 그 분야의 확립된 관습이 아니라는 것이다.")

한 가지 중요한 문제는 어떤 좋은 해석이 해석 이전의 자료를 오류로 선언하는 데 어느 정도까지 작동할 수 있는가 하는 것이다. 통상 이러한 문제는 드워킨의 용어로 말하자면 "적합성fit" 및 "정당화justification"와 관련해 제기된다. 해석 단계는 과거의 법 실천을 정당화하려는 목적을 띤다. 그런데 법이 과거의 법 실천을 정당화하려면, 결국 법은 과거의 법 실천에 적합해야만 한다. 만일 우리가 단순히 이전의 모든 자료에 대해 오류라고 선언한다면 우리는 법을 해석하고 있는 게 아닐 것이다. 그런데 얼마만큼의 적합성이 요구되는가? 그리고 요구되는 적합성의 정도에 대한 판단과 정당화에 대한 판단이 어느 정도까지 분리될 수 있는가? 이는 중요하고도 대단히 흥미로운 질문이다. 하지만 여기서 이에 대한 충분한 논의는 불필요할 것이다.[29] 그러니 단지 적합성과 정당화라는 쌍둥이 과제에 대한 어떤 설득력 있는 설명─적합성의 차원을 진정 하나의 별개의 기준으로 포함하고 있는─이 주어질 수 있다고 가정하는 데 그치자.

여기서 다소 색다른 어떤 난제에 대해 논할 필요가 있다. 그것은 해석 이전의 단계, 즉 해석이 (어느 정도는) 적합해야 한다는, 법 자료들에 대한 최초의 확인과 관련 있다. 이 단계에서는 도덕적 읽기가 어떤 잠정적 승인 규칙(Raz 1986)이라 할 만한 것을 요구하는 듯 보인다. 여기서 잠정적이라 한 것은, 최초에 하나의 기준점으로 간주되었던 것이 나중에 하나의 오류로서 배척될 수도 있기 때문이다. 하지만 전체 과정은 효력 있는 법의 분명한 사례들에 대한 처음의 중요한 합의를 발견할 수 있음에 달려 있는데, 이러한 합의는 적어도 효력의 기준들에 관한 어떤 함축적인 수렴을 드러낸다. 여기서 놀라운 것은 비실증주의적 법 해석이 있는 그대로의 사회적 사실 문제를 대상으로 삼고 있다는 것이다. 우리가 해석하고 있는 그것은, 이유가 무엇이든 사람들이 법의 일부라는 데 동의하는 그것이다. 이런 식으로 이해되는 견해를 비판하는 한 가지 방식은, 도덕적 읽기란 어떤 내용을 담은 것이든 법 자료들을 취해 그것들을 치장한다고 말하는 것일 테다 (Stavropoulos 2014). 우리가 아는 한 처음에는 아무것도 아닌 것을 가지고 왜 우리가 최선을 다해야 하는가? 법이 가치의 근본이고 실천 이성의 연원이라는 신념은 도덕과 별로 관련 없어 보이는 것을 좋은 것으로 만드는 일 이상을 요구하는 것처럼 보인다. 그러한 신념은 해석의 적합성 여부의 기준이 되는 자료가 가치 있거나 적어도 잠재적 가치가 있다고 생각할 어떤 이유를 요구하는 것 같다.

그런데 상황은 이러한 이의가 시사하는 것만큼 극명하지는 않다. 도덕적 읽기에서, 절차상 유효한 제정법들은 있는 그대로의 적합한 사실들의 단순한 일부가 아니다. 또한, 그러한 연원들이 보통법 체계에서 법관이 만든 법에 대해 갖는 법적 우위가 있는 그대로의 사실로 취급될 필요도 없다. 대의 기관들에 법적 권리와 의무(어느 한도 내의)에 대한 최종 결정권을 허용하는 관행 그 자체는 민주주의 이론에 의해 정당화될 수 있기 때문이다.

하지만 이런 설명이 유효하지 않다고 상정해보자. 입법이 세습되는 입법자들에 의해 이루어진다고 상정해보자. 그들은 인민의 대표자도, 어떤 특별한 도덕적·정치적 전문가도 자처하지 않는다. 심지어 우리는, 사실상 이런 사람들에 의해 이루어진 입법 내용이 체계적으로 세습적 지배 계급의 이익을 옹호한다고 상정할 수도 있다. 이러한 권력의 법을 해석할 때는 해석자들이 법을 최선으로 보여주려 해야 한다는 생각은 전혀 작용하지 않는 것처럼 보일 수 있다. 이는 비실증주의자에게는 "악법"의 문제와 연결된다. 먼저, 어떤 법 전통에 관해 좋게 이야기할 것이 전혀 없다면 도덕적 읽기, 즉 그 전통을 최선으로 보여주려는 시도는 부적절해 보인다. 여기서 비실증주의자의 자연스러운 반응은 단지, 해석 이전의 특정 종류의 법 자료들만이 법적 권리와 의무를 낳을 수 있다는 결론을 받아들이는 것이다. 법 자료들이 만들어지는 방식에서든 법 자료들의 내용에서든 가치의 씨앗을 잉태하고 있지 않은 그런 법 자료들의 집합은 법 해석을 위한 적절한 현장으로서 간단히 거부될 것이다. 대체로 우리는, 도덕적 읽기가 해석 이전의 법 자료들에 도덕의 필터를 사용해야 한다고 말할 수 있다. 나는 이것이 도덕적 읽기를 이해하는 가장 자연스러운 방법이라고 믿으며 (Dworkin 1986, 101~113을 보라), 이어지는 장들에서 줄곧 이러한 그림을 염두에 둘 것이다.

드워킨은 최근의 저작들에서(Dworkin 2006, 34~35; 2011, 400~415) 아주 다른 접근법을 받아들였다.[30] 니코스 스태브로풀로스

(Stavropoulos 2014)는 그 대조를 드러내는 데 도움이 되는, "혼종 hybrid"과 "순종nonhybrid" 해석주의라는 용어를 도입했다. 내가 지금까지 설명한 도덕적 읽기는 혼종 해석주의에 해당된다. 그것은 입법부에서 제정된 법이나 법원의 결정을 그것들이 도덕의 필터를 통과하는 한 잠정적으로 법의 연원들로 간주하는데, 단지 만인이 그렇게 간주하기 때문이다(해석 이전 단계). 해석 단계와 해석 이후 단계에서 그 법 자료들은 법의 일부로 확정될 수도, 안 될 수도 있다. 새로 공식화된 견해를 따르면, 그것은 처음부터 도덕적 탐구다. 순종 해석주의의 접근은 법 자료들을 법이 무엇인가에 대한 탐구와 관련된 것으로 간주하는데, 만인이 그렇게 간주하기 때문이 아니라, 그러한 법 자료를 산출한 과거의 정치적 결정들을 실재의 권리와 의무의 연원들로 간주할, 정치적 도덕에 기초한 타당한 이유가 있기(만일 있다면) 때문이다. 이러한 시각에서 본다면, 우리가 구하고 있는 것은, 도덕과 관계가 지나치게 멀어서 극히 작은 도덕의 필터를 통과했을 뿐인 어떤 규범 체계의 내용이 아니다. 오히려 우리는 법의 내용을 구할 때 매 순간 도덕적 탐구에 관여해, 우리의 정치적인 강압적 질서가 낳은 과거의 정치적 결정들이 우리의 도덕적 권리와 의무에 어떤 영향을 미치는지를 규정하고자 한다.

순종 해석주의와 관련해 주목할 가장 중요한 점은, 그것이 앞서 말했듯이 꼭 법의 근거들에 관한 비실증주의적 견해에 속하는 것은 아닌 뭔가를 상정한다는 것, 다시 말해 법 해석의 결과들이 실재의 도덕적 권리와 의무에 대한 진술이며 이 최종 지점이 법 해석을 구성하게 된다는 것이다. 드워킨의 새로 공식화된 견해는 이러한 입장을 이 법 이론의 중심에 놓고 있다. 법 해석은 우리의 도덕적 권리와 의무가 과거의 정치적 결정들에서 유래하는 한 그 도덕적 권리와 의무가 무엇인지를 파악하는 일이다.

따라서 순종 해석주의는 도덕적 읽기에 관한 있을 수 있는 하나의 일반적 설명이 아니다. 순종 해석주의는 도덕적 읽기에 필수적이지 않은 주장들에 의존하기 때문이다. 하지만 법적 권리와 의무가 언제나 실재의 도덕적 권리와 의무라고 받아들이는 사람들에게는 어떤 견해가 더 나은지를 따져보는 것이 가치가 있다. 어떤 의미에서 순종 해석주의는 법 해석에 관한 드워킨의 원래의 설명에 대한 분명한 개선인 것처럼 보인다. 만일 우리가 법이 무엇인가에 대한 사람들의 생각과 관련된 있는 그대로의 사실들에서 출발하지만 결국은 우리가 실재의 권리와 의무로 끝나게 된다고 주장한다면, 도덕 논거가 항상 있는 그대로의 사실들을 압도하리라는 것이 명백해 보일 수 있기 때문이다. 비록 원래의 설명에서는 시간이 지나고 사람들을 거치면서 원칙적으로 온전함이나 일관성을 갖추게 되는 가치를 통해 적합성의 차원에 도덕적 의의가 부여되지만, 그러한 설명에 의거할 때 도덕적으로 분명한 적합성은 법이 무엇인지에 대해 사람들(심지어 법관들)이 생각해온 것이라기보다 사람들에게 발생되어온 것이다(Dworkin 1986, 248·284~285). 이는 그 새로운 공식화가 불가피했음을 시사한다. 원래의 설명은 실재의 도덕적 권리와 의무를 결정한다는 목적인目的因에 따른 어떤 해석 안에 해석 이전의 법 자료를 매우 미약하게 남겨놓았기 때문이다.

다른 한편, 만일 우리가 법적 권리와 의무의 내용을 법의 내용에 대한 사람들의 견해와 관련된 있는 그대로의 사실들과 결부시킨다면 즉각 새로운 문제가 제기될 것이다. 과거의 온갖 종류의 정치적 (또는 사회적) 결정과 실천들이 권리와 의무를 낳지만, 보통 그것들 모두가 법적인 것으로 인정되지는 않으리라는 그럴듯한 도덕적 논거가 만들어질 수 있다. 이 문제에 대한 드워킨의 해법은, 법적 권리와 의무는 법원에 의해 적절하게 판결이 내려진 것들이라고 말하는 것이다 (Dworkin 2011, 405~413). 그가 심판자적 법률관을 주장한다는 점에서 이는 놀라운 일이 아니지만, 그의 그 주장은 상당한 대가를 치르게 된다. 행정부나 입법부의 조치들이 법원에 의해 제대로 검토될 수 없는 곳에서는 정의상 그 조치들이 국내법이건 국제법이건 법에 속하지 않는 것이다.[31] 표면적으로, 이것은 너무 큰 대가인 것 같다. 그 이유는 7장에서 다룰 것이다. 그 주장은 또한 독단적이고 동기가 없어 보이며, 이러한 이유에서 법이 하나의 해석적 개념이라는 드워킨의 생각(6장에서 다룬다)과 일치하지 않는다.

좀더 중요한 것은 드워킨 자신이 상기시키듯이(Dworkin 2006, 4~5) 이러한 분류가 대개는 흥미롭지 않다는 것이다. 드워킨은 어떤 지배적 결정이 법원에 의해 적절히 검토될 수 없는 곳에서는 어떤 법적 의무도 그 결정을 구속하지 않는다고 말해야 한다는 것 때문에 고민하지 않는다. 왜냐하면 우리는 적용되는 정치적 의무들을 당연히 인지할 수 있기 때문이다(2011, 412~413). 하지만 이것이 단지 꼬리표 붙이기의 문제라면, 당연히 다음 단계는 과거의 정치적 결정에 의해 사람들이 갖고 있는 의무들 중 어떤 것이 "합법적"이라는 꼬리표를 얻고 어떤 것이 얻지 못하는가는 실제 아무런 문제가 되지 않는다고 말하는 것이다. 달리 말해서, 나는 드워킨 이론의 이 가장 최근판이 내가 6장에서 다루는 배제주의적 입장으로 불가피하게 이어진다고 생각한다. 하나의 분명한 규범 체계로서 법만 한 것은 또 없다. 다만 정치 공동체 구성원들에게 도덕적 영향을 미치는 다양한 기관의 행위들이 있을 뿐이다.[32]

어떻든 이 책의 나머지 부분에서 드워킨의 의미에서의 도덕적 읽기를 언급할 때면 나는 총 세 단계로 이루어진 『법의 제국』에 드러나 있는, 법 해석에 대한 그의 원래의 설명을 염두에 둘 것이다.

오류와 득점기록원의 재량권

도덕적 읽기를 충분히 설명하기 위해서는 물론 더 많은 것을 이야기해야겠지만, 나는 분명한 난제 하나만 더 언급하고 마무리하려 한다. 도덕적 읽기에 따르면, 법관은 도덕적 오류를 범함으로써 법적 오류를 범할 수 있다. 따라서 만일 사형이 도덕적으로 말해서 정말로 가혹하다면, 도덕적 읽기는 우리에게 미국의 사형을 위한 법적 장치 전체가 법적 오류에 기초해 있다고 결론짓기를 요구할 것이다. 이것은 실증주의자들이 때때로 주장하듯이(Marmor 2011, 91~92) 불합리한 결과일 수도 있다. 하지만 이러한 맥락에서는 사실 도덕적 읽기에 대한 실증주의의 우위는 기껏해야 정도의 문제일 뿐이다.

어떤 법 이론이든 재판상 오류가 있을 가능성, 그리고 재판상의 오류로 인해 다른 법관과 다른 법 집행 공무원이 그 법적 오류를 조직적으로 적용할 가능성에 대해 설명해야 한다. 이에 대안이 되는 것은 최고 법원이 법이라고 말하는 것을 법이라고 보는, 법에 대한 견해다. 하트는 이러한 대안적 견해를 득점기록원에게 재량권이 있는 게임에 비교함으로써 비판했다. 결정이 잘못되었다고 비판하는 데 근거가 될 독립적인 기준이 없어서 게임의 규칙이 득점기록원이 내리는 결정으로 축소된다는 것이다(Hart 1994, 142~147).

최고 법원의 결정이 법령에 의해 무효화되거나 변경되기 전까지는, 집행 기관이나 하급심 법원들은 그 결정을 따라야 한다. 하지만 다른 공무원들에 의한 결정의 적용이 법에 부합하더라도 그것이 여전히 법적 오류일 수도 있을 것이다. 만일 최고 법원이 법이라고 선언한 것이 하급심 법원들과 집행 공무원들에 의해 적절히 이행될 뿐만 아니라 법의 내용을 확정하는 것이라면, 법이 존재하는 것이 아니라 단지 최고 법원에의 절대적 재량권 허용이 존재하는 것일 뿐이다.

하트와 드워킨은 법적 의사 결정자들을 실질적으로 구속하는 진정한 규범 체계로서의 법에 대한 어떤 설명에서든 법적 오류의 가능성이 중요하다는 것을 인식하고 있다(Dworkin 1978, 121; Hart 1994, 141~147). 아울러 그들은, 그들 이론의 용어로 말하자면, 과거에 오류였던 것이 어떻게 선례 구속의 원칙의 작동을 통해 보통법에서 법의 연원이 될 수 있는지 설명 가능하다. 이런 일은 미국에서 상당히 익숙한

무엇이 법을 만드는가

데, 미국에서는 대법관 지명자들이 상원 법사위원회에 나와, '로 대 웨이드' 사건[33]의 판결이 오류였다 해도 그것의 확정력과 중요한 선례로서의 무게를 고려해 그 판결을 뒤집지 않을 것이라고 곧잘 말하곤 한다. 하트(Hart 1994, 144) 역시, 우리가 대다수의 사법적 의사 결정이 잘못되었다는 판단에 이르게 된다면 법질서—그의 설명에 따르면 현행법의 내용을 구성하는 규칙들의 총체—가 효력을 상실할 수 있다고 지적한다.

만일 법관들이 통제 없이 법 규칙들을 만들어내는 것이 가능한, 일반적으로 인정되는 관행과 다르게 법적 문제에 답을 제시하는 어떤 독립된 법질서가 존재한다면, 실증주의 법 이론이건 비실증주의 법 이론이건 모든 법 이론은 법적으로 그릇된 결정의 정당한 집행을 받아들여야 할 것이다. 만일 여기서 비실증주의에 대한 반대가 있다면, 이러한 반대는 도덕적 고려 사항들이 법의 근거들에 속하는 경우에 그렇지 않은 경우보다 사법 오류를 제도화할 여지가 많다는 가정에 기초를 두고 있을 것이다. 이러한 가정은 부적절해 보이거나, 적어도 방어가 필요해 보일 수 있다. 비실증주의를 어리석은 것으로 보이게 하는 사례들—텍사스주의 모든 사형 집행은 법에 위배된다—은 도덕적 이해관계가 높고 도덕적 의견 불일치가 우세한 법적 문제와 자연스럽게 관련된다. 하지만 도덕적 의견 불일치를 일으키지 않는 어떤 법 규칙을 이해하는 최선의 방법에 관해서는 의견 불일치가 있을 수 있다. 다른 맥락의 실증주의자들이, 그들의 견해를 따른다면 법의 내용이 무엇인지에 모든 사람이 동의하는 것이 사실이어야 한다는 비난을 반박하기 위해서 열심히 주장하는 것처럼 말이다.

따라서 1765년 어떤 계약 건에서의 맨스필드의 주장을 살펴보자.

약인約因이 필요하다는 오래된 생각은 오직 증거 때문이었다. 보증서, 계약서, 채권 등과 같이 문서로 증거가 만들어질 때는 약인이 없음에 대해 반대가 없었기 때문이다.[34]

이것은 약인이라는 원칙이 진정한 보상quid pro quo을 요구했다는 관념을 반박하는 탁월한 논거다. 안타깝게도 맨스필드의 견해는 1778년에 영국 상원[35]에서 파기되었고,[36] 교환의 요건은 대부분의 보통법 세계에서 법의 일부로 남아 있다.[37] 여기서 요점은 이 문제가 법 실천에서 대단히 중요다는 것이다. 맨스필드 및 그와 의견을 같이하는 사람들이 옳든 그르든, 하급심은 그의 판결이 뒤집힐 때까지는 그 판결을 따르지 않을 수 없었다. 맨스필드가 약인이라는 원칙을 잘못 이해했지만 그의 견해가 채택되었다고 가정해보자. 보통법의 세계에서는, 시간이 경과하면서 선례 구속의 원칙을 통해 법적 오류가 좋은 법으로 바뀔 때까지 줄곧 그 오류가 적정하게 시행되었을 것이다. 이 사례에서 맨스필드가 현존하는 법 자료들에 대한 도덕적 읽기에 매달렸기를 요구하는 것은 아무것도 없다. 과감히 말하건대, 도덕적 읽기가 "주어진 법체계에서 (…) 사람들이 법으로 간주하는 것의 (…) 상당 부분은 법적으로 잘못된 것"(Marmor 2011, 91~92)이라는 결론으로 이어질 가능성이 법 해석에의 실증주의적 접근에 비해 더 많은지 적은

무엇이 법을 만드는가

지를 개략적으로 알아내기는 어렵다. 읽히고 있는 법 자료의 내용에 많은 것이 달려 있을 것이며, 따라서 어떤 특정 비실증주의 견해가 수용하는 도덕적 고려 사항들도 염두에 두어야 한다. 여기서 도덕적 읽기에 대한 일반적 반박을 찾을 이유는 없다고 본다.

진전?

실증주의자와 비실증주의자 간의 의견 불일치는 극명하다. 이 책이 제기하는 한 가지 주된 질문은 이런 의견 불일치를 해결할 설득력 있는 방법이 있는가 하는 것이다. 그러나 다른 질문으로 시작하는 것이 중요하다. 왜 철학자들은 지난 200여 년 동안 이러한 의견 불일치를 문제시했을까? 왜 철학자들은 아리스토텔레스가 당연시했던 것, 즉 법이라는 범주를 지시하는 여러 방법이 있을 뿐이라는 것, 이것은 단지 수사적 중요성을 띤 언쟁이라는 것을 받아들려 하지 않았을까?

그것이 아닌 이유를 설명하는 것이 우리의 첫 번째 과제다. 정치적으로나 도덕적으로나 중요한 다른 어떤 개념들의 내용에 대한 의견 불일치에서 무엇이 쟁점이 되는지를 논하는 것으로 시작하는 게 유용할 것이다.

5장

실천철학에서의 의견 불일치

무엇이 법을 만드는가에 관한 논쟁의 역사를 통틀어, 현재까지, 많은 사람은 이 논쟁이야말로 실질적 논쟁이 아닐까 생각해왔다. 글랜빌 윌리엄스(Williams 1945, 146)가 이것은 "언어적 논쟁에 불과하다"고 말했을 때, 그는 그 전과 후의 많은 사람을 겨냥하고 있었던 셈이다. 이번 장과 다음 장의 목표는 실증주의자와 비실증주의자가 그 논쟁을 문제시하는 이유가 무엇인지, 진전에의 전망은 어떠한지를 좀더 집중적으로 검토함으로써 여기서 드러나는 그들의 선명한 의견 불일치를 살펴보는 것이다.

한 가지는 분명하다. 의견 불일치가 오래 지속되어왔고 수렴에 이를 가능성은 거의 없다는 것이다. 하지만 두 가지 경우를 고려해야 한다. 수렴되지 않는다는 것은 때로 진정한 주제의 결여, 혹은 적어도 중요한 주제의 결여를 반영하기도 하지만 때론 그렇지 않기도 하다. 도덕철학과 정치철학에서의 비슷한 논쟁들을 살펴보는 것으로 시작하는 것이(Dworkin 2006, 145~162처럼) 도움이 된다.

명확히 하기

핵심이 되는 규범적 사고들에 관한 끈질긴 의견 불일치와 오해는, 개념과 관련된 도전 정신 및 공인되지 않은 가정들의 개척이 이데올로기적으로 사용될 수 있다는 점에서 법적·도덕적·정치적 논거에서 중요할 수 있다. 자유에 관한 다음의 논의를 생각해보자.

사람이 다른 사람을 죽이거나 노예로 만들 때는 자신의 자유를 행사하는 것이 아니다. 사람이 다른 사람에게서 물건을 훔칠 때는 자신의 재산권을 주장하는 것이 아니다. 만일 그가 다른 사람에 의해 이러한 행동을 제지당한다면 그는 자유의 상실을 주장할 수 없을 뿐더러, 자신이 할 권리가 없는 행동에 대한 행동 자격의 상실도 주장할 수 없다. 자유란 위력이나 위계로부터의 자유로 가장 잘 이해되는 것이지, 자신의 처분이나 통제하에 있는 것들의 극대화로 가장 잘 이해되는 것이 아니다. (Epstein 1979, 489)

여기서는 자유에 관한 세 가지 관념이 언급된다. 첫째는 어떤 권리를 침해하지 않는 한 자신이 원하는 대로 할 수 있는 자유라는, 자유의 "권리 정의"(Cohen 2011)이고, 둘째는 위력으로부터의 자유라는 고전적인 소극적 자유이고, 셋째는 자기 통제하에 있는 것들의 극대화로서의 적극적 자유다. 이 인용문에서 중요한 것은, 이 세 가지 관념 중 앞의 두 가지가 동등한 것으로서, 적극적 자유라는 거부된 관념에 대치된다는 암시다. 전통적 이해에 따르면, 소극적 자유는 사람들이 가질 수 있는 권리나 다른 정당한 요구의 행사에 간섭받는다. 또한 "자유는 오직 자유를 위해서만 제한될 수 있다"와 같은 자유지상주의적 슬로건들에 적합하지 않다. 그래서 자유의 권리 개념이 더 적절하다. 하지만 "위력과 위계로부터의 자유"는 "다른 사람의 정당한 요구가 행사되게끔 하기 위해 위력이 필요한 경우를 제외한, 위력으로부터의 자유"보다 하나의 슬로건으로서 더 자극적으로 들린다. 따라서 어떤 자유지상주의적 저자가 자기주장의 수사학적 필요에 따라 이 두 관념 중 어느 하나에 호소해가면서 두 관념을 동시에 유지하려는 이유는 분명하다. 그리고 비평가에게 중요한 것은, 자유에 대한 여러 다른 생각이, 혹은 여러 종류의 자유가 이야기된다는 점, 차이가 중요하다는 점 등을 지적하는 것이다.

자유지상주의에 관한 주장들과 정치철학에서 일반적으로 중요해 보이지 않는 것은, 있을 수 있는 다른 정치적 가치와 아주 다른 것으로서의 자유가 정말로 무엇인지를 확정하는 것이다. "자유"를 "변화무쌍한 말"이라고 기술한 아이제이아 벌린(Berlin 1969, 121)이 옳았다. 우리는 세 가지 가치 각각을 이해할 수 있고, 그것들의 상대적 의미와 그것들 간의 관련성을 논할 수 있다. 수사학의 문제로서, 그 가치들 중 어떤 것을 소환할 경우에는 나머지 다른 것들을 소환할 때보다 선동적 남용으로 이어질 소지가 더 클 수 있다.[38] 그리고 이처럼 모두 "자유"라는 꼬리표를 단 채 다르지만 긴밀하게 연결된(있을 수 있는) 가치들이 존재한다는 바로 그 사실이 교묘한 속임수의 여지를 열어놓는다. 따라서 어떤 사람들은 그처럼 역사적 의의를 지닌 단어는 오직 하나의 가치에 적절하게 결부되기를 바랄 것이다. 분명 정치인과 활동가들은 공적 영역에서 자유가 오직 자신들 견해와만 관련된 것이 되기를 바랄 법하다.

아울러 정치사의 특정 시기에 특정 지역에서 사람들이 가졌던 자유에 대한 생각이 어떤 것이었는지를 알아보는 것도 실질적으로 가치 있다. 고대의 자유와 근대의 자유를 비교하는 콩스탕의 1816년 에세이는 현실적이고도 중요한 내용을 담고 있으며, 철학사에서 이런 유의 논의들은 대단히 친숙하다.

하지만 오직 하나의 자유만 존재하며, 그 가치가 대략 어떤 것인가에 대해서만 중요한 철학적 의견 불일치가 존재한다고 주장하는 것은 설득력 없어 보인다. 만일 우리가 어떤 가치를 논하고자 하는지를 ─ 개입의 부재로서의 자유, 자율 혹은 자기실현으로서의 자유, 일련의 권리에 대한 존중과 실천으로서의 자유, 지배로부터의 해방으로서의 자유 등 ─ 항상 정확하게 구체화한다면 모든 중요한 철학적·규범적 쟁점들이 남겨질 것이다.[39] 자유에 관한 모든 설명이 깊이 들어가면 서로 연결되어 있다 해도 ─ 아마도 그것들은 결국, 사회가 인간의 힘을 증진하거나 저해할 수 있는 가장 중요한 방법에 대한 서로 다른 견해일 것이다[40] ─ , 여기에 꽤 잘 알려진 일련의 잠재적 가치가 존재한다는 것은 모두에게 명백하다. 어느 것이 정말로 "자유"라는 멋진 꼬리표를 받을 만한가 하는 논쟁은 필연적으로, 수사학적 장점을 겨냥한 전략적인 것으로 보일 뿐이다. 여기서 실질적인 논쟁을 기대하기는

무엇이 법을 만드는가

어렵다.

집요한 피상적 의견 불일치: 민주주의, 정의, 법치주의

민주주의의 경우는 달라 보인다. 민주주의가 실제로 무엇인가에 관한 논쟁은 분명 그리 공허해 보이지 않는다. 이는 무엇이 민주적이고 무엇이 민주적이지 않은지에 관해 논할 때 사람들의 뇌리에 떠오를 만한 여러 통치의 이상에 대한, 잘 알려진 일련의 꽤 명료한 설명들이 존재하지 않기 때문이다. 참된 민주주의란 무엇인가에 관한 논쟁은 표면적으로는, 주장하는 바를 위해 정치적으로 강력한 어떤 단어를 요구하는 그저 전략적인 논쟁이 아니라, 그런 이상의 내용에 관한 실질적 논쟁인 것처럼 보인다.

민주주의가 무엇인가에 대해서는 의견 일치가 꽤 많이 이루어져 있다. 민주주의란 어떤 의미에서는 인민이 지배하는 통치 체제다. 말하자면 군주나 귀족이나 정당보다 인민이 통치하는 것이다. 비록 어떤 사람들은 실질적 평등이 없다면 민주주의도 없다고 주장하지만, 거의 모든 사람은 평등 확보를 목적으로 하는 철인 왕에 의한 통치는 민주적이지 않다는 데 동의한다. 독일민주공화국도 민주적이지 않았다. 독일 역사에서 반파시스트 전통을 주장하기 위해 1949년에 그러한 꼬리표를 사용하는 것이 하나의 정치적 책략으로서 당연했음에도 불구하고 말이다. 따라서 모든 민주주의의 공통된 특징에 관해서는 어느 정도 의견 일치가 이루어져 있다. 그 밖에는 의견이 불일치하고, 이러한 의견 불일치 중 몇 가지는 다루기 힘들어 보인다. 다수결 원칙에 따른 타락이 민주주의의 타락인가? 제정법에 대한 위헌법률심사는 민주적인가? 사회경제적으로 상당히 불평등한 사회에서 민주주의가 가능한가?

이처럼 다루기 힘든 의견 불일치는 그것에 천착하는 것이 정치철학의 주요 연구 과제들과 별로 상관없다는 점에서 내게는 피상적으로 다가온다.[41] 물론 민주주의에 대한 의견 불일치는 우리가 자유와 관련해 살펴본 것과 유사한 도구적 논거의 여지를 줄 수 있다. 모든 사람은 자신이 선호하는 통치 이상이 민주적인 것으로 여겨지기를 바란다. 민주주의의 주된 특징에 관한 의견 불일치가 수사적 책략의 여지를 열어놓을 수도 있다는 점을 의식하는 것이 중요하다.[42] 따라서 우리가 이 의견 불일치를 의식하는 것이 중요하며, 우리가 의견을 달리하지 않는 것이 더 나을 현실적 이유가 존재한다.

하지만 민주주의의 본성을 알고자 하는 우리의 관심은, 정당한 혹은 정의로운 정부에 관한 어떤 이론을 제공하기에 앞서 민주주의의 본성에 관해 어떤 의견을 가질 필요는 없다는 의미에서, 순전히 이론적인 것이라고 나는 생각한다. 무엇이 민주주의인가에 관한 논쟁에 중요성을 부여하는 것은 민주주의가 정당성에 기여할 수 있다는 점이다. 위헌법률심사를 둘러싼 논쟁은 이러한 특성을 포함하는 헌법상의 제도들이 다소간 정당한지, 혹은 정당성이 결여된 제도들에 비해 가치 있는 선택인지에 관한 논쟁으로 가장 잘 이해된다. 이것은 "민주주의 이론"이 기여할 수 있는 정치철학의 중요한 문제다. 민주주의의 진전을 이루기 위해서 우리가 민주주의의 본성에 대해 생각할 필요는 없다. 우리는 자치, 정치적 발언권, 정치적 자유라는 가치들, 그리고 다수결 투표라는 인식적 혹은 도구적 가치에 관해 이야기하는 것으로, 그리고 이들 중 어느 것도 소수자의 평등이나 보호를 비롯한 여러 권리를 보호해주지 못할 수 있음을 지적하는 것으로 논의를 이어갈 수 있다. 이는 중요한 문제들이고, 우리는 그것들을 다루는 민주주의의 본성에 관해 어떤 견해를 가질 필요가 없으니, 민주주의의 본성에 대한 논쟁은 사소할뿐더러 심지어 그저 언어적인 것일 뿐이라고 생각하는 것이 당연하다.[43]

다른 한편, 민주주의의 본성에 관한 논쟁과 관련된 이런 근본적으로 중요한 문제들이 있다는 사실이 정반대되는 것—그 논쟁이 실질적이고 중요하다는 것(Dworkin 2006, 145~162; Gallie 1955)—을 입증한다고 이야기될 수도 있다. 여기서 발견되는 대체로 유망한 전략이 있다. X에 대한 올바른 설명과 관련해 답보 상태에 직면한 양 진영은, X가 무엇이든 X가 이러저러한 특성을 갖고 있다거나 혹은 어떤 다른 이상적인 것과 연계되어 있다는 데 합의하게 될 때 다시 마주 앉아 논의에 임할 수 있을 것이다. 그러면 아마도 양측은 X의 본성을 시사하는, 특징들에 대한 혹은 다른 전형에 관한 합의가 있음을 알게 될 것이다.[44]

그래서 민주주의의 경우, 민주주의가 어떤 것이든 간에 우리는 민주주의가 가장 좋거나 가장 정당하거나 아니면 선택할 가치가 있는 통치 체제라는 데 합의함으로써 진전을 이룰 수 있다고 생각할지도 모른다. 켈젠(Kelsen 2000, 104~109)은 일찍이 20세기 초에 민주주의를 이론화하는 것은 암묵적으로 이러한 형태를 취한다는 점에 주목했다. 하지만 그는 이것이 반대할 만한 전략이라고 믿었다. 켈젠은 민주주의가 최상의 통치 체제라는 것은 민주주의의 본질이 아님이 분명하다고 생각했다. 민주주의에 관한 철학적 논의의 역사는 17세기에 이르기까지 상당히 비판적이었는데, 이는 분명 켈젠의 믿음이 널리 공유되어온 것임을 보여준다(Dunn 2006). 여기서 중요한 점은 다음과 같다. 민주주의의 본성에 관한 논의가 곧 최상의 통치 체제에 관한 논의임이 당연시된다면 민주주의란 무엇인가 하는 것이 중요하고 실질적인 문제라고 간주하기 쉬울 것이다. 하지만 그것은 단지, 중요한 것은 최상의 통치 형태가 무엇인가의 문제라는 것을—항상 민주주의가 최상의 통치 형태로 간주될지 여부가 아니라—분명히 해줄 뿐이다.

정의와 관련해서도 우리는 매우 비슷한 상황에 처해 있는 것 같다. 『정의론A Theory of Justice』의 서두에서 롤스는 다음과 같이 쓰고 있다.

그러므로 나는 정의의 개념을 정의의 원칙, 즉 권리와 의무를 부여하고 사회적 이득들의 적절한 분배를 결정하는 원칙의 역할에 의해 규정되는 것으로 받아들인다. 정의에 대한 하나의 관념은 이러한 역할에 대한 하나의 해석이다. (Rawls 1999, 9)

이것은 정의에 대한 모든 설명이 같은 경우를 같게 취급하라고 우리에게 말한다면, 정의에 대한 상이한 설명들은 유사성에 대한 기준에서 각기 다른 것이라는 하트(Hart 1994, 159~160)의 생각의 롤스 버전이다. 롤스와 하트는 정의라는 개념 자체에 의해 너무 많은 것이 고정돼 있다고 주장한다. 둘 중 누구도 이런 주장이 논쟁의 여지가 많다거나 혹은 그 주장을 뒷받침해줄 어떤 논거가 필요하다고 보지 않았다. 사실상 그들이 하고 있던 일은, 정의가 요구하는 바는 무엇인지에 대한 실질적 논의가 이루어지게끔 하는 매개변수들을 설정하는 것이었다.

물론, 그러한 매개변수들에 관해 하트나 롤스와 의견이 일치하지 않을 수도 있고, 또는 좀더 제한적인 매개변수들을 제시할 수도 있다. 북반구 나라들의 주민 대다수가 높은 수준의 복지를 향유하는 반면, 남반구의 주민 다수는 극심한 빈곤 속에 사는 것이 부정의한가 아닌가 하는 문제를 생각해보자. 어떤 사람들은 이것이 심각한 부정의라 믿고, 또 어떤 사람들은 세계의 부자들이 세계의 빈자들에 대한 인도주의적 책무를 띠고 있을지는 몰라도 그 상황 자체가 딱히 부정의하다고 묘사될 수는 없다고 주장한다. 이런 주장의 한 가지는 이런 식으로 전개된다. 정의는 평등의―절대적 수준의 복지가 아닌 상대적 수준의 복지의―중요성과 관련 있다. 하지만 상대적 수준의 복지의 도덕적 의미는 단일 정치사회 안에서만 생겨나며, 따라서 전 세계적인 부정의는 없다는 결론이 나온다.[45]

다시 말하는데, 여기서 중요한 것은 지역적으로나 전 세계적으로나 타인들의 절대적·상대적 복지를 위한 우리의 개인적·집단적·정치적 책무에 대한 올바른 설명임이 분명하다. 내가 보기에, 우리는 정의가 요구하는 것이 무엇인지에 대해 생각하지 않아도 된다. 왜냐하면 중요한 쟁점들과 관련해 우리가 이미 동의하는 사실을 그것이 가려버릴 수도 있기 때문이다.

하지만 민주주의와 관련해 시도된 것과 동일한 전략이 여기서도 가능하다. 정의가 무엇이든, 그것은 정부에 대한 다른 요구들보다 최우선적 요구인 일련의 도덕적 요구를 구체화한다고 말할 수 있을 것이다. 다시 말해서 해야 하는 올바른 일이라는 단순한 책무와 정의의 책무 사이에는 중요한 차이가 있다. 모든 진영이 이 점을 인정한다면, 정의에 관한 논의는 당연히 정치 윤리가 정부에 적용하는 가장 중대한 요구의 내용에 대한 논의가 될 것이다. 하지만 다시 말하는데, 이것이 정의란 무엇인가와 동일한 질문이라는 데 모든 사람이 동의하지는 않을 것이다. 그리고 공리주의자를 비롯한 다른 사람들은 그러한 도덕적 위계가 존재한다는 점을 부인할 것이다. 모든 진영이 인정하는 것은 우리가 개인과 집단과 정부의 책무가 무엇인지에 대해—지역적인 것이든 국제적인 것이든—논할 필요가 있다는 점이다. 정의가 어떤 경우에 딱 들어맞는가 하는 논의는 다시금 방해가 되는 것 같다.

다음으로 법치주의라는 이념을 보자. 대부분의 사람이 이해하기로, 법치주의는 자의적이고 개인적인 통치와 반대되는 하나의 정치 이념이다. 월드론(Waldron 2002, 157)이 적절히 언급했듯이, "책임 있는 법"에 대한 갈망은 보편적인 것이며, 그러한 법이 어떻게 가능할지, 법을 통한 최상의 정부 형태는 어떤 것일지에 관해 토론이 이루어져야 한

무엇이 법을 만드는가

다. 우리 중 많은 사람은 법치주의를, 설령 법의 내용이 매우 부당하거나 악하더라도, 또한 법치주의라는 이념의 충족이 정당성을 담보하지 못하더라도 충족될 수 있는 어떤 이념으로 여긴다. 우리에게는 그것이 이 이념의 요점이다. 법치주의 이념은 법으로 통치하는 어떤 체제가 바로 그런 종류의 통치 체제라는 점만으로 어떤 특수한 선善—정의나 정당성과 구별되는—을 실현할 수 있는 환경을 조성한다(이러한 입장의 고전적 진술은 Raz 1979를 보라). 하지만 특히 최근 몇 년 사이에 다른 사람들은 이 이념을 어떤 구체적이고 실질적인 법의 내용과 연결시키고 있다. 예를 들면, 강력한 사유재산권 혹은 법의 이름으로 무력 행사를 사실상 정당화하는 것 등이다.[46]

법치주의가 무엇인가를 이해하는 것은 대단히 중요한 일로 보인다. 법 이론가와 정치철학자들뿐만 아니라 정치가와 발전경제학자들도 법치주의를 제고해야 한다고 말한다(Davis 2004; Waldron 2007). 하지만 우리가 살펴본 것처럼, 이런 유의 논쟁은 두 가지 방식으로 중요할 수 있다. 법치주의의 경우, 다른 사람들이 이 이념에 부여한 다른 함의들을 인식하는 것이 필수다. 여기서 이데올로기적 술책의 위험은 자유와 민주주의에 대한 논의의 경우보다 훨씬 더 분명하다. 자유 시장과 법치주의에 관한 어떤 주장들은 명백히 잘못된 신념에서 나오기 때문에 확실히 무시되어야 한다.[47]

하지만 법치주의에 관한 모든 담론은 어쩔 도리 없이 이데올로기적이며, 따라서 해야 할 유일하게 의미 있는 일은 법치주의에 대한 갑론을박을 일체 중단하는 것이라는 게 확고한 하나의 소수 견해다

(Shklar 1998, 21).

의견 불일치가 중요할 수 있는 두 번째 방식은, 그 불일치가 우리가 답을 알고 싶어하는 중요한 질문과 관련 있다는 점에서, 그 불일치를 진전시키는 게 좋으리라는 것이다. 하지만 민주주의 및 정의와 관련해서 그런 것처럼, 나는 이 두 번째 의미에서 법치주의의 문제를 중요하게 만드는 것은 우리의 논쟁을 다른 문제들로 이동시킴으로써 충분히 설명될 수 있다고 믿는다. 우리는 어떤 통치 양태가 주체〔→피치자〕들의 작용〔→힘〕을 존중해야 하는 등등의 경우에 충족시켜야 하는 절차적 공정성, 효과적 집행, 권력 분립, 강제 등의 가치를 논해야 한다. 만일 우리가 법치주의를 제쳐둔 채 그 일을 한다면, 우리는 경제학자나 정치가나 정치 이론가가 우리 모두가 오직 좋은 것과 결부시키는 어떤 꼬리표를 사용해 우리를 비껴가게끔 하려는 가치관이 어떤 것인지를 늘 점검해야만 하는 성가신 일에서 벗어나도 될 것이다.

집요한 실질적 의견 불일치: 그릇됨

내가 계속 주장해온바, 민주주의와 정의와 법치주의에 관한 끝나지 않는 의견 불일치의 많은 부분은 피상적으로 보일 수 있다. 왜냐하면 합의가 이루어질 가능성이 있을 때면 모든 진영이 자신들의 논쟁을 좀더 근본적인 용어로 재구성하는 데 동의할 수 있기 때문이다. 물론, 집요한 의견 불일치가 계속될 가능성이 있을 때도 마찬가지다. 하지

무엇이 법을 만드는가

만 우리는 나름의 진전을 이루었을 텐데, 현실적으로 중요한 것은 좀더 근본적인 그 토론들이라는 점, 그리고 우리가 피상적인 차원에서의 의견 불일치가 끌어들이는 혼란과 교묘한 조작의 가능성을 피했으리라는 점에는 모든 진영이 동의할 것이기 때문이다. 우리가 정의, 민주주의, 법치주의에 대한 어떤 순전히 언어적인 불일치나 의미 논쟁이 남아 있음을 드러냈다고 말하는 것은 그럴듯하다. 하지만 그것은 나의 목적에는 불필요할, 사실 문제와 의미의 문제가 어떻게 구분될 수 있는지에 대한 좀더 확대된 논쟁에 들어가야 하는 일이다.

그림을 완성하기 위해, 옳고 그른 행위를 판단하는 데 관련 있는 유일한 고려 사항은 총체적 복지에 대한 영향이라고 믿는 사람이 있다고 생각해보자. 이러한 언명에서 시작하면, 논의를 이어가는 과정에서 해야 할 말이 많을 것이다. 비공리주의자는, 공리주의의 시각에서는 한 사람을 죽여서 그의 장기들을 가지고 다섯 명의 생명을 구하는 것이 왜 도덕적으로 옳지 않은지 이해하기 어렵다고 지적한다. 만약 공리주의자가 그것이 복지를 극대화할 것이므로 사실상 그것이 전적으로 옳다고 이야기하며 대응한다면 논쟁이 이어질 수 있다. 왜냐하면 반대자는 복지가 도덕적으로 중요한 전부라는 견해에 불리한 이유들을 계속 제시할 것이기 때문이다. 예를 들어, 인권은 복지주의의 용어로 쉽게 설명되지 않는다. 또한, 도덕적으로 우리 모두는 타인을 이롭게 하기 위해 계속 노력해야만 한다고—우리의 희생만큼의 타인의 이득이 생길 때까지 누구에게든 그리고 어디서든—말하는 것은 거의 터무니없어 보인다. 이런 실질적인 논쟁이 끝도 없이 계속될 수 있다.

옳고 그름에 관한 논쟁은 분명 중요하다. 그리고 민주주의나 정의나 법치주의의 경우와 달리, 주변에 우리가 실질적 손실 없이 의지할 수 있는 다른 논쟁들이 없다. 앞 문단에서 제시된 그런 논쟁이 피상적이거나 혹은 순전히 말에 그치는 것이라고 이야기할 만한 이유는 없다. 따라서 우리는 여기서 근본적인 사실에 도달한 것처럼 보인다. 우리의 어휘는 철저히 다루어졌다(Chalmers 2011, 543). 의견 불일치는 집요하며, 두 번째 방식인 실질적인 방식으로 중요하다. 우리는 이러한 의견 불일치에서 진전을 이루기를, 문제를 올바로 포착할 수 있기를 바랄 것이다.

법 문헌들

민주주의와 정의와 법치주의에 관한 집요한 의견 불일치는 우리가 밀접한 연관이 있는 다른 가치들을 논함으로써 논쟁을 계속할 수 있다는 점에서 피상적으로 보일 수 있다. 만일 우리가 정치 이론이 아니라 오히려 법 문헌들을 해석하고 있다면, 우리가 느끼는 부담감은 다를 것이다. 캐나다의 권리·자유장전Charter of Rights and Freedoms 제7조는 다음과 같다.

모든 사람에게는 생명과 자유와 인신의 안전에 대한 권리가 있으며, 근본적인 정의의 원칙을 따르는 경우 외에는 이러한 권리를 박탈당하지 않을 권리가 있다.

이 문헌의 해석자는 어떤 자유와 정의가 캐나다 법의 목표에 부합하는지를 판단해야 할 것이다. "자유"가 어떤 가치를 끄집어내기 위해 의도되었는가를 분명히 할 것을 요청하는 것도, 정의가 무엇인가에 관한 탐구를 회피하는 것도 선택지가 아니다. 하지만 정의 등등이 법 문헌들에서 언급될 때는 부담감이 다른 반면에 자원은 더 풍부해진다. 만일 해석자가 법관이고, 법체계가 선례 구속의 원칙을 따른다면, 명시적으로든 암시적으로든 과거의 결정들이 의견 불일치의 범위를 상당히 축소시킬 것이다. 그리고 만일 그것이 첫인상의 경우라면, 혹은 문제의 조항이 법원의 판결에 적절하지 않다면, 그 법체계를 위한 최상의 해석 이론에서 다른 연원들이 발견될 수 있다. 예를 들어 입법의 역사 혹은 헌법의 맥락에서의 입법의 역사는 그럴듯한 선택지들의 범위를 축소하기 위해 적절히 참조될 것이다. 법의 맥락에서의 정의나 자유가 법의 맥락 밖에서의 정의나 자유와는 다소 다른 이념으로 드러나는 것은 이러한 차이들의 결과다. 물론 이것은 새로울 게 없다. 우리는 미국 헌법의 맥락에서의 정당한 법 절차와 평등 보호라는 이념들만 생각해야 한다.

법

철학자들이 법의 근거들에 대해 논쟁할 때, 그들은 어떤 특정 법 문헌을 해석하고 있는 것이 아니다. 홉스의 『대화Dialogue』에서 법률가가 철학자에게 말한 것처럼, 어떤 법령에도 법에 대한 정의는 존재하지 않는다. 따라서 우리는 법의 근거들에 관한 논쟁이 민주주의와 정의와 법치주의의 본성에 관한 논쟁과 같은지, 아니면 부당성에 대한 논쟁과 같은지의 문제에 직면하게 된다.

다음 장에서 나는 법이 결국 민주주의, 정의, 법치주의와 같다는 배제주의적 입장을 상당히 진지하게 고려할 것이다. 이러한 시각에서 본다면, 우리는 법이 무엇인지, 혹은 무엇이 법을 만드는지에 대해 논할 필요가 없다. 왜냐하면 우리는 현행법의 내용을 알 필요가 없기 때문이다. 우리는 그 대신에 법관이 어떻게 판결해야 하는지, 정부가 어떤 역할을 해야 하는지, 그리고 우리가 다양한 방식으로 행동할 경우 국가가 우리에게 어떻게 할 것으로 보이는지에 관해 이야기함으로써 지극히 잘 대응해나갈 수 있다.

그러나 나는 법이 오히려 부당성과 같다는 견해를 옹호할 것이다. 법은 우리 사회생활의 기반이 되는 것 중 하나다. 만일 우리가 관련 법의 내용에 관한 의견 불일치를 법관이 무엇을 해야 하는지 등에 관한 다른 의견 불일치로 대체하려 한다면 무언가를 놓치게 될 것이다. 법의 근거들에 관한 논쟁은 중요하고, 실질적으로도 중요하다. 이는 우리가 그 논쟁에서 어떻게 진전을 이룰 수 있을지 알아내려 노력하는 것을 가치 있게 만든다.

6장

법

도구적 접근

우리는 앞 장에서 정치 이론가와 정치인들이 다른 사람들에게 자신들의 총체적 관점을 납득시키는 데 도움이 되는 자유, 민주주의, 정의, 법치주의에 관해 설명하고 싶어한다는 것을 언급했다(Gallie 1955). 법의 경우도 마찬가지다.

무엇이 법의 근거들 중 하나로 간주될 수 있고 무엇이 그렇지 못한가의 문제와 관련된 정치적으로 유의미한 쟁점들은 범위가 대단히 넓다(더 자세한 논의는 Murphy 2001a·2005를 보라). 우리가 실증주의를 받아들이는지 비실증주의를 받아들이는지에 따라, 우리 대중은 다소간 국가의 명령을 따라야 하는 일응의 의무가 있다고 믿거나 국가의 규칙은 정당하다고 믿을 것이라고, 또는 다소간 국가에 충성할 것이라고, 또는 의사 결정 과정에서 법관이 도덕적 고려 사항들에 기대는 것의 정당성에 다소간 관심을 가질 것이라고 주장될 수 있을 것이다. 또한 여러 종류의 법 공무원들에게 미칠 수 있는 다양한 영향도 있다.

어쩌면 우리는 양심적인 법관들로부터―그들이 실증주의자가 아니라면―더 나은 결과를 얻을지도 모른다(Dyzenhaus 2010). 혹은 정반대일 수도 있다.

만일 우리가 법의 근거들에 대한 실증주의적이거나 비실증주의적인 설명으로의 수렴이 이러한 영향들 중 하나 이상을 낳을 것이라고 확신한다면, 그리고 만일 우리가 이런 영향들이 바람직하다는 견해를 이미 갖고 있다면, 그것은 우리에게 그 수렴을 바랄 이유가 되어줄 것이며, 또한 다른 사람들에게 법이 무엇인가에 대한 이해를 바로잡을 것을 촉구할 이유가 되어줄 것이다. 하트는 적어도 『법의 개념』이 출간된 1961년에 이르기까지 분명 이와 유사한 생각을 하고 있었다.

만일 우리가 이러한 개념들 중에서 합리적인 한 가지를 선택한다면, 그것은 우리의 이론적 탐구를 보조하거나 우리의 도덕적 검토를 추진하고 명확히 하거나 혹은 그 두 가지를 다 하는 데 있어 어느 하나가 다른 것보다 우위에 있기 때문일 것이다. (Hart 1994, 209)

따라서 하트는 본질적으로 도구적인 근거에서 법에 관한 실증주의적 설명을 옹호할 준비가 되어 있었다.

그것이 무엇인지와 우리가 원하는 것이 무엇인지가 혼동되게 한다는 이유로 이러한 접근 방식을 거부하는 것은 흔한 일이다(Dickson 2001, 84~93; Raz 1980, 215~216; Waluchow 1994, 86~98). 하지만 프

무엇이 법을 만드는가

레더릭 샤워(Schauer, 2005)처럼 도구주의자는, 단일한 법 개념으로의 수렴이 있었다 해도, 우리가 다른 개념을 받아들이는 게 더 나으리라고 주장하는 것이 여전히 적절할 수 있다고 기꺼이 주장할 수 있다. 하트와 샤워는 혼동하고 있지 않다. 도구적 논의는 그 법 개념의 내용이 실제로 무엇인가에 관한 것이 아니라 오히려 그 내용이 어떠해야 최선인지에 관한 것이기 때문이다. 카르나프(Carnap 1947, 7~8)의 말을 빌리자면, 그들은 "법"에 관한 해설적 정의─그 단어의 일상적 의미를 대부분 보존하되 특정한 목적을 위해 그 단어를 확장하거나 정제하는 정의─를 제공한다.

나는 이러한 접근을, 우리가 줄곧 의견 불일치를 보여온 대상인 바로 그 법으로부터 뭔가 다른 것으로 우리의 관심을 돌리도록 부추기는 것으로 특징짓고 싶다. 하트와 샤워의 입장에서 우리가 생각해야 할 것은 이른바 실증주의적 법이다.[48] 그 생각은 다음과 같은 것일 듯하다. 법이 무엇인지를 아는 게 중요하게 여겨졌던 모든 맥락을 고려해보라. 그 모든 맥락에서, 중요한 것은 비실증주의적 법과 같은 다른 어떤 것이 아니라 바로 실증주의적 법이라고 우리 모두가 동의하는 게 훨씬 더 나을 것이다.

배제적 실증주의가 국가에 대한 건전한 비판적 태도를 촉진하는 경향이 있다는 그럴듯한 비사변적인 사례가 있는 것 같다(Murphy 2001a, 2005).[49] 여기서 근간이 되는 생각은 켈젠(Kelsen 1973, 92)이 잘 표현하고 있다. 그가 쓴 바에 의하면 비실증주의는 "정치적 강제 질서를 무비판적으로 정당화하는 경향이 있다. (…) 왜냐하면 자신의 정치적 강제 질서가 법의 질서라는 것이 자명한 것으로 전제되기 때문이다". 하지만 실증주의나 비실증주의가 좀더 나은 사법적 결정으로 이어지리라는 주장은 현존하는 법과 정부 각 부의 좋고 나쁨이라는 변수들의 많은 가능한 조합을 중심으로 하여 폭넓은 여러 가능한 상황을 고려할 필요가 있다. 그리고 고려해야 할 또 다른 가능한 영향들이 있다. 설령 도구적 논증을 위한 적절한 목표들에 대한 합의가 있었더라도, 그 논증의 설명부—모든 것을 고려해볼 때 실증주의적 법이건 비실증주의적 법이건 더 잘할 것이라는—를 수립하는 것은 분명 불가능할 것이다.

게다가 올바른 목표라는 것 자체는 상황에 따라 달라지는 것 같다. 국가에 대한 비판적인 태도는 지난 100년 동안의 노르웨이처럼 안정적이고 어느 정도 동질적인 국가들에서는 명백히 바람직해 보이지만, 특정 시기와 장소에서는 국가에 대한 경건주의적 태도가 최선일 수 있다는 것을 부정하기 어렵다. 물론 법의 최선의 대체물을 위한 도구적 논증이 편협할 수밖에 없다는 것을 받아들일 수도 있다. 나는 그것이 미국의 민권 시대에 국가에 대한 조용한 태도에 의해 정의가 잘 실현되었음을 시사한다고 들었다. 말하자면, 캐나다의 권리·자유장전 제7조와 동등한 보호 조항을 적용하는 미국 법관들이 비실증주의적인 법을 절대 만들지 않는데도, 권리·자유장전 제7조를 적용하는 캐나다 법관들은 항상 어느 정도는 실증주의적인 법을 만들어야 한다고 말하는 식으로 우리는 캐나다와 미국에 대해 다른 권고를 해야 할까? 주어진 어느 상황에서 경건주의자가 되거나 비판적 태도를 취하는 것이 어느 중요성을 갖든 간에, 이것은 나쁜 결과처럼 보인다.

모든 희망에 반하여, 도구적 논증이 나름대로 작용했다고 가정해보자. 이것이든 저것이든 법의 어떤 대체물이 모든 것을 고려할 때 모든 상황에서 최고로 잘 돌아갈 것이다. 하지만 가장 근본적인 문제가 남아 있다. 도구적 논증은, 선택된 새로운 탐구·관심 대상으로의 수렴이 좋은 결과를 도출할 수 있으리라는 것이다. 수렴이 없다면 좋은 결과를 얻지 못할 것이다. 도구적 논증의 근본 문제는, 지향하는 목표에 대해 우리 모두가 동의할 수는 없기 때문에 수렴이 결코 없으리라는 것이다. 가장 중요한 정치적 목표들은 무엇인가 하는 문제에 대해 하나의 맞는 답이 존재할 수 있다 해도 다를 바 없다. 맞는다는 것은 다른 사람이 당신에게 동의할 것임을 의미하지 않는다. 만일 우리가 법보다는 실증주의적 (혹은 비실증주의적) 법에 대한 이야기를 시작하는 것에 동의하지 않는다면 아무 소득이 없을 것이다.

법의 근거들이 왜 중요한가

법의 근거들에 대한 논쟁에의 도구적 접근이 아무 전망을 제시하지 않더라도, 처음에 이런 접근에 매달렸던 것과 이런 접근에 실패한 것 모두가, 왜 이것이 다퉈볼 가치가 있어 보였는지에 대한 설명에서, 법과 도덕의 관계를 이해하는 서로 다른 방법들의 정치적 함의로 여겨지는 것들의 중요성을 강조해준다. 내 경우는 분명, 법에 대해 지극히 낭만적인 견해로 보일 수 있는 것에 대한 불신이 내가 본능적으로 실증주의에 끌리게 된 것을 설명해준다(Murphy 2001a). 심지어 법의 명문화된 대체물을 모색하는 것이 의미 없다고 계속 주장해온 사람들에게도 이런 구체적인 철학적 기획이 매력적인 한 가지 이유는 그것의 결론들이 정치적으로 유의미한 영향을 미칠 수 있다는 데 있다.[50]

하지만 그 이상의 것이 없다면, 법의 근거들에 대한 논쟁의 정치적 지분은 앞 장에서 살펴본 첫 번째 방식인 부정적인 방식에서 그 논쟁이 중요하다는 것밖에 보여주지 못한다. 민주주의, 정의, 법치주의, 법의 근거들에 대한 서로 다른 설명 모두가 정치적 함의를 지니고 있다. 이러한 논쟁 모두가 중요한데, 우리는 이처럼 전혀 다른 정치적 함의를 지닌 서로 다른 설명들이 널리 존재한다는 것을 알 필요가 있고, 따라서 이데올로기적 과장에 신중할 필요가 있다는 점에서 그렇다. 하지만 내가 옳다면, 오직 법의 근거들에 대한 논쟁만이 두 번째 의미인 실질적인 의미에서도 중요할 것이다.

2장에서 살펴본 것처럼, 현행법의 내용을 이해할 수 있으려면 법의 근거들에 관한 어떤 견해를 갖추고 있어야 한다. 실증주의자와 비실증주의자가 법에 대한 신념을 많은 부분 공유하고 있긴 하지만, 법과 도덕의 관계에 대한 이런 다른 견해들이 법 효력에 대한 판단에서의 차이들로 이어지리라는 것 또한 분명하다. 이것은 간단히 무시할 수 있는 차이가 아니다. 우리는, 민주주의란 무엇인가에 관한 어떤 견해를 따를 경우에는 위헌법률심사가 입헌 체제를 덜 민주적인 것으로 만들지만 다른 견해에 입각하면 그렇지 않다고 기꺼이 말할 수 있다. 하지만 우리는, 법이 무엇인가에 대한 어떤 이해를 바탕으로 할 때는 동성 커플이 혼인할 법적 권리를 갖지만 다른 이해를 바탕으로 할 때는 그렇지 않다고 기꺼이 말할 수 없다. 어떤 법적 질문들은 확정적 답을 갖고 있지 않다는 생각에 문제가 있는 것은 아니다. 불완전하거나 모호한 연원들은 적어도 실증주의의 관점에서 이런 것을 흔한 일로 만든다. 문제는, 법이 무엇인가에 대한 근본적으로 다른 그림들이 있고 이런 다른 그림들이 법의 내용에 관한 구체적인 질문들에 다른 답변들을 내놓게 되리라는 것이다. 적어도 처음에는, 바로 법의 토대에 관한 이런 견해들 중 하나가 옳아야 한다는 것이 자연스러운 생각이다.

물론 법의 근거들에 관한 이론은 우리가 현행법의 내용을 알아낼 수 있는지가 문제 되는 경우에만 중요하다. 하지만 표면적으로는 그것이 중요한 문제임이 분명해 보인다. 법은 국가를 평가하는 것뿐만 아니라 국가의 주요 제도들이 일상적으로 작동하는 것, 그리고 사람들이 국가와의 일상적 상호 작용을 이해하는 것에서도 중요하다. 국가가 무엇을 하든, 법은 국가에 의해 법 주체들에게 정당한 요구로서 제시되는 것과 그렇지 못한 것들로 규칙 및 표준을 범주화하는 것을 지배한다. 많은 사람은 또한 법을, 이유를 제공하는 것으로 받아들인다. 법은 우리 모두에게 일상적으로 큰 중요성을 띠는 것처럼 보인다.

그렇기 때문에 법의 근거들에 대한 논쟁에서 진척이 이뤄지기를 그리 기대할 수 없다는 전망이 더욱더 실망스럽다. 그처럼 어두운 전망 때문에, 우리는 법이 무엇인가를 알 필요가 없을 수도 있다는 사실을

(이 장의 뒷부분에서) 다시 한번 살펴보게 될 것이다. 먼저 나는 실증주의자와 비실증주자의 의견 불일치가 어째서 그처럼 다루기 힘들어 보이는지를 설명하겠다.

법 개념의 분석

전통적 견해에 따르면, 우리는 법 개념의 내용에 대한 어떤 설명을 제공함으로써 법의 근거들의 문제에 접근하게 된다. 이러한 견해는 지난 반세기 동안 계속 우위를 점해왔다. 그 기간 중 대부분의 시간 동안 철학 내에서 개념 분석의 지위가 논란이 되었음에도 불구하고 말이다. 앞 장에서 나는 민주주의, 정의, 법치주의의 본성에 관한 의견 불일치가 결국은 중요하지 않다고 주장했다. 왜냐하면 우리는 가치들 자체를 다루지 않고도 그 가치들과 연관된 중요한 모든 쟁점을 다룰 수 있기 때문이다. 차머스(Chalmers 2011)는 이런 결과로부터, 원래의 논쟁들이 언어적인 것이었다고—단순히 개념들의 의미나 내용에 대한 논쟁, 그리고 그런 이유에서 철학적 관심이 없는 논쟁이었다고— 결론 내리고 싶어한다. 나는 그런 의견 불일치가 중요하지 않다는 내 결론이 그것들이 단지 의미에 관한 논쟁일 뿐이라는 결론을 지지하는지에 대해 분명한 입장을 취하지 않았다. 나는 또한 법의 본성에 관한 논쟁이 법에 관한 가장 근본적인 사실들에 대한 논쟁과 대립되는, 어떤 개념의 내용에 관한 논쟁으로 가장 잘 이해되는지에 대해서도 분명한 입장을 취하지 않을 것이다. 내가 믿는 것은, 법이라는 개념의 내용을 어떻게 이해할지에 관해 철학자들이 제시해온 모든 논변은 법에 대한 가장 근본적인 사실들이 무엇인가에 관한 논변으로 바꾸어 이야기될 수 있다는 것이다.

개념을 분석하는 데는 여러 익숙한 방법이 있으며, 그 방법들은 서로서로 상당히 다르다. 그럼에도 불구하고 그 방법 모두가 하나의 핵심적 특성을 공유한다. 근본적으로 그 방법들은 개별 경우들에서의 그 개념의 적절한 적용에 관한 직관에 의존한다는 것이다. 올바른 사용에 대한 이 직관들은 이 이상들이 요구하는 것, 혹은 그것에 대한 불확실성을 해소하는 방법에 관한 판단들로도 잘 해석될 수 있다. 결과적으로, 사실 논쟁과 개념 논쟁의 구별 혹은 그러한 구별이 존재하는가 하는 철학적 문제는 실증주의자와 비실증주의자의 논쟁을 탐구할 때는 미루어둬도 된다.

개념들을 분석하는 전통적인 방식은, 적절히 제기된 질문들에 대한 답변들을 활용해 개념의 올바른 적용을 위한 필요충분조건들의 목록을 만드는 것이었다. 사람을 산으로 나르는 이 다리 없는 물건은 의자인가? 속도 제한은 타당한가 부당한가? 선거에서 인구의 절반도 안 되는 사람들이 투표하는 나라는 민주주의 국가인가? 먹을 것이 없다면 나는 자유로울 수 있는가? 이 포악하고 줄무늬 있는 유대목 동물은 호랑이인가? 필요충분조건들의 목록을 갖추는 것이 어렵다는 점에서 대안이 되는 것은, (그 개념이 무엇에 대한 것이든 그에 대한) 파기 가능한 기술記述들의 "다발", 그 개념에 통달하게 하는 데 충분한 명시적이거나 암시적인 지식의 "다발"을 구하는 것이다. 법철학자들은 그러한 접근 방법을 "기준주의Criteridism"라고 부르며 스태브로풀로스 (Stavropoulos 1996, 2)를 따르는 경향이 있었다.

법철학자들이 매력을 느껴온 주된 경쟁적 접근 방법은 한 용어를 그것이 처음 주어졌던 세계에서의 사물의 본성과 관계 짓는 "인과적-역사적" 접근이다. 이러한 견해는 퍼트넘(Putnam 1975, 215)이 제기한 질문과 같은 사고 실험들에 의해 지지된다. 그 질문은, 지구에 사는 우리가 공통적으로 물과 연관 짓는 모든 설명을 충족시키지만 H_2O 와는 다른 화학 구조를 지닌, "쌍둥이 지구"의 어떤 물질을 지구인이 "물"이라고 칭하는 게 옳은가 하는 것이다. 직관적으로 올바른 답은 '아니오'일 것이다. 이것은, 물의 개념 확장이 보통 사람들이 갖고 있는 물에 대한 믿음의 다발에 의해 정해지는 것이 아니라, 물이라는 말을 처음 사용한 사람과 그를 따르는 이들에 의해 물이라 불리는 것(과학 에 의해 발견된 것)의 본성에 의해 정해진다는 사고의 근간이다. 대부 분의 철학자는 개념이 어떤 "자연적인 것"과 관련될 때마다 퍼트넘의 직관을 공유하는 것 같다. 하지만 모두가 그런 것은 아니며, 비철학자 들의 경우 그 문제에서 명백히 의견이 갈린다.[51]

법을 포함해 내가 다루고 있는 개념들에 대한 인과적-역사적 접근 은 순조롭게 출발하지 않는 것 같다. 이러한 접근은 기준주의적 접 근과 마찬가지로 사례들에 대한 직관의 뒷받침을 필요로 한다(Fodor 2004; Jackson 1998, 31~42; Mackie 1974). 하지만 민주적 평등의 경우 는 자연적인 종류에 관한 예들이 보여주는, 근본적인 구조 혹은 본

　　　　　　　무엇이 법을 만드는가

질과 피상적인 기술 간의 차이에 대한 그 같은 타당성이 존재하지 않기 때문에, 올바른 종류의 예를 생각하기 어렵다. 심지어 우리는 분자 구조가 물을 위해 하는 것과 같은 일에 걸맞은 어떤 대중 기술과 충분히 구별되는, 민주주의의 본질에 대한 어떤 잠정적인 설명도 가지고 있지 않다. 하지만 "탐구 끝에" 기술적인 정치 이론이 각기 다른 통치 체제들의 본질적 성격에 대한 하나의 설명을 낳으리라고 믿는 것이 타당하다고 상정해보자. 다시 말해, 여기서 문제는 단지 현대 정치 이론의 빈약한 상태뿐이라고 가정해보자. 이때 인과적-역사적 이론에 대한 뒷받침은 좀더 추상적이거나 이론적인 종류의 직관—민주주의 개념의 확장은 "민주주의"라는 용어가 최초의 세례 이래 인과적 사슬 속에서 적용되어온 저 통치 체제들의 성격을 알아냄으로써 이루어진다는 직관—에서 생겨날 수 있는데, 그러한 직관에서 그와 같은 성격은 사람들을 그들 나름의 그 용어의 일상적 사용으로 인도하는 믿음의 종류들과는 아무 관련이 없을 수도 있다. 문제는 그러한 직관이 철학자건 평범한 사람이건 우리 중 아주 많은 이가 가지고 있지 않은 직관이라는 것이다. "민주주의"가 선택하는 통치 체제에 관한 우리 관념이 고대 그리스인들의 관념과 얼마나 다른지를 고려할 때, 이것은 결코 놀랄 만한 일이 아니다(Dunn 2006).

스태브로풀로스(Stavropoulos 1996)는 인과적-역사적 접근의 한 형태를 법의 사례에 적용한다. 말하자면 법 전문가들이 법의 범형적 사례들의 본성에 관해 우리에게 말해주는 바에 의해 "법"의 기준이 정해진다. 그는 인과적-역사적 모델을 법 개념들로 확장하는 것에 대한 반대에 맞서는 정교하고 섬세한 주장을 내놓지만, 결국 그의 견해는 여전히 사례들에 대한 직관적 반응에 기초를 두고 있을 것이다. 다시 말하건대, 이런 정초 작업이 곧 이루어질 것이라고 보기는 어렵다. 법률가 및 법 이론가가 관련 전문가라고 상정할 때, 황금의 성격에 대해 이야기하는 화학자들과 달리 그 전문가들은 법의 본성에 대해 모두가 의견이 일치하진 않는다는 것을 우리는 알고 있다.[52] 하지만 전문가들의 의견이 일치했다고 상정해보자. 요점은 보통 사람들이 기꺼이 확장하려는 순응에 분명한 한계가 있다는 것이다. 법은 본질상 합리적인 규범 질서이며, 민간인의 군사적 공격 무기 소지를 허용하는 것은 비합리적인 만큼 민간인의 그런 무기 소지는 항상 법에 위배된다는 데 모든 전문가가 동의한다고 가정해보자. 어쩌면 미국의 일부 주민은 현행법의 내용에 대한 자기 믿음을 수정하는 것으로 이런 소식에 반응할 테지만 대부분의 주민은 그렇지 않을 것이다.

반면에, 기준주의적 접근은 근거에서 벗어나지 않는다. 우리의 개념들에 대한 반성은 우리가 공유하는 몇 가지 기준, 적어도 부정적인 종류의 기준—예를 들어 절대군주제는 민주제가 아니다(Raz 2001, 2005)—을 도출할 것이다. 하지만 진실로 중요한 문제들, 이를테면 다수결의 실추가 곧 민주주의의 실추인가(의회 주권의 체계가 위헌법률심사를 지닌 체계보다 더 민주적인지 여부를 사람들이 물음으로써 접근하게 될 질문) 하는 문제들에 관해서 우리는 합의에 이르지 못할 것이다.

법 개념에 대해 기준주의적 접근 방식을 취할 때, 관련자들 사이에서 일반적으로 받아들여지는 법의 올바른 적용을 위한 기준들(아마도 파기 가능한)의 목록을 작성하는 게 희망 사항이 될 것이다. 물론, 그러한 기준들이 이미 사람들 사이에서 의식적으로 수용되고 있다는 생각에서가 아니라, 일반적 수용은 상상적인 철학적 논증으로부터 나오리라는 생각에서다. 하지만 법의 내용이 부분적으로는 도덕적 고려사항들에 의해 결정될 수 있는지에 대한 우리의 질문에서는 기준들 차원에서의 수렴은 없으리라는 것이 확실해 보인다. 왜냐하면 범례 차원에서의 수렴이 없을 것이기 때문이다. 미국에서 인종 차별적 노예제에 대한 효력 있는 법이 있을 수 있을까? 여기에 어떤 사람들은 부정으로 답하고 어떤 사람들은 긍정으로 답한다.

로버트 알렉시(Alexy 2002, 35~39)는 법 진술들이 "올바름에 대한 주장"을 포함한다는 생각을 통해 사실상 기준주의적 접근을 환기시킨다. 그는 어떤 부정의한 독립 연방 공화국의 수립을 전문에서 선언하고 있는 어떤 헌법을 예로 든다. 이러한 텍스트는 "올바름에 대한 주장—이 경우엔 무엇보다 정의에 대한 주장—이 헌법을 구성하는 행위에 필연적으로 결부된다"는 점에서 "수행적 모순"을 야기할 것이다(37). 그는 "X는 정의로운 국가다" 역시, 만일 이 말이 헌법에 들어가 있다면 사족처럼 보일 것이므로, 개념적으로 이상하다고 지적한다. 하지만 이 모든 것이 개념적으로 괜찮다고 결론짓는 것은 당연히 설득력 있다. 결국 실증주의자는 부정의한 헌법 질서가 존재하며 만인이 그것을 알고 있다고 말할 것이다. 정치적으로 볼 때 그 예는 당연히 이상하다. 국가가 법을 주체들에게 정당한 요구로서 제시하는 상황에서, 왜 근거 문헌들이 그러한 입장을 훼손하겠는가? 그것은 어떤 대학이 "X 이류 대학"이라고 슬로건을 내거는 것과 비슷하다.

내가 강조한 것처럼, 우리의 양 진영 간의 의견 불일치는 깊고도 근본적이다. 따라서 이러한 불일치가 개별 사례 차원에서 나타나는 것은 놀라운 일이 아니다.

드워킨과 라즈 모두 기술적인 것과 규범적인 것을 혼합하는 개념 탐구 방법을 제시하는 것으로 대응하는데, 이는 엄밀히 말해서 이 표면적 차원에서의 집요한 의견 불일치 상황에 기인한다.

권위 개념에 대한 라즈(Raz 1988)의 "규범적-해명적" 설명은 정치적으로나 철학적으로나 논란이 많았던 실질적 쟁점들에 대해 어떤 입장을 취한다는 점에서 규범적이다. 그러므로 라즈는 권위 개념에 통달한 사람은 누구나 은연중에 자신의 권위 이론을 믿고 있는 것이라고 주장하지 않는다. 하지만 그 설명은 "권위에 대한 사람들의 이해의 중요한 측면들"(65)을 골라내는, "우리의 공통 전통의 분명한 요소들을 만들려는 시도"라는 점에서 또한 해명적인 것으로 여겨진다. 라즈의 경우, 그의 이론의 규범적 측면과 해명적 측면 모두가 "우리 문화의 철학적 전통 및 정치적 전통 속에 깊이 박혀 있는 어떤 개념에 대한 논의"(63)에 해당된다. 여기 담긴 생각은 용법에 관한 거친 의견 불일치가 문제의 끝이 아니라는 것이다. 정당한 권위가 어떻게 보일지에 대한 도덕적 논쟁의 형태로 실질적 논쟁이 계속될 수 있다. 그럼에도 우리는 우리 자신을 좀더 잘 이해하기 위해서, 우리 모두가 공유하는 개념을 이해하려는 기획에 관여하고 있다. 라즈(Raz 1994, 221)는 다음과 같이 적고 있다. "사람들이 자신을 어떻게 이해하고 있는지를 이해하도록 도움으로써 사회에 대한 우리의 이해에 진전을 가져오는 것이 법 이론의 한 가지 주된 과제다"(이와 관련해서는 Bix 2005와 Murphy 2007을 보라).

드워킨(Dworkin 2006·2011)은 "규범 판단, 가정, 추론을 포함하지 않는 개념 분석"(Dworkin 2006, 146)은 구성적 정치철학에 속하지 않는다고 주장한다. 정치 이론의 주요 개념들, 이를테면 우리가 계속 논해온, 법 개념을 포함하는 개념들은 그의 시각에서는 "해석적 개념들"로 간주되어야 한다. 즉, 개념이 자리 잡고 있는 실천에 대한 구성적 해석에 의해서만 심층 구조가 밝혀질 수 있는 그런 개념들로 간주되어야 하는 것이다. 그러한 해석은 그 실천의 이유를 찾는 것, 그리고 그 개념에 의해 선택된 가치를 가장 잘 특징짓는 것을 목표로 한다. 사실상, 우리는 고려해볼 가치가 있는 민주주의란 어떤 것인가에 관해 논함으로써 민주주의가 정말 무엇인가에 관한 의견 불일치를 해결한다. 이러한 과정은 규범적이기 때문에—사실상 그것은 정치철학을 하고 있는 것이다—, 우리는 올바른 설명 혹은 최상의 설명에 도달하기를 기대할 수 있다.

이러한 혼합적 방법들의 문제는, 다른 모든 개념 분석 방법과 마찬가지로 그 방법들이 개별 경우들—여기서 우리는 이 개념들의 적절한 적용은 그것들이 선택하는 가치들에 대한 정치 이론에서 나온다는 일반화를 뒷받침할 수 있는 직관을 필요로 한다—에 대한 직관의 수렴에 좌우된다는 것이다. 드워킨은 우리가 그러한 수렴을 하고 있다고 본다. 즉, "민주주의가 무엇인지는 그 개념의 패러다임에 대한 최상의 정당화를 제공하는 것이 어떤 정치 이론인가에 달려 있다"(Dworkin 2011, 163)는 어떤 공유된 암시적 약속을 보여주는, 민주주의가 무엇인가에 관해 논하는 실천을 우리가 공유하고 있다는 것이다. 이에 대한 나의 답은 심층적이지 않다. 민주주의나 권위나 법 같은 개념의 내용을 이해하는 올바른 방법은 실질적인 정치적 논쟁에 참여하는 것이라는, 개별 경우들에 대해 논하는 방식으로부터 끌어낼 수 있는 그 같은 암시적 합의는 존재하지 않는다고 나는 생각하며, 고작 이것이 내 답이기 때문이다. 나는 내 설명이 어떤 범형적 사례에 대한 최상의 정당화를 제공한다고 주장함으로써 민주주의가 무엇인가에 대한 하나의 견해를 옹호하려는 생각은 추호도 없다.

예를 들어 민주주의에 관한 드워킨의 논의(Dworkin 1996, 1~38; 2011, 379~399)를 생각해보자. 드워킨에 따르면, 대부분의 사람은 민주주의 개념을 다수결 제도와 연결시키는 잘못을 범한다. 만약 우리가 민주주의의 핵심이 자치라고 믿어서 그러는 거라면, 한 사회가 분명코 다수결 제도를 통해 자치를 행하고 있다고 이야기되기 위해서는 평등이라는 실질적인 전제 조건이 충족되어야 한다는 것을 우리가 인정해야 한다고 그는 강조한다. 하지만 내가 다수결 제도가 그 자체만으로는 가치가 크지 않다는 이러한 주장에 설득당한다 할지라도, 이것은 민주주의 개념이 핵심적으로 다수결 제도의 존재와 결부되어 있다는 내 생각을 결코 흔들지 못한다. 달리 말해서 이러한 주장이 민주주의의 가치에 대한 내 생각들을 바꿀지는 몰라도 그것이 하나의 범주로서의 민주주의에 대한 나의 이해를 변화시키지는 못한다.

이러한 논의에서 강조할 점은 특정 개념들의 내용에 대한 모든 설명은 결국 적절한 용법에 관한 직관에 근거를 두어야 한다는 것이다. 만일 우리가 우리의 논의를 사실들—민주적 평등의 개념보다는 자연—에 관한 것으로 간주한다면, 내가 용법에 관한 직관이라고 불러온 것은 당연히 민주주의, 법 등등의 본성에 관한 판단으로 간주될 것이다. 나 자신의 선택은 법의 근거들에 관한 논쟁을 법의 본성에 관한 기초적인 믿음들의 충돌로 이해하는 것이므로, 나는 그러한 측면에서 논의를 이어간다.

실증주의에 대한 찬반

앞 장에서 지적한 것처럼, X가 무엇인가에 관한 논의에서 의견 차이가 있는 것처럼 보일 때는 다음과 같이 논증하는 게 일반적으로 가능성 있는 전략으로 보인다. X가 무엇이든, X가 이러저러한 특성을 갖는다는 것에 대한 합의를 도모한다. 그다음, 우리 역시 동의할 수 있는 그 특성에 대한 설득력 있는 설명을 제시한다. 마지막으로, 이것이 X의 본성에 영향을 미친다는 것을 지적한다. 이것은 본질적으로 라즈도 드워킨도 모두 법에 관한 논쟁에서 취하고 있는 접근법이다. 앞서 말했듯이, 그들이 개념 분석이라는 측면에서 법을 이야기하는 것이긴 하지만 말이다.

라즈(Raz 1994, 194~221)는 법을 권위와 연결하는 논의를 칭찬했다. 최초의 전제는 법이 권위를 요구한다는 것이다. 권위가 무엇인가에 대해 더 이상 자세히 말하지 않고 그냥 이렇게 단순하게 서술했지만, 이는 매우 그럴듯한 주장처럼 보인다. 법과 같은 것이 요구하는 게 무엇인지에 대해 언쟁이 있을 수 있지만, 나는 그럼에도 불구하고 그러한 생각이 오히려 분명하고 흥미롭다고 생각한다(유용한 논의로는 Gardner 2012를 보라). 앞서 나는, 법에 대해 우리가 다른 무슨 말을 할 수 있든 법은 국가에 의해 하나의 정당한 요구로서 제시되는 것인 만큼, 법이 무엇인가가 중요한 문제라고 적었다. 이것을 수정해 국가를 넘어서는 법을 수용하는 것으로 만든다면, 우리는 라즈의 공식, 즉 법은 일련의 정당한 요구들로서 제시된다는 것에 더 가까워진다. 법이 우리에게 요구하는 것이 우리가 반드시 해야 하는 일인지는 어떤 의미에서 열린 문제로 남아 있을 수 있지만, 법의 본성에 관한 논쟁에 참여하는 모든 진영은 법이 어떻게 출현하는지 혹은 법 공무원들을 통한 정치적 강제 질서에 의해 어떻게 제시되는지에 대한 이 주장에 동의할 수 있어야 할 것이다. 우리가 찾고 있는 것은 퇴행적인 "그렇다/아니다" 식의 주장을 넘어서는 방법, 새로운 실질적인 고려 사항들이 제시될 수 있는 공간이다. 법과 정당한 요구 내지 지시에 대한 이런 생각이 바로 그렇게 할 것을 약속한다.

따라서 라즈의 논변은 다음과 같은 질문으로 시작한다. "당신은 법이 권위를 요구한다는 데 동의하는가?" 우리 모두는 "그렇다"고 답할 것이다. 논변은 다음과 같이 이어진다. "하지만 당신이 알다시피, 그것은 도덕적 고려 사항들이 부분적으로 법의 내용을 결정한다고 생각

무엇이 법을 만드는가

하는 것은 매우 터무니없는 일임을 의미한다. 만일 우리가 우리 자신에 관한 도덕의 쟁점들을 이해해야 한다면 법은 하나의 권위로서 역할할 수 없을 것이기 때문이다. 엄밀히 말해서 하나의 권위는 당신이 해야 하는 일을 당신 대신에 이해할 수 있고 더 나은 일을 할 수 있는 어떤 사람이나 어떤 것이기 때문이다." 내 책무가 무엇인지 법이 내게 말해줄 수 있다는 바로 그 점에서 법이 권위를 요구한다는 데 내가 동의한 것이—단지 법이 정당한 요구의 원천이라는 데 동의한 것이 아니라—결국 매우 중요함을 이제 우리는 안다. 이로 인해 나는 논변의 첫 단계에 대해 확신이 서지 않는다. 언제 권위가 정당한지에 대한—언제 권위가 내 스스로 이해할 수 있는 것보다 내 행위의 이유를 더 잘 이해할 수 있는지에 대한—라즈의 이론에 비추어 이해되는 권위가 바로 법이 요구하는 것이라고 생각해야 한다고 깨닫는 순간 나는 더더욱 확신이 없다(Murphy 2007도 보라). 나는 법이 그런 것을 요구한다고 생각하지 않는다. 사실 나는 법이 그런 것을 요구한다는 견해에 동의하는 것을 상상도 할 수 없다.

법에 대한 비실증주의적 관점을 가진 사람은 더더욱 동의하지 않을 것 같다. 개인이나 제도나 국가가 실제로 정당한 권위를 갖는 것은 어떤 경우인지에 대한 최고의 정치 이론일 수도, 아닐 수도 있는 라즈의 권위에 대한 설명은 애초에 비실증주의적 견해를 취한 사람들에게는 법의 (잠재적) 규범성을 설명하는 것으로서 분명 그리 호소력을 갖지 못할 것이다. 만일 당신이 법의 내용을 부분적으로는 도덕 문제로 본다면, 우리의 책무가 무엇인지 법이 말해줄 수 있다고 할 때 법이 하는 일이 무엇인가에 대한 이런 설명은 분명 당신의 법에 대한 그림과 양립할 수 없을 것이다. 물론, 바로 이러한 이유에서 이러한 논변은 성공적이라면 실증주의를 정립하게 될 것이다. 하지만 라즈의 논변을 예로 들어 검토하는 것은, 법과 관련된 특성들에 대한 어떤 이론적 논변도 기본적인 실증주의적 그림이나 비실증주의적 그림이 그 진영 사람들에게 발휘하는 것만큼 그리 설득력을 발휘하지 못할 수도 있음을 시사한다.

법에 대한 비실증주의적 설명을 위한 드워킨의 논변 역시 법과 관련 있다고 이야기되는 가치의 본성을 되돌아봄으로써 법의 본성에 접근한다. 법은 권위를 요구한다는 라즈의 말과 달리, 드워킨은 법이 있는 곳에서 법치주의 혹은 합법성의 가치가 충족된다고 주장한다.

법의 주장이란 올바른 종류의 어떤 기준들이 사실상 올바른 방식으로 확립되었는지에 대한 주장이다. 합법성이라는 개념은 그러므로 법의 어떤 개개의 주장이 참인지를 결정하는 방법에 대한 일반적 설명이다. (Dworkin 2006, 170)

내게는 이러한 주장이 표면상 믿기 어려워 보인다. 라즈(Raz 1979, 210~228)를 비롯한 많은 이론가는 법치주의와 법은 외연이 같지 않다고 분명히 주장했는데, 적어도 내게는 그것이 직관적으로 옳아 보인다.

하지만 법과 법치주의의 관계는 아마도 드워킨의 논변에서는 중요하지 않을 것이다.[53] 그의 근본 사상(개념적 프레임을 제거하기 위해 용어를 바꿈)은, 정의, 민주주의, 법 등등의 본성을 이해하기 위해서는 그러한 가치들과 관련해 좋은 게 무엇인지를 이해해야 한다는 것이다. 우리는 무엇이 민주주의를 가장 가치 있게 만드는지를 이해함으로써 민주주의를 올바르게 만든다. 우리는 그 가치를 가장 잘 보여주는, 그 가치 및 그 가치를 강조하는 실천에 대한 해석을 제공한다. 마찬가지로, 법이 단지 하나의 가치에 불과한 것은 아니지만, 드워킨이 보기에 법은 분명 가치를 띠고 있다. 따라서 우리는 법을 위해, 법과 관련해 좋다고 여겨지는 것을 가장 설득력 있는 방식으로 제시하는 하나의 해석을 제공해야 한다. 결국 우리는 법과 관련된 가치를, 가장 좋은 혹은 가장 선택할 만한 가치이면서 여전히 법과 관련돼 있는 것으로 제시한다. 다시 말하지만, 우리는 일부 사람에게는 그런 법과 관련된 가치가 없다고 이의를 제기할 수 있다. 이는 분명 가치에 대한 하트의 사고방식이다(Hart 1994, 249). 하지만 이런 하트의 생각을 제쳐놓는다 해도, 무엇이 법을 최선으로 보이게 하는가에 대해 생각함으로써 법의 본성을 이해하자는 제안은 실증주의의 그림에 끌리는 사람에게는 분명 그리 호소력을 갖지 않는다. 실증주의자는 법을 좋게 보이도록 노력하는 것이 바로 자신이 반대하는 바라고 말할 것이다. 사실, 무엇보다 법실증주의를 자극하는 것은 법에 대한 냉정하고 객관적인 태도의 중요성이다.

따라서 우리는 법이라는 것에 대한 두 가지 다른 근본적인 이해로서의 실증주의와 비실증주의에 대한 앞 장들에서의 설명으로부터 크게 나아간 것 같지 않다. 양 진영이 서로 상대방이 무언가를 놓치고 있다고 생각하는 것은 아니다. 각 진영은 법이 무엇인가에 대해 다른 진영이 근본적으로, 형편없이 오해하고 있다고 생각한다. 제시된 이유들을 볼 때, 나는 양 진영을 서로 가까워지게 할 힘을 발휘할 실질적 논변의 가능성에 대해 회의적이다. 내가 본 모든 논변에는 필연적으로 어떤 전제나 방법론적 함의가 포함되어 있는데, 그것들은 법이라는 것에 대한 각 진영의 최초의 근본적 신념에 비하면 어느 한쪽 진영에 설득력이 덜해 보이는 것이 확실하다.

나는 법의 본성에 관한 문제에는 진리가 없다고 주장하는 것이 아니다. 내가 믿는 것은, 이 경우 의견 불일치는 극명하고 근본적이라는 것, 그리고 우리가 관심을 갖고 있는 다른 문제들과 충분히 관련 있는 것 같지 않다거나 실질적 논변을 가능케 해주는 것 같지 않다는—적어도 올바른 방식으로는 아니다—것이다.

배제주의

우리의 논쟁이 순전히 언어적인 것이며, 단지 양측이 "법"이라는 말을 다르게 사용하는 것뿐이라고 줄곧 생각해온 사람들에게는 이 답보 상태가 그리 놀라울 게 없다. 이런 결론을 설득력이 떨어져 보이게 하는 것은, 현행법의 내용을 아는 것이 중요한 만큼 법의 본성에 관한 논쟁이 중요하리라는 단순한 생각이다. 민주주의의 경우와 달리, 우리가 인접한 쟁점들에 대해 이야기하고 법의 내용을 제쳐둔 것은 잘한 일 같지 않다. 이제 우리는 다시 생각해봐야 한다.

법의 내용에 관해 이야기하는 것을 그냥 멈춰야 한다는 제안은 법에 관한 이야기를 이른바 실증주의적 법에 관한 이야기로 대체해야 한다는 제안에 비하면, 좀더 그럴듯하긴 해도 좀더 급진적이다. 그 제안은 현행법의 내용을 탐구하는 것 말고는 아무것도 필요하지 않다는 것이다.[54]

물론, 법이 무엇인가에 관해 사람들이 이야기하는 것을 멈출 가능성은 없다. 따라서 그 제안은 사실, 이러한 이야기가 법 실천과 사회생활 전반에서 중요한 역할을 하지 못한다는 주장이나 마찬가지다. 그것은 헛바퀴인 것이다. 우리는 다른 계열의 질문들을 다루는 것으로 아주 잘해나갈 수 있다. 법 실천 내에서, 법관과 기타 법 공무원들은 법적 의사 결정의 이론을 필요로 한다. 이 이론은 일종의 정치 이론으로서, 어떤 텍스트 자료와 기타 사항들을 고려하는 것이 적절한지, 어떤 방식으로 고려하는 것이 적절한지를 설정한다. 2장에서 봤듯이, 그러한 설명은 결정에 앞서 현행법의 내용과 관계없이 나올 수 있다. 실증주의자와 비실증주의자가 최상의 판결 이론에 관해 합의하는 것이 전적으로 가능하다. 법 실천은 또한 법률 상담의 이론, 즉 변호사가 고객에게 어떻게 조언해야 하는가에 대한 이론을 요구한다. 이 부분에서 법에 관한 홈스(Holmes 1897)의 "악인惡人" 이론이 그럴듯해 보일 수 있다. 이 이론에 따르면, 변호사는 의뢰인이 관심을 갖는 것은 오직 법체계가 자신의 이해관계에 어떤 영향을 미칠 것인가뿐이라는 가정하에 의뢰인에게 조언해야 하며, 따라서 의뢰인이 어떤 선택을 할 때 법체계가 그에게 어떤 식으로 작용할 가능성이 높은지 그 예측을 제공해야 한다. "악인"이라는 표현이 필수든 아니든, 변호사들이 현행법의 내용에 대한 존중되는 판단들과 대립되는, 앞으로 일어날 일에 대한 예측에 기초해 의뢰인에게 조언해야 한다는 생각은 새로운 게 아니다. 마지막으로, 가장 광범위한 정치적 의미에서 법 실천을 고려할 때, 법체계들이 좋은 통치를 실현하고자 한다면 이에 적합한 이론이 필요하다. 정당성과 정의에 더해서, 권력 분립, 절차적 공정성, 주체들의 정부 기관에 대한 존중 등 법치주의의 이념과 관련된 명백히 법적인 문제들이 있으며, 가급적 정식으로 실현 가능한 규칙들로 구성된 텍스트와 결정을 입법부와 법원이 생산하는 것이 더 나은지 여부와 같은 법 설계의 문제들도 있다.[55]

법적 의사 결정, 법률 상담, 좋은 통치에 관한 이런 설명들을 통해서 우리는 많은 것을 이야기할 수 있고 많은 것을 할 수 있다. 우리가 할 수 없는 것은, 그러니 법이 무엇인지를 논하는 것이다. 그런 질문은 사람이 무엇을 해야 하는가에 관한 도덕적 질문이나, 국민의 결정에 대한 국가의 있음직한 반응에 대한 서술적 질문으로 전환되어야 한다.

우리가 법에 대한 익숙한 담론을 배제주의적으로 바꾸어 말할 필요는 없다. 설령 법에 대한 모든 익숙한 종류의 주장을 조리 있게 바꿔 말하는 것이 가능하더라도, 그렇게 옮기는 과정에서 중요한 것이 전혀 상실되지 않았다고 생각하는 것은 설득력이 없을 것이기 때문이다.

앞서 이야기한 것처럼, 법은 국가가 법 주체들에게 정당한 요구로서 제시할 수 있는 것과 그렇지 않은 것으로 규칙과 기준들을 범주화하는 것을 지배한다. 특히 형법에서, 제대로 이해된다면, 범죄는 없고, 단지 형사 사건들에서의 좋은 결정이나 나쁜 결정, 우리와 형사 사법 제도 간의 상호 작용에 대한 더 나은 예측과 더 나쁜 예측이 있을 뿐이라고 주장하는 것은 어리석어 보인다. 형법에는 적어도 이러한 재再기술이 포착할 수 없는 표현적 의의가 존재한다. 싱가포르에서는 형법 377A조를 통해 성인 남성들 간의 합의된 성관계를 범죄로 규정하고 있는데, 싱가포르의 이러한 상황을 생각해보자. 2007년에 싱가포르 총리는 국회 연설에서 이 조항의 폐지에 반대하면서, 정부가 그 조항을 "적극적으로 집행"하지는 않을 것이라고 밝혔다.[56] 이는 싱가포르의 남성 동성애자들이 정부가 마음을 바꾸어 이들의 성관계를 기소하게 되기 전에는 불평할 것이 없음을 의미하는가?

하지만 법의 표현적 기능보다 중요한 것은 사람들의 실제 삶 속에서 법의 역할이다. 먼저 법철학의 대표적 초점인 법 주체들, 즉 대체로 잘 기능하는 국가들 내의 개인들에 대해 고찰해보자. 많은 사람이 하트의 의미로 법을 "받아들인다". 이러저러한 이유로, 효력 있는 법이란 자신들에게 행위의 이유를 제공하는 법이라고 생각하는 것이다. 하트가 수용과 내적 관점이라는 자신의 개념을 통해 주장하려는 것은 많은 혹은 대부분의 사람에게 법 규범은 단지 있을 수 있는 행위들에 가격을─상황에 따라 변하는─매기는 것이 아니다. 일반적으로 우리는 "오직 이 경우에 한해" 법을 준수하는 데 따르는 대가나 이득에 대해 숙고하는 것이 아니라, 법 일반의 '이유를 부여하는 힘'과 관련된 지속적인 정책을 택한다. 이처럼 지속적인 정책은 도덕적 책무에 대한 의식에 기초하겠지만 반드시 그런 것은 아니다. 예를 들어 우리는 법 규범을 이기심이나 또는 집단 구성원들과 행동을 같이하겠다는 단순한 생각에서 받아들일 수도 있다.

대체로 법 규범을 준수하면 내 삶이 좀더 좋아진다는 믿음에서 내가 법 규범을 받아들인다고 가정해보자. 내가 신경 쓰는 것이 오직 나의 법 준수가 나 자신의 안녕에 미치는 영향뿐이라면, 나는 법 이론보다는 홈스식의 법 상담 이론과 더 관련이 많을 것 같다. 내가 알아야 하는 것은 내가 어떤 일을 할 경우 나의 안녕에 어떤 영향이 있을까 하는 점이다. 법 규범이 만사형통식으로 실천되는 것은 아닌 만큼, 이는 법관 및 법 집행자의 행동에 관한 예측 이론이 필요하다는 것을 시사할 수도 있다. 따라서 나의 이기적 관심이 나로 하여금 법을 받아들이게 할 경우, 배제주의자는 내가 실수를 하는 것이라고, 법 규칙들을 개개 결정에서 가격을 정하는 것으로 간주하는 것이 해야 할 합리적인 일이라고 주장할지 모른다.

하지만 이것은 분명 설득력 있는 주장이 아니다. 개개 경우에서 법 준수의 효과에 관해 숙고하는 것보다는 자신이 이해하는 대로의 법을 단순히 따르는 게 대체로 더 이로울 수 있기 때문이다. 이는 평판의 요인을 고려할 때, 즉 내가 그럴듯하다고 믿는 것처럼, 법을 준수하는 사람으로 대체로 간주되는 데서 오는 이익을 고려할 때 특히 분명해 보인다. 나는 이러한 법 준수의 효과도, 법을 준수하지 않았음을 감추려는 노력의 성공도 확실하게 예측하거나 통제할 수 없다. 따라서 어떤 신중한 "주먹구구식 지침"을, 즉 어떤 특정 경우에 사실상 준수하지 않는 것이 더 유리할지에 관해 내가 생각할 시간을 갖는 것을 정당화할 어떤 특별한 이유가 제시되지 않는 한 법을 준수한다는 지침을 받아들이는 게 현명한 방침일 수 있다. 물론 이 모든 것이 이치에 맞는지는 상황에 따라 다를 것이다. 만일 내가 보호해야 할 경력조차 없는 군색한 처지라면 홉스식 접근이 적당할 것이다. 왜냐하면 상대적으로 나는 어떤 식의 법 미준수를 통해 얻을 게 더 많고, 평판에의 영향은 내 안녕에 덜 중요하기 때문이다. 하지만 만약 내 상황이 꽤 괜찮다면, 개별 경우들에서 법 미준수를 통해 얻는 이득이 상대적으로 그리 중요하지 않을 것이다. 만일 내가 공무원과 보통의 법 주체 같은 다른 사람들이 대개 법 내용에 대해 나와 동일한 견해를(혹은 내가 법률가와 상담한 후 갖게 될 견해와 동일한 견해를) 갖고 있다고 가정할 수 있다면, 이기적인 이유로 법을 받아들이는 것이 비합리적이라고 선험적으로 단언할 수는 없을 것이다.

이제, 법 규범들이 도덕적 구속력이 있다고 믿기 때문에 내가 법 규범을 받아들인다고 가정해보자. 여기서도 역시 내가 혼동하고 있다는 주장이 제기될 수 있다. 나는 차라리 내 법적 의무와 권리를 권위적으로 선언하는 사법적 의사 결정에 관심을 가져야 하는 것 아닌가? 따라서 만일 내가 그 대신 현실적이든 가설적이든 훌륭한 판결의 결과물을 받아들인다면, 나는 내 법적 책무를 수행한다는 목표에 좀더 가까워지는 것이 아닐까?[57]

법을 받아들이는 데 사실상 도움이 되는 도덕적 이유들의 힘에 대해서는 다음 장에서 고찰한다. 그런데 지금 이 법을 받아들일 도덕적 이유가 있다고 가정한다면, 문제는 사람들이 이것을 사리에 맞는 좋은 법적 결정으로 여길 경우 놓치게 되는 것은 무엇인지 그리고 분쟁을 해결할 권한이 있는 사람들은 무엇을 결정해야 하는지 등일 것이다. 심판자적 법률관을 받아들이는 사람들이 보기에는 그것이 어쨌든 법을 이유를 부여하는 것으로 여기는 것이나 마찬가지일 것이다. 왜냐하면 그런 견해에 따르면 법은 단지, 직업적으로 행위하는 법관이 자기 결정의 토대로 삼아야 하는 것이기 때문이다.[58] 하지만 실증주의자와 심판자적 법률관을 거부하는 비실증주의자가 보기에 그 제안은 어떤 중요한 것을 퇴색시킬 것이다. 예를 들어, 나는 법을 있는 그대로 받아들이긴 하지만 법원이 관련 있는 선례를 번복하거나 혹은 지금까지 제정법이었던 것을 무효화해야 한다고 믿는다고 말할 가능성을 퇴색시키는 것이다. 법관이 법을 변경할 권리를 가지고 있다는 사실을(실증주의자가 사실로 간주하는 바를) 표면화하는 것이 실증주의자의 중요한 목표다. 적어도 보통법 세계에서는 이런 생각이 꼭 혁명적이었던 것 같지는 않다. 때로는 법관들조차, 최고 법원이 다른 판결을 내리는(따라서 법을 바꾸는) 경우가 많다 해도 자신과 자신 앞에 선 소송 당사자들은 일단의 규범(현행법)에 묶여 있다고 밝힌다. 심판자적 법률관에 따르면, 우리가 받아들이고 있거나 받아들여야 하는 규범들은, 최고 법원이 문제를 해결하리라고 기대할 만한 이유가 거의 없고 하급 법원들이 양심적으로 전문 역할을 수행하는 가운데 다른

무엇이 법을 만드는가

규범들을 생각해내리라고 기대할 만한 이유가 충분한 그런 사건들에서조차 최고 법원에 의해 정당하게 선고될 규범들이다(관련 논의로는 Waluchow 1994, 31~79를 보라).

이는 법의 근거들이라는 바로 그 문제가 판결 이론과 달리, 심판자적 법률관을 거부하는 이들에게는 분명한 의미를 갖지만 그 법률관을 수용하는 이들에게는 불분명한 의미를 갖는다는 것을 보여준다. 이 점을 드러내는 또 다른 방법은 드워킨의 이론과 관련된 것으로 다음과 같다. 드워킨에게 있어서는, 한 개인이 자신의 사건을 위해 법을 결정하고자 할 때 그의 숙고 과정이 법관의 그것과 똑같아야 한다. 우리 각자는 법 자료들을 가장 잘 보여줄 수 있도록 그것들을 해석할 책임이 있다. 우리는 법의 내용에 대한 권위에 매달리지 않는다. 따라서 이론을 "이의를 제기하는" 것으로 정의한다(Dworkin 1986, 190). 이것이 의미하는 바는 또한, 개인들이 알아야 하는 것은 바로, 법관들이 분쟁 해결 시 양심적으로 자기 의무를 다하기 위해서 알아야 하는 바라는 것이다. 그러므로 드워킨(Dworkin 2011, 404~405)의 최근 견해가 법적인 것을 재판 가능한 것과 동일시해, 법적 권리와 책무는 곧 "법원과 같은 판결을 담당하는 정치 기관의 필요에 따라 강제될 수 있는" 정치적 권리와 책무라고 주장하는 것은 놀라운 일이 아니다.

하지만 좋은 법 해석과 좋은 판결 사이에 차이가 있을 수 있다면 이 모든 것은 받아들여질 수 없다. 만약 그렇다면 법관들은 개인들에게는 당연히 없는, 법을 만드는 권한을 가진 자로 인정되어야 하기 때문이다. 개인은 법관처럼 행세할 것이 아니라 법이 무엇인지를 이해해야 한다. 심판자적 법률관을 거부하는 이들은, 많은 경우 양심적 개인과 양심적 법관은 다른 결론을 도출할 수 있으며 또 도출해야 한다고 본다.

법의 근거들이라는 문제와 관련된 거의 모든 다른 문제와 마찬가지로 결론은, 배제주의의 문제는 우리가 어떤 법 이론을 받아들이려 하는가에 따라 다르게 보인다는 것이다. 어쩌면 심판자적 법률관이 옳을 것이고, 그렇다면 우리는 대수롭지 않게 배제주의적 제안을 받아들일 수 있을 것이다. 하지만 그 견해를 거부하는 이들은, 법의 수용을 좋은 판결이라는 결과의 수용으로 대체하려는 배제주의적 주장 역시 거부되어야 한다고 본다.

다음으로, 법철학자들이 그리 자주 논하지 않는 법 주체인 국가로 넘어가보자.[59] 다음 장에서 논하는 바처럼, 국가 혹은 정부는 법의 규범적 의미가 그것들에서 가장 분명하게 드러난다는 점에서 도덕적으로 가장 중요한 법 주체다. 하지만 일단 지금의 문제는, 배제주의의 도전이 법 주체로서의 국가에 적용될 때는 어떻게 보이는가 하는 것이다.

개인이 아니라 국가에 적용되는 법으로는 국제법과 헌법, 그리고 행정부에 적용되는 법 같은 통상적인 국내법이 있다. 8장에서 국제법과 관련된 부가적인 문제들을 다룰 것이므로 여기서는 국내법에 한정하겠다.

정부가 법을 무시하고 (바라건대) 좋은 통치에만 관심을 가질 수도 있다. 반면 정부나 정부의 공무원들이 법을 받아들일 수도 있다. 그들은 이상적 판결의 결과 또한 받아들일까? 경우에 따라서는, 해당 법체계에 따라 세부 상황이 다르더라도, 법을 따르는 정부 기관의 상황은 법을 따르는 개인의 상황과 유사하다. 정도의 차이는 있겠지만, 법원이나 그 외 판결 기관들은 적용 가능한 법에 대한 행정적·입법적 해석을 심사할 수 있을 것이다. 그렇더라도 모든 법체계에서 통치 행위와 관련된 법적 문제들에 대한 재판 가능성에는 제한이 있을 것이다. 법원을 통해 "정치적 문제들"을 지속적·자발적으로 고찰하는 자유주의적 규칙들을 지닌 법체계에서조차, 제도적 요인들—관련 정보를 수집하는 능력과 같은—은 법원이 다룰 자격이 있는 그런 법적 문제들을 불가피하게 제한한다. 그리고 법원의 판결 기능을 제한하는 법원칙에 더하여, 온갖 초법적인 실용적 이유로 법적 문제가 법원에서 종결되지 않을 수도 있다는 단순한 사실이 존재한다. 따라서 입법부와 행정부가 자신에게 적용되는 법의 내용을 결정하는 사안에 어떻게 접근해야 하는가의 문제가 제기되는 것이다. 법을 배제하고 판결 이론으로 대처하는 배제주의적 제안의 함의에 따르면, 입법부와 행정부는 자신의 법적 상황에 대해 자신이 분쟁에 대해 판결을 내리듯이 숙고해야 한다.

다시 한번 말하는데, 만일 우리가 심판자적 법률관을 받아들인다면 그러한 문제는 생기지 않을 것이다. 단 하나의 해석을 마련해야 하는 과제가 있을 뿐이며, 이는 해석자가 다른 사람의 경우와 관련해 법 결정을 내리든 자신의 경우와 관련해 결정을 내리든 마찬가지다. 만일 자신의 경우와 관련해 판결하는 것이라면, 법의 주체가 사적인 개인이든 전문 역량을 갖추고 활동하는 국가 공무원이든 아무 차이가 없다.

반면에, 만일 우리가 심판자적 법률관을 거부한다면 여러 흥미로운 정치적 문제에 직면하게 될 것이다. 입법부는 입법부의 입법 활동을 헌법이 정한 바에 국한시키고자 할 때, 제정법에 대한 위헌 심판을 담당하는 법원과 똑같은 방식으로 무엇이 허용되거나 허용되지 않는지에 대해 검토해야 하는가? 현재 미국에서는 초사법적 헌법 해석에 대한 논의가 이뤄지고 있다. 한 가지 쟁점은, 사법 해석이 있을 때 사법 해석이 지배해야 하는가다(Alexander·Schauer 1997; Whittington 2009). 한편, 입법부가 입법부의 선례에—헌법에 대한 이전의 입법적 해석에—비중을 둘 필요가 없는지와 같은, 두 종류의 해석 간의 차이와 관련된 몇 가지 질문이 제기된다.

행정부가 예컨대 헌법이 어떤 군사 조치를 허용하는지 여부를 판단할 때도 같은 질문들이 제기된다. 이것은 사법 판단을 요하는 문제로 간주되지 않는다고, 헌법적·입법적 자료를 단순히 읽기만 하면 그 문제는 켈젠식 틀(Kelsen 1967, 350~351)로 특정 범위 내에서 미해결 상태로 남게 된다고 상정해보자. 행정부 공무원들에 의한 과거의 헌법 이해가 중요성을 띠어야 하는가? 정부는 헌법과 관련 법률(법원에 의해 해석된 것으로서의)에서 밝혀낼 수 있는 원칙들을 밀고 나가 그 문제를 해결하려 해야 하는가, 아니면 헌법에 관한 한 그 텍스트가 제공하는 켈젠식 틀을 전적으로 자유로운 선택의 공간으로 여겨야 하는가?

만일 법원이 행정 기관에 의한 법 해석을 존중한다면, 그 행정 기관은 자신의 법 해석 과제를, 법원이 행정 기관의 법 해석을 존중하지 않을 경우 법원 스스로 처리하게 될 과제와 동일한 것으로 봐야 하는가?

이 세 가지 사례 각각에서, 법 해석자가 개별 주체의 경우처럼 법을 바꿀 권한을 가지고 있다고 말하는 것은 타당하지 않다. 이는 자신의 상황에 대한 법을 결정하는 것과 제3자들 간의 법적 분쟁을 해결하는 것 사이의 명백한 차이 때문이다.

또 다른 중요한 점은 선례 구속의 원칙이 존재하든 안 하든, 법원은 적어도 특정 사건을 위해 법을 선고한다고 간주된다는 것이다. 이는 선례를 진지하게 받아들이는 선결 조건이다. 아울러 그것은, 단순하게 법 자료를 읽기만 하는 데 따르는 불확정성이 법에 얽매이지 않는 선택에 의해서보다는 인식 가능한 기본 원칙들에 맞는 방식으로―드워킨의 해석 이론 식으로―법원에 의해 해소되어야 한다는 생각을 지지한다. 사적 개인들이 자신의 법적 상황에 대해 내리는 결론이 다른 사람들에게 중요한 법이 어떤 것인가에 대한 선언으로 간주되어서는 안 된다는 점은 분명하다. 정부의 법 주체들의 경우는 이 점이 분명하지 않다. 행정부 그리고/혹은 입법부가 자신에게 적용되는 법에 대해 갖고 있는 결론들이 특정 사례에 적용되는 것으로서의 법 내용에 관한 권위 있는 선언으로 여겨져야 하는지, 아니면 자신이 생각하는 바에 따라 법을 준수하려는 행정부 그리고/혹은 입법부의 선의의 시도로 여겨져야 하는지는 결론 나지 않은 규범의 문제다.

트레버 모리슨은 미국 행정부에서의 선례의 역할에 대한 최근 연구에서 법무부의 법률자문실이 상당 부분 자체의 선례를 따르고 있다고 결론 내렸다. 하지만 당장의 논지에서 가장 중요한 것은 그의 규범 분석이다. 모리슨은 행정부에서 선례가 비중 있어야 하지만, 법원에서 선례가 점하는 비중과는 다른 비중이어야 한다고 주장한다. 한편으로는, 행정 권력에 관한 결정들에서 선례의 비중은 더 커야 한다. 과거의 행정 실무와 궤를 같이할 때 특히 그렇다. 다른 한편으로는, 현행법의 내용에 대한 대통령직의 견해가 선례를 능가하는 특별한 비중을 지녀야 한다. "여기서 논점은 대통령의 민주적 책무와 행정부의 활동에 대한 대통령의 궁극적인 책임에 있다"(Morrison 2010, 1511).

하지만 모리슨의 분석에서 사법부와 행정부의 법 해석의 가장 현저한 차이점은 아마도 논란이 되는 법적 문제에 직면한 대통령의 책임에 대한 그의 이해일 것이다.

대통령의 취임 선서가 헌법 수호의 의무를 그에게 부과하긴 하지만, 그가 설령 자신이 생각하는 최상의 법에 부합하지 않더라도 꽤 합헌적이라고 여기는 정책들을 추진할 때 그 선서를 위반하게 되는 것인지는 분명하지 않다. 달리 말해서, 대통령의 선서가 선의 속에서 견지되는 합당하거나 그럴듯한 어떤 견해에 대립되는, 최상의 법에 대한 하나의 견해를 모색하고 고수할 것을 대통령에게 위임하는 것인지는 분명하지 않다. (Morrison 2010, 1466)

이것은, 현행법의 내용에 대한 그럴듯한 해석에 의해 켈젠식 틀의 테두리가 설정되는 한, 그 틀 안에서 행정부가 선택할 수 있는 견해에 해당된다.

여기서 제기되는 쟁점들은 분명 매우 복잡하며, 이 쟁점들의 세부 사항은 헌법의 내용과 어떤 특정 관할권의 제도적 조정에 따라 달라진다. 내 요점은 배제주의가 언뜻 중요한 정치적/법적 문제들로 보이는 것에 대해 토론할 수 없게 만들리라는 매우 일반적인 것이다. 심판자적 법률관에서는 그 문제들이 의미 없다는 사실이 그 문제들보다는 오히려 그 법률관을 논박하는 것으로 보일 것이다.

마지막으로 "판결 이론들"에 관한 지금까지의 내 논의가 지나치게 단순했다는 점에 주목할 필요가 있다. 루이스 콘하우저가 (미발표 원고에서) 설득력 있게 논하듯이, 우리는 단독 항소 법관이라는 모델에 따라 판결을 생각하는 경향이 있지만, 사실상 우리에게 필요한 것은 오히려 한편으로는 단독 예심 법관들에게 적절하고 다른 한편으로는 합의부 항소 법관들에게 적절한 판결 이론들이다. 게다가 각기 다른 현실의 합의부들은 판결을 알리는 데 있어서도 각기 다른 관행을 따르고 있다. 영국의 합의부가 개별 법관들의 의견을 하나하나 제시하는 반면, 미국의 합의부는 있을 수 있는 동의 및 반대와 함께 다수 의견을 제시한다. 법관이 어느 합의부 재판에 배치되는지는 하나의 판결에 이르기까지 고려할 것이 무엇인지에 영향을 미칠 것이다. 각기 다른 위치에 있는 법관들이 각기 다른 판결 이론을 요한다면 배제주의의 함의는 좀 단순화된다. 우리가 법의 내용을 이해하고자 할 때 우리 모두가 본보기로 삼게 되는 법관은 어떤 유의 법관인가?

이 모든 점을 고려할 때, 배제주의자는 우리가 어떤 하나의 판결 이론, 법 상담 이론, 훌륭한 통치 이론 이상의 많은 것을 필요로 한다는 결론을 도출할 수 있다. 우리에게는 서로 다른 종류의 법원들에 맞는 다수의 판결 이론이 필요할 것이다. 또한 우리에게는 적절한 법 해석을 위한 다양한 이론이 필요하며, 이러한 이론들은 서로 다른 여러 법 주체(사적 개인, 입법자, 행정 공무원 등)가 현존하는 법 자료들에 의거해 자신이 갖는 권리와 의무가 무엇인지를 어떻게 파악해야 하는가를 설정할 것이다. 이 모든 것을 인정하는 것은 누구도 법이 무엇인지 알 필요가 없다는 것이나 마찬가지다. 법관이 분쟁을 해결하는 법 이론을 필요로 하는 것이 아니라 오히려 분쟁을 해결할 자신의 책무를 다할 때 고려할 요인들에 관한 이론을 필요로 하는 것처럼, 다른 법 주체들은 자신에게 적용되는 법 자료들이 자신의 도덕적 권리와 의무에 어떻게 영향을 미치는지에 대한 고려를 필요로 할 뿐이다. 우리 각자가 법령, 헌법 등등의 도덕적 의의를 (우리와 입장을 같이하는 누군가에게) 설명해줄 수 있다면, 법이 무엇인가라는 문제에 대해서까지 답변할 필요는 없을 것이다.

하지만 이제 모든 것이 점점 믿을 수 없을 만큼 인위적으로 보이기 시작한다. 내가 논하고 있는 다양한 비非심판자적 맥락들에 대해 당연히 말할 수 있는 것은, 각기 다른 법 주체가 자신들이 생각하는 법의 규범적 함의의 측면에서나 행위하는 방법에 대한 자신들의 결정이 법의 지속적 발전에 미치는 영향의 측면에서나 현행법과 각기 다른 관계에 놓일 수 있다는 것이다. 법관들의 경우도, 각기 다른 위치에 있는 법관들이 필요로 할 다양한 판결 이론을 나타내는 가장 자연스러운 방법은 그들이 현행법과 맺고 있는 상이한 관계들과 관련 있을 것이다.

아마도 이것을 이끌어내는 가장 흥미로운 방법은 입법자와 법관의 입장을 똑같이 고려하는 것일 테다.[60] 만일 누구도 현행법의 내용에 대한 믿음을 근거로 추론할 필요가 없다면, 입법자들은 자신들이 만들고 있는 것이 법적 명령이라거나 자신들이 용이하게 하고 있는 것이 법 규칙이라고 더 이상 생각하지 말아야 할 것이다. 오히려 입법자들이 만드는 자료는 개인과 공무원들에게서는 법 자료들에 의해 부분적으로 결정되는 자신들의 권리와 의무에 대한 도덕 논증의 근거가 된다. 게다가 이러한 논증들은 경우마다—개인, 행정 공무원, 법관, 입법자—다른 형태를 취하고 있다. 법 자료들을 개선하는 방법에 관해 생각할 때 입법자들이 염두에 두어야 하는 것이 무엇인지는 정확히 알 수 없다.

배제주의자의 제안을 균형 잡힌 시각으로 보기 위해서는, 도덕 논증에서 중요한 역할을 담당한다고 철학자들이 일반적으로 생각해온 다른 어떤 것, 즉 한 인간의 전반적 복지(혹은 안녕)에 대한 생각과 법의 경우를 비교하는 게 도움 될 수 있다. 공리주의에 따르면 우리는 언제나 전반적 복지를 증진하기 위해 행동해야 한다. 설득력 있는 도덕 이론이라면 모두 우리가 때로는 사람들의 삶을 더 좋게 만들어야 한다고(어느 정도의 사람들의 삶을 어느 정도까지는 좋게 만들어야 한다고)

말할 것이다. 그래서 설득력 있는 도덕 이론이라면 다 어떤 독자적인 복지 이론을 요구하는 것처럼 보인다. 최고의 복지 이론이 무엇인가의 문제를 다루는 문헌은 꽤 많다. 익숙한 선택지들로는 경험 이론, 욕망 이론, 실체적 선 이론이 있다(Parfit 1984, 493~502; Scanlon 1998, 113 ~126). 경험 이론은 복지를 우리가 선호하는 주관적 경험들을(쾌락, 고통으로부터의 자유)을 갖는 것과 결부시킨다. 욕망 이론은 복지를 현실적 욕구들의 충족과 결부시킨다. 실체적 선 이론은 복지를 쾌락과 고통의 부재뿐만 아니라 친밀한 관계, 합리적 목표에서의 성공, 예술과 자연의 이해, 지적 성장 등을 포함하는 좋은 것들의―이러한 것 중 몇몇은 우리가 그것을 욕망하는지에 관계없이 우리에게 좋은 것으로 간주될 수 있다―성취와 결부시킨다. 만일 우리가 올바르고 현명하게 잘 사는 방법을 알고자 한다면, 복지에 대한 올바른 설명을 이해하는 게 중요할 것이다.

그렇지만 스캔런(Scanlon, 1998, 108~143)은 복지에 관해 일종의 배제주의적 논변을 전개한다. 법에 관한 우리의 배제주의적 논변이 부분적으로 법 자료에 의해 규정된 책무들을 이해하는 데 법의 내용에 관한 독자적인 이론은 필요치 않다고 주장하듯이, 스캔런은 타인들의 이익을 증진할 우리의 도덕적 책임을 이해하거나 혹은 우리 자신에게 좋도록 행위하는 방법을 이해하는 데 독자적인 복지 이론은 필요치 않다고 주장한다. 그 논변은 복잡하지만, 핵심은, 우리가 실용적 추론에 복지 개념을 끌어들일 수는 있지만 일반적으로 그것이 꼭 필요한 방법도 아니고 가장 직접적인 방법도 아니라는 것이다. 우리 자신의 경우, 복지의 윤곽이 불분명하기 때문에, 복지를 구성하는 다양한 요인에 대해 직접 추론하는 것이 적절하거나 더 낫다. 예컨대, 우리의 합리적인 목표들이 우리의 복지에 기여한다 할지라도, 우리는 그 목표들이 복지에 기여하기 때문에 그 목표들을 추구하는 것이 아니다. 제3자와 관련해서도 마찬가지인데, 도덕적이든 아니든 우리가 타인들의 복지에 관심을 갖는 것이 당연하다 해도, 최상의 복지 이론에 따라 인간의 삶을 더 좋게 만들어준다고 규정되는 모든 측면이 다 우리 책임은 아니라는 게 타당할 것이다. 어떤 경우든, 복지 이론은 우리의 추론에서 역할을 할 필요가 없는 듯하다.

나는 스캔런이 쟁점에 대단히 올바르게 접근하고 있다고 생각한다. 쟁점은 복지 이론이 담당하는 어떤 유의미한 실질적 역할이 있는가 하는 것이다. 그런 역할이 없다 해도 개인의 복지는 있을 수 있지만, 우리가 그것을 바로잡기 위해 애쓸 필요는 없다. 공교롭게도, 내 생각에 스캔런은 복지를 판단하는 실질적 역할을 다양한 방식으로 폄하하고 있다. 하나만 예를 들어보자. 비록 부모는 자녀의 복지에 대한 기여를 넘어 자녀의 목표와 열망에도 관심을 가져야 하지만, 그럼에도 불구하고 자신의 일차적 책임이 자녀의 복지를 모든 면에서 증진하기 위해 할 수 있는 바를 다 하는 데 있다고 생각하는 것 같다. 그것을 이해하자면 개인의 삶을 정말 전반적으로 더 좋게 만들어주는 것이 무엇인지를 생각해야 한다. 이는 정치의 차원에도 적용된다. 아동복지부라는 것이 지정될 만하다. 가정법원의 법관이 아동의 복지 혹은 최대 이익에 따라 양육권 분쟁을 다룰 때, 법관은 아동의 복지나 최대 이익이 정확히 어떤 것인지를 이해할 필요가 있다. 따라서 타인들의 이익에 대한 제3자의 모든 책임이 타인들의 복지 전체를 포괄하지는 않을지 몰라도 그중 어떤 책임은 그러하다.

복지 관념이 없다면 실용에 대한 숙고가 쓸모없을지에 대해 내가 잘못 판단한 것일 수 있다. 그렇지 않다고 본 스캔런이 옳을 수도 있다. 나는 복지를 하나의 비교 사례로 언급하고 있는 것이다. 왜냐하면 그것은, 실용에 대한 숙고에서 법 이론이 필요한 것인지, 아니면 반대로, 법을 건너뛴 채 어떤 정치적 사실들—입법부가 어떤 법규를 통과시킨 것과 같은—에 대해 특정한 입장을 취하고 있는 사람들에게서의 도덕적 의미로 직행해도 될 만큼 법이 그렇게 추상적인 것인지의 문제에서 관건이 되는 데 초점을 맞추도록 도와주기 때문이다.

앞서 말했듯이, 우리가 계속 법 이론을 필요로 하는 데는 두 가지 주된 이유가 있는 것 같다. 첫째, 여러 법 주체—개인, 입법자, 행정 공무원, (각기 다른 위치에 있는) 법관—가 법 자료들에 어떻게 대응해야 하는가에 관한 논쟁은 아주 당연하게도, 이러한 입장들에 속하는 사람들이 어떻게 현행법과 각기 다른 관계에 놓일 수 있는가—그들이 생각하는 법의 규범적 함의의 측면에서나, 행위하는 방법에 대한 그들의 결정이 법의 지속적 발전에 미치는 영향의 측면에서나—에 대한 논쟁으로 이해되기 때문이다. 둘째, 아마도 이것이 좀더 중요한 이유일 텐데, 입법자들은 자신들이 만드는 것이 다양한 법 주체에게서 다양한 함의를 갖는 정치적 사실들이라고 그다지 생각하지 못하기 때문이다. 법을 만드는 사람들의 생각에 어떤 일관성 있고 관리 가능한 구조가

무엇이 법을 만드는가

존재하려면, 그들은 자신들이 모든 관련 주체에게 그 주체들의 행위에 대한 정당한 요구로서 제시될 명령을 만들고 있다고 생각해야 한다.

한 가지 문제는?

그리하여 우리는 하나의 문제에 직면하게 되는 것 같다. 우리는 법이 무엇인가라는 문제가 중요하다는 생각을 포기할 수 없다. 하지만 법의 근거들에 대한 의견 불일치가 워낙 깊고 확고하다보니, 흔히 우리는 법의 본성에 대한 불합리하지 않은 어떤 이해에 기초해 법의 내용이 이러이러하다고 말하고 또 다른 이해에 기초해서는 다른 식으로 말하는 수밖에 없다. 다른 연구 분야들에서는 많은 이견이 존재하는 상황이 그리 곤혹스럽지 않을 수도 있고, 그러한 상황을 우리가 기꺼이 받아들였을 수도 있지만, 사회생활에서 법의 역할과 관련해서는 이런 경우 특히 곤혹스럽다. 특히, 그 집요한 의견 불일치가 일반적으로 받아들여지는 다양한 기준을 개별 사례들에 적용하는 방법에 대한 판단에서의 사례별 차이에 기인하는 것이 아니라 오히려 그러한 기준이 무엇인가에 관한 의견 불일치에 기인한다는 점이 곤혹스럽다. 법이라는 것에 대한 지극히 상이한 견해들에 기인한, 법의 근거들에 관한 의견 불일치는 주체들과 국가의 관계를, 그리고 국가를 통한 주체들 상호 간의 관계를 구조화하는 과정에서 법의 역할과는 양립할 수 없는 듯 보인다.

물론 나는 이런 답보 상태가 영구적이라는 것을 입증해 보이지 않았다. 그리고 좀더 많은 수렴은 불가능하다는 주장도 할 수 없다. 가장 유망한 일반 전략은, 법과 어떤 것의 관계에 대한, 즉 그 '어떤 것'의 본성에 대한 성찰에 따라 법에 대한 실증주의든 비실증주의든 받아들이게 되는 그런 관계에 대한 의견 일치를 계속 추구하는 것이리라. 나는 라즈(법과 권위)와 드워킨(법과 합법성)이 제시하는 이런 식의 접근이 성공적이지 않다고 말했지만, 그렇다고 해서 이런 식의 접근이 성공하지 못하리라고 증명한 것은 아니다. 그럼에도 불구하고, 결국 나는 우리 양 진영이 논증에 설득당해 생각을 바꾸게 될 것 같진 않다는 생각으로 기울어 있다. 양 진영에게는 다른 어떤 고찰도 법의 본성에 대한 각자의 애초 그림보다 더 설득력 있게 다가오지 않을 것이다. 이는 대단히 열성적인 공리주의자와 그에 대립되는 비非복지주의자 사이의 답보 상태와 약간 비슷하다. 서로 정반대의 윤리적 신념을 한곳으로 수렴하려는 지속적 노력이 부족해서, 그것이 철학적 관심을 불러일으키는 원인이 되는지는 여전히 논란거리다. 어떤 사람은 이것이 도덕 실재론에 대해 의문을 제기하는 것이라 말하고, 또 어떤 사람은 이를 부인한다. 하지만 법의 경우에 문제는, (단지) 수렴의 결여가 법 내용에 문제의 진실이 있다는 것에 대해 의문을 제기할 수도 있다는 것이 아니다. 바로 법 내용의 토대에 대한 믿음의 수렴이 결여되었다는 것은, 그 점이 우리 대부분이 우리의 신중하고 사회적인 삶에서 법에 부여하는 역할에 부합하지 않는 것처럼 보인다는 좀더 실용적인 면에서 문제가 된다.

법의 근거들에 대한 의견 불일치, 그럼에도 법의 내용을
이해하는 방법에 대한 의견 일치

법의 근거들에 관한 우리의 두 가지 설명에서 도덕적 고려 사항들에
상이한 역할이 부여된다는 것은 어떤 법 명제에 대한 양 진영 간의
생산적 논쟁이 때로는 가능하지 않으리라는 것을 의미한다. 2장에서
나는 뉴욕의 동성 혼인을 예로 들었다.

　도덕과 법의 근거들에 관한 두 견해는 적어도 미국을 비롯해 개인
의 권리가 헌법에 기술되어 있는 나라들에서는 언제나 법의 내용에
관한 의견 불일치를 초래하는가?[61] 어떤 사람들은 미국 수정헌법 제
14조의 평등 보호 조항이 미국 법의 일부로서, 동등한 대우라는 도
덕 원칙, 즉 "정부는 모든 사람을 동등한 지위를 가진 사람으로서 동
등한 관심을 기울여 대우해야 한다"(Dworkin 1996, 10)는 원칙을 규정
한다고 믿는다. 또 어떤 사람들은 평등 보호 조항이, 제정법이나 보통
법 원칙이 평등 보호 영역에서 도덕이 요구하는 바에 대한 그것의 견
해를 위반하는지 여부를 법의 테두리 밖에서 판단할 권한을 대법원
에 부여한다고 믿는다. 판결이 이뤄지고 선례 구속의 원칙이 진지하게
받아들여지면서 평등보호법의 몸체가 만들어진다. 하지만 분명 실증
주의자는 미국의 이른바 재건 시대 직후에는 평등보호법이라 할 만한
게 거의 존재하지 않았다고 말할 것이다.[62]

　평등 보호 조항을 이해하는 올바른 방법에 대한 합의가 없고, 모든
법이 그 조항을 충족시켜야 하니, 우리는 모든 법적 논증이 이 근본

적 의견 불일치와 충돌하게 되리라는 결과에 직면하는 것은 아닐까? 헌법과 대법원 판례에 대한 비도덕적 읽기에 입각해 위헌적이지 않은 어떤 제정법을 생각해보라. 또한 평등 보호에 대한 가장 도덕적인 읽기에 입각해 그 제정법이 이러한 권리를 침해한다고 가정해보라. 실증주의자는 그 제정법이 유효하다고 주장하고, 비실증주의자는 그것이 유효하지 않다고 주장한다. 그리고 그 의견 불일치를 해결할 수 있을 명백한 논변은 존재하지 않는다. 왜냐하면 그것은 법 자료들에 대한 경합적인 해석들에 달려 있는 것이 아니라, 도덕적 고려 사항들이 법의 근거에 속하는지에 관한 상이한 견해들에 달려 있기 때문이다.

하지만 그럼에도—평등 보호 조항이든 평등 보호 조항이 아니든—법의 근거들에 관한 의견 불일치가 언제나 법의 내용과 관련해 상이한 결론으로 이어지는 것은 아니다. 살인에 대한 10년 징역이 미국에서 위헌이라거나, 살인을 금지하는 법이 평등 보호법을 위반한다거나, 동성 간의 혼인이 오직 뉴욕의 법 아래서만 허용된다고 생각하는 사람은 없다. 비록 어떤 사람들은 이런 결론들이 부분적으로는 도덕 추론에 달려 있다고 주장하고 또 어떤 사람들은 그것을 부인한다 해도, 이런 명제들이 참인지에 관한 의견 일치는 그것들이 참인 이유에 관한 의견 일치에 달려 있지 않다. 물론 어쨌든 그것들이 참인 이유에 관한 부분적 합의는 존재한다. 실증주의자와 비실증주의자는 법의 근거들에 관해 의견이 꽤나 일치한다. 이것은 단지 그들이 개별 법적 문제에 대해 같은 결론을 내릴 수도 있다는 말이 아니다. 그들은 그러한 결론에 이르는 데 개입하는 수많은 요인과 관련해서도 의견이

무엇이 법을 만드는가

일치한다. 양 진영 다 타당하게 제정된 법령, 사법적 의사 결정, 헌법 조항 같은 법의 연원들이 법의 기원에 속한다는 데 동의한다.

물론 그러한 법의 연원들을 해석하는 방법, 그리고 법의 연원들에 두는 비중에서는 의견이 일치하지 않는다. 하지만 다시 한번 말하자면, 상당히 많은 사례에서, 법의 연원들에 대한 도덕적 읽기와 선례 구속의 원칙에의 도덕적 접근을 선호하는 사람들은 직선적인 비도덕적 해석을 제공하는 실증주의자들과 동일한 지점에 이를 수 있다. 비실증주의자들은 살인에 10년 형을 부과하는 제정법이 합헌이라는 데 동의하는데, 이것이 가혹하고 비정상적인 형벌에 해당된다는 설득력 있는 도덕적 사례가 존재하지 않는다는 이유에서다. 또한 살인을 범죄화하는 것이 평등 보호 조항에 위배되지 않는다고 보는데, 이는 "모든 사람을 동등한 지위를 가진 사람으로서 동등한 관심을 기울여 대우"하지 않는다는 설득력 있는 도덕적 사례가 존재하지 않는다는 이유에서다. 비실증주의자의 법에 대한 설명이 법의 테두리 안에 위치시키는 도덕 요소들은, 그것들이 언제나 원칙적으로 어떤 역할을 하고 있다 하더라도, 때로는 활성화되지 않는다.

다음과 같은 계약 사건을 가정해보자. 사건의 원고는, 1만 5000달러에 크루즈 세계 여행을 제공할 것이며 "10일 안에 당신이 의사 표시를 하지 않으면 승낙으로 간주한다"는 내용의 편지를 보낸 바 있고, 이러한 편지로써 일단 10일이 지난 후 구속력 있는 계약이 성립되었다고 주장한다. 청약 상대가 아무것도 하지 않고 아무 말도 하지 않으며 아무것도 의도하지 않았다 해도 말이다. 이런 경우 계약이 성립되지 않는다는 규칙은 명백한 보통법 선례 속에 잘 수립되어 있으며, 원고의 관점에서 보더라도 도덕적 명분은 매우 약하다. 만일 우리가 드워킨을 좇아, 계약법을 전체적으로 해석해 도덕적으로 가장 잘 보여주려 한다면, 그 청약 상대가 법적으로 구속받는다고 결론지을 근거는 없다.

그런데 법 자료들의 결정력이 떨어질수록, 그리고 해석의 쟁점들과 선례의 비중에 대한 합의가 적을수록, 비실증주의적 법 설명에 의해 인정되는 도덕 요소들이 더 많은 역할을 하리라는 것은 일반적으로 사실이다. 해석을 위한 자료 및 기준의 불확정성과 선례 비중의 불확정성은 실증주의 관점에서의 법에 그다지 도움이 안 되기 때문에, 실증주의자가 법이 무엇인지에 대한 질문에 결정적인 답은 없다고 믿는 영역으로 우리가 과감히 뛰어들 경우에만 법의 근거들에 대한 의견 불일치가 유의미다고 생각하는 것은 그럴듯하다. 만일 그렇다면, 그것은 실증주의적 접근에 대한 일종의 옹호처럼 보일 것이다. 하지만 유감스럽게도 그렇지가 않다. 계약법으로부터 끌어온 이 예에서 법 자료들의 결정력은 낮은 도덕적 이해관계와 부합한다. 하지만 늘 그런 것은 아니다.

약정된 것이 있는 어떤 계약의 위반에 따른 손해의 문제를 생각해보자. 여기서 기대치를 배상하는 것이 기본 구제책이라는 규칙은 보통법의 그 어떤 것 못지않게 분명한 선례 속에 확립되어 있다. 하지만 도덕의 관점에서는 현실적으로 생각해볼 것이 많다. 계약 이론가들은 오히려 신뢰 손해배상, 강제 이행 등이 기본 구제책이 되어야 하는가

무엇이 법을 만드는가

에 대해 끝없이 논쟁을 벌이고 있다. 만일 우리가 계약법 전체를 도덕적으로 해석한다면, 계약법이 (이미) 강제 이행이라는 구제책을 좀더 일반적으로 이용할 수 있도록 규정하고 있다고 결론 내리는 게 타당할 수 있다. 이 때문에 우리가 계약법에 관한 법관들의 많은 이전 판결이 잘못됐다는 결론에 이를 수밖에 없음에도 불구하고 말이다.

그런데, 어떤 그럴듯한 비실증주의 관점에서는 현존하는 법의 연원들로부터의 결정적 지침이 법이 무엇인가에 대한 탐구를 상당히 제약하는 게 사실이다. 따라서 도덕이라는 쟁점이 유효한 쟁점일 때조차, 원천 법의 결정력은 법의 근거들에 대한 의견 불일치가 끼여드는 정도에 영향을 미칠 것이다.

내 말이, 모든 사람이 법이라고 동의하는 게 바로 법이라는 견해로 요약되는 것은 아니라는 점이 중요하다.[63] 심지어 고려해야 하는 모든 중요한 요소에 대해 다들 동의할 때도 법의 내용에 대한 상당한 의견 불일치가 있을 수 있다. 미국 통일상법전Uniform Commercial Code §2-207에서 오직 하나의 계약 형식만 존재하는 경우에는 적용되지 않는다고 말한 이스터브룩 판사는 과연 옳았을까?[64] 어떤 실질적인 논쟁이 필요한데, 이 법령의 맥락에서 우리 모두는 그 법령 텍스트의 일반적인 의미가—전체적으로 읽히고 해석적인 선례와 함께 읽히는—이 질문에 대한 답을 제공한다는 데 동의하기 때문이다. 계약에 관한 보통법 대부분은 이러한 의미에서도 구체적이다. 한 특정 국가의 법은 '(제2차) 미국계약법Restatement (Second) of Contracts' §87(1)(a)의 견해를, 즉 "하나의 제안은 그것이 (…) 문서로 작성되고, 제안자의 서명을 받고, 그 제안의 성립을 위한 약인約因을 상술할 때 선택권부 계약으로서 구속력이 있다"라는 견해를 받아들이는가? 법에 이 형식적 장치가 포함되기도 하고 그렇지 않기도 한다. 설령 이런 장치를 갖는 게 좋다 해도, 도덕적으로 말해서 이는, 이전 판례법에 그것의 흔적이 없는 한은 그것이 거기 이미 있다는 것을 의미할 수 없다. 하지만 그러한 장치가 제안을 취소 불가능하게 만드는 법적으로 유효한 방법이라고 결론지을 수 있을 만큼 이전 판례법이 그 장치의 흔적을 충분히 담고 있는지는 실질적인 논쟁거리가 될 수 있다.

한 번 더: 법의 근거들에 관한 의견 불일치가 중요한가?

도덕적 고려 사항들이 법의 근거들에 속하는지에 대한 광범위한 의견 불일치가 존재한다 해도, 우리는 법에 관한 생산적인 논의에 계속 참여할 수 있다. 하지만 법의 근거들에 대한 상이한 견해들이 현행법이 무엇인가에 관한 상이한 결론들로 이어지는 그런 법적 질문들이 많다. 미국 등 어떤 곳에는 그런 질문이 수없이 많으며, 그중 상당수는 매우 중요한 질문이다. 이것이 중요한가? 변호사들은 여전히 예측적인 조언을 해줄 수 있고, 법관들은 자신이 법을 적용하는 것인지 법을 만드는 것인지 신경 쓰지 않고 자신의 법적 의사 결정 이론을 활용할 수 있다. 그리고 시민들에게도, 법이라는 것에 대한 어떤 식의 이해에 따르면 어떤 일이 법에 위배되지만 다른 식의 이해에 따르면 그렇지 않다는 것이 어쩌면 우리가 말할 수 있는 최선이라는 깨달음은, 법 내용을 이해하는 방법에 대한 이런 엄연한 답보 상태가 일반적인 경우가 아닌 한 그리 중요하지 않을 수 있다. 하나 말해두어야 할 것은, 법 명제들의 어떤 부분집합에 있어서는 법이라는 것에 대한 현저한 의견 불일치가 법의 내용이라는 문제에 대한 상이한 답변들로 이어진다는 것이고, 다른 하나는 이러한 사실이 모든 혹은 대부분의 법 명제에 해당된다는 것이다.

우리는 법이 무엇인지 알 필요가 있는 만큼 무엇이 법을 만드는지 알 필요가 있다. 그런데 공교롭게도, 무엇이 법을 만드는가에 관해 현격한 의견 불일치가 있는데도 불구하고 법이 무엇인가에 대해서, 그리고 법을 이해하는 방법에 대해서는 상당한 합의가 이루어져 있다. 내가 생각하기에, 수많은 법 실천자와 학자들이 법의 본성에 관한 논쟁에 무관심하게 된 것은 이 때문이다. 만일 법에 관한 두 가지 관점이 언제나 현행법의 내용에 관한 상이한 결론으로 이어진다면 상황은 많이 달라질 것이다.

법의 본성에 관한 논쟁이 중요할 수 있는 범위와 방식에 대해서는 9장에서 다시 다룰 것이다.

7장

법의 규범적 힘

앞 장에서 나는 법의 근거들에 대한 논쟁이 시간 낭비일 수 있음을 살펴봤는데, 그렇다 해도 그것은 분명 다루기 힘들기 때문보다는, 결국 중요하지 않은 것에 관한 문제이기 때문이다. 훌륭한 통치 이론들(합법성, 정의, 법치주의를 포괄하는)을, 개인의 행위가 어떻게 법 제도의 반응을 불러일으킬 것인지 예측하는 능력을, 그리고 법 자료들의 세심하고 도덕적인 관련성에 대한 이론들(각각의 법 주체별로 다른)을 가지고 있는 한, 우리는 현행법의 내용을 결정하는 방법에 관해 설명할 필요가 없다. 이런 배제주의적 견해가 터무니없어 보이지 않더라도, 결국 우리는 그것을 받아들이지 말아야 한다. 사람들은 법을 행위의 이유의 원천으로 간주하는 하트의 의미에서 법을 받아들이며, 각기 다른 종류의 법 주체(사적 주체, 여러 종류의 공무원)는 법에 대한 각기 다른 입장에서 그들의 실제 상황의 법적 양상의 차이—그들에게서 법이 갖는 상이한 규범적 함의와 그들의 결정이 법의 발전에 미치는 상이한 영향—를 가장 자연스럽게 설명해준다. 현행법의 내용에 대한 신념을 실질적 숙고에서 추방하려는 왜곡된 인위성은 입법자의 사고방식을 고려할 때 매우 분명하다. 입법자들은 자신들의 제도적 역할에 의지하는 사람들에게 다양한 실질적 중요성을 띠게 될 법자료들을 스스로 창조하고 있다고 생각하지 않는다. 입법자들은 자신들이 우리의 행위에 대한 타당한 요구들을 포함하는, 법적 명령 및 권한을 부여하는 법적 체계를 (정당하게) 만들고 있다고 생각한다. 설령 입법자들이 이런 식으로 생각하는 것을 그만둬야 한다 해도, 그들에게 유용한 어떤 논리적 사고방식이 존재하는지는 불분명하다.

한데, 많은 사람이 법 규범에 따라 행위할 의사를 갖고 있는 것은 사실이지만 당연히 그런 의사를 가져야 하는 것인지는 분명치 않다. 법을 받아들여야 하는 세심하고 도덕적인 이유들이 사실상 존재하는가 하는 문제가 남아 있다. 나는 법의 도덕적 힘—법을 준수할 일응의 책무가 존재하는가 하는 오래된 철학적 쟁점—에 초점을 두고 있다. 이 문제에 대한 답은 우리의 탐구 전반에 걸쳐 분명 중요하다. 법을 준수해야 하는 어떤 확고한 도덕적 이유가 있다면 법의 내용이 무엇인지가 분명 중요하기 때문이다.

하지만 먼저 몇 가지 예비적인 문제를 살펴보자.

법, 그리고 동기로 작용하는 이유들

법의 명령 이론에 대한 하트의 반박은 두 가지 뚜렷한 쟁점에 초점을 맞추고 있다. 3장에서 이야기한 것처럼, 그는 명령 이론이 헌법 연관

무엇이 법을 만드는가

성이나 명령적이지 않은 법 규칙들을 해명해주지 못하기 때문에 법의 근거들에 대한 설명으로 적합하지 않다고 주장했다. 하지만 하트에게 마찬가지로 중요한 것은, 법 규범을 권력자들에 의한 위협과 동일시하는 것이 인간의 현실 삶에서 법이 실제 담당하는 심의 기능을 왜곡하는 결과를 낳았다는 그의 관찰이었다. 여기서 그의 주된 주장은, 설명으로서 언제나 명확하진 않더라도, 설명적이다. 대부분의 많은 사람에게서 법 규범은 단지 있을 수 있는 행위들―맥락에 따라 가격이 달라지는―에 대해 가격을 정하는 것이 아니다. 일반적으로 우리는 "오직 이 경우에 한해" 법을 준수하는 데 따르는 대가나 이득에 대해 숙고하는 것이 아니라, 법 일반의 '이유를 부여하는 힘'을 받아들인다.

이러한 설명적 의견은 누구나 반드시 법 규범을 받아들여야 하는 일반적 이유가 존재하지 않는다는 것과 완전히 양립 가능하며, 또한 사람들이 사실상 법 규범을 받아들이는 아주 많은 이유와 양립 가능하다. 따라서 나는 이기심이나 도덕적 책무의 차원에서, 혹은 그저 순응을 위해서 법 규범을 받아들일 수도 있다(Hart 1994, 203). 바로 이것이 하트적 실증주의자들에게서 법이 하나의 게임에 비유될 수 있게 해주는 점이다. 게임의 규칙은 바로 규칙들이 존재한다는 것이다. 일단 당신이 게임을 하고자 한다면, 당신이 취할 수 있는 옳고 그른 움직임들이 있다. 대부분의 게임 참여자는 옳은 움직임을 취하고 싶어하지 그릇된 움직임을 취하고 싶어하지 않을 것이다. 하지만 법 규칙들이 어떤 사람들의 숙고를 초래하는 방식에 대한 이 설명에는, 누군가 이 게임을 해야 하는 이유―도덕적이건 아니건―를 제공하는 것은 하나도 없다.

여기서 표면적으로는 켈젠의 입장과 하트의 입장이 다르다. 3장에서도 봤듯이 켈젠에게서는 효력 있는 법 규범이 진정 어떤 "의무"를 제공하며, 따라서 법체계의 기초는 하나의 의무 — 근본 규범 — 다. 하지만 사실, "효력"이 의무를 함의하는지에 대한 논란을 배제한 채, 반세기 이상에 걸쳐 진전되어온 켈젠의 사상에 대한 정확한 규정을 시도하지 않은 채, 우리는 두 입장이 동일하다고 말할 수 있다. 켈젠에게서는 사회적 사실들이 법의 내용을 결정하지만, 그 생기 없는 사실들을 책무로써 활성화하려면 어떤 특별한 규범이 요구된다. 그 특별한 규범은 그 자체의 실질적 내용은 가지고 있지 않다. 그것은 단지, 효력 있는 헌법에 따라 제정된 규범들이 준수되어야 한다고 말할 뿐이다. "법과학자"로서 글을 쓰는 사람들은 근본 규범을 실제로 받아들이거나 "전제하지" 않고도 법 효력의 기준들을 논할 수 있다. 과학자의 관점은, 마치 효력(책무)의 근거가 될 근본 규범이 전제된 것처럼 법이라는 규범 체계를 기술하게 해주는 관점이다. 우리는 법을 하나의 규범 체계로서, 즉 하나의 규칙과 원칙의 체계로서 충분히 이해할 수 있다. 또한 우리는, 많은 사람에게서 그 체계는, 누구든 법에 조금이라도 주의를 기울여야 하는 어떤 단정적 이유가 사실상 존재하는가 하는 또 다른 문제에 대해 어떤 입장을 취하지 않은 채, 동기로 작용하는 이유들의 원천이 된다고 말할 수 있다(Kelsen 1967, 201~205·217~219; Raz 1979, 134~143).

도덕적·법적 책무

하지만 실증주의자 역시 법이 있는 곳에는 책무도 존재한다고 가정하지 않던가? 하트는 어떤 법 이론이든 법이 "어떤 점에서" 행위를 의무적인 것으로 만드는지 그 이치를 설명해야 한다고 적었다. 그렇다고 이것이 법 이론은 법 규범이 사실상 가지고 있는 도덕적 힘에 대해 설명해야 한다는 뜻은 아니었다.[65] 그가 그런 유의 말을 하는 데 가장 가까이 다가갔을 때조차 그는 거듭 정반대되는 주장을 하는 중이었다. 법의 효력이 도덕적 책무의 문제를 해결해주지 못한다는 점은 하트에게서는 전체적인 실증주의적 관점을 자극하는 근본 요소들 중 하나였다.

오늘날 어떤 법철학자들은 마치 실증주의 이론이 그와 같은 법이 어떻게 우리에게 행위의 현실적 이유를 제공할 수 있는지 설명해야 하는 것인 양 적고 있다(예를 들어 Coleman 2001a, 74~102). 이는 당혹스러운 일이다. 왜냐하면 법의 내용이 전적으로 사회적 사실에 근거하고 있다면, 법이 법을 준수해야 하는 진정한 이유를 언제나 내놓지는 못하리라는 것은 분명해 보이기 때문이다. 법적 효력이 있는 규칙들의 내용이 무엇이고 창안 방식이 무엇이든 상관없이 단지 그것들이 존재하기 때문에 우리가 그것들을 준수할 일반적인 이유는 있을 수 없다. 보다 중요한 점은, 법의 내용이 사회적 사실에 근거를 두고 있다는 근본적인 믿음에서 출발할 경우, 법을 준수해야 하는 진정한 이유가 언제나 존재한다는 생각이 어떻게 생겨나는지 알기 어렵다는 것이다.

이 복합적인 관점의 동기는 이해하기 힘들다.

하트가, 법 이론은 법이 책무의 원천이 되는 이치를 설명해야 한다고 적을 때 염두에 둔 것은 전혀 달랐다. 하트는 여기에 법적 책무가 존재하며, 법 이론은 그것의 존재를 설명할 수 있어야 한다고 믿었다. 니컬라 레이시(Lacey 2006, 354)에 따르면, 하트는 생을 마칠 때까지 법적 책무의 존재 조건에 대해 고민했다. 내가 보기에 이것은 불행한 일이다. 왜냐하면 법적 책무가 무엇인가에 대한 의견 불일치는 법의 근거들에 대한 의견 불일치만큼이나 다루기 힘들어 보이지만 법적 책무의 경우 중요한 것은 아무것도 걸려 있지 않은 듯 보이기 때문이다.

하트(Hart 1982, 127~161)는 1996년에 쓴 「법적 의무와 책무Legal Duty and Obligation」[66]라는 글에서, 법적 책무의 개념이 도덕적 책무의 개념과 구별된다고 주장한다. 따라서 그는 도덕적 책무가 주변에 있는 유일한 실제 책무라는 라즈와 드워킨 입장을 다 거부한다. 하트의 입장은 표면적으로는 그럴듯해 보인다. 하지만 그렇다면 무엇이 법적 책무인가? 하트가 해줄 수 있을 간단한 답변이 하나 있다. 의무를 부과하는 어떤 효력 있는 법 규칙에 종속될 때 우리는 법적 책무를 갖게 된다는 것이다. 이는 법적 책무 개념을 전적으로 체제 내적인 것으로 간주하는 것이다. 이것은, 이러한 설명을 따를 경우 법적 책무는 예절의 의무에 의해 부과된 책무나 우리가 하고 있는 게임의 규칙들에 의해 부과된 책무들보다 더 실제적일 게 없다는 반박을 불러일으킨다. 내가 보기엔 하트를 따르는 실증주의자라면 이런 결과를 기꺼이 수용해야겠지만, 하트는 분명 이런 설명이 설득력 있다고 보지 않았다.

무엇이 법을 만드는가

그 이유는 그가 언제나 도덕적 책무에 관해 환원주의적이고 비실재적인 설명에 끌렸다는 데 있다고 나는 생각한다. 이런 식의 설명이 도덕의 경우에 적절하다면, 법에도 그런 식으로 설명하는 것이 자연스럽다. 이러한 관점에서, 도덕의 규범적 우선권은 없다. 두 경우 모두에서, 사람들이 다양한 종류의 도덕적 책무가 존재한다고 말하게 되는 조건들을 설명하는 것이 과제다. 반대로, 만약 우리가 실재의 객관적인 도덕적 책무 혹은 행위의 이유라는 관념을 납득할 수 있다면, 법적 책무와 관련해 중요한 문제는 법적 책무가 도덕적 책무를 함축하는가 아닌가 하는 것이다.

　『법의 개념』에서 하트는 사회 규칙들에 대한 대략적 설명의 차원에서 도덕적 책무와 법적 책무의 존재를 설명했다. "규칙 준수에 대한 보편적 요구가 확고하며 규칙을 벗어나거나 위협하는 자들에게 가해지는 사회적 압력이 클 때, 규칙들은 책무를 부과한다고 이해되고 이야기된다." 그러므로 우리는 어떤 뚜렷한 감정의 연루, 강제의 역할, 의도적 변화의 가능성 등을 지적함으로써 도덕적 책무와 법적 책무를 구별해야 한다(Hart 1994, 82~91·167~180). 도덕에 적용된, 규칙들과 규칙들이 책무를 발생시키는 조건들에 대한 하트의 설명은 즉각 드워킨을 비롯한 다른 사람들의 공격을 받았으며, 그것은 그가 『법의 개념』「후기」에서 이제 자신은 사회 규칙에 대한 그 설명이 오직 법의 경우에만 적절하다고 생각한다면서 분명하게 부인한(Hart 1994, 254~259) 부분이다. 하지만 엄밀히 따지면 이러한 철회는 도덕 규칙들이 어떤 의미에서는 관습적인 것인지 여부와 관련 있었다. 하트는 도덕적 책무와 법적 책무에 대한 순전히 사회학적이고 환원주의적인 접근을 포기하지 않았다. 하트의 언급이 분명히 해주는 것은, 그가 단지 어떤 특별한 종류의 규칙이 어떤 사회에 존재한다고 말할 수 있는 조건은 무엇인지에 대한 설명을 두 가지 책무 모두와 관련해 제시할 뿐이라는 점이다. 실재론이나 객관주의와 관련된 사람들이 실재의 책무로 여길 만한 것이 무엇인가 하는 문제는 쉽게 맞설 만한 것이 아니다.[67]

하지만 도덕적 책무에 대한 객관주의적 입장을 당연시하면서 여전히 하트의 법적 책무에 대한 논의의 이점을 취하는 것은 가능하다. 도덕적 책무를 별개의 문제로 제쳐둘 때 남는 것은, 단지 효력 있는 어떤 법체계―그것의 주체들이 일반적으로 준수한다는 의미에서 효력 있는―와 (우리가 보기에) 기술적記述的으로 정당한 어떤 법체계―준수에의 요구와 그 요구의 정당성에 대한 일반적 수용이란 점에서 정당한―의 차이에 관한 흥미로운 문제다(Hart 1982, 160).

만일 이것이 하트를 이해하는 올바른 방법이라면, 우리에게 남겨진 것은 법적 책무의 성격 혹은 개념에 관한 논쟁일 것이다. 여기에는 세 가지 경쟁적인 설명이 있다. 법적 책무는 모든 효력 있는 의무 부과 규칙에 결부된다는 순수하게 명목적인 설명, 도덕적 책무가 없으면 법적 책무도 없다는 도덕적 설명, 그리고 하트의 사회학적 설명이다.

이는 순전히 언어적 논쟁인 것처럼 보인다. 법적 책무의 관념을 도덕적 책무가 존재하는 경우들에 한정시키는 것이 설득력 있지만, 이를 부정하는 것도 설득력 있다. 법적 책무의 관념을 사실들이 하트의 사회학적 설명에 부합하는 경우에 한정시키는 것이 설득력 있지만, 그

무엇이 법을 만드는가

렇게 하지 않는 것도 설득력 있다. 체제 비판적인 이웃을 비밀경찰에 고발할 법적 책무가 있다고 어떤 사람이 말한다고 가정해보자. 법적 책무의 성격 혹은 개념에 관한 한, 여러 반응이 나올 수 있을 듯싶다. '아니다, 그래야 할 책무는 없다. 사실 그것은 비도덕적인 일일 것이다.' '그렇다, 그 법이 효력 있는 만큼 법적 책무는 존재한다. 하지만 그래야 할 도덕적 이유는 없다.' '아니다, 당국 말고는 누구도 그 법 규칙이 준수되리라고 기대하지 않을 것이므로 법적 책무는 존재하지 않는다.' 이것들은 법적 책무가 무엇인가를 이해하는 다양한 설득력 있는 방식일 뿐이며, 나는 이들 중 어느 하나가 최고라고 주장할 의도가 전혀 없다.

하지만 이는 중요하지 않다. 왜냐하면 우리는 법적 책무라는 관념을 필요로 하지 않기 때문이다. 우리는 현행법의 내용과 도덕적 책무라는 관념을 가지고 있다. 전자가 중요하다는 것은 이전 장과 현재 장의 주장이다. 후자는 분명 중요하다. 하트의 논의는 역시 기억할 가치가 있는 세 번째 기준을 환기한다. 효력 있는 법의 내용과 도덕적 책무에 더해서, 기술적記述的 의미에서의 법의 정당성이라는 문제가 있다. 효력, 도덕적 책무, 기술적 정당성이라는 이 세 가지 쟁점 모두가 중요하다. 하지만 법적 책무라는 관념을 이용하지 않고도 이 쟁점 각각을 다룰 수 있다는 것 또한 분명하다. 법적 책무의 조건들에 대한 주장이 제기되면 쉽게 모호함을 해소하고 다른 용어를 사용해 논의를 계속할 수 있다. 그 번역에서 잃을 것은 없을 것이다.

권위, 정당성, 정치적 책무: 몇 가지 정의

대부분의 법철학자의 연구와 일치하는 듯 보이는 약정적 정의定義에 의해, (실재의, 법적인, 정당한) 정치적 권위를 가졌다는 것은 타인들의 도덕적 책무를 규정할 위치에 있다는 것, 즉 타인들의 도덕적 책무를 규정할 권리와 능력을 가졌다는 것이라고 우리는 말할 수 있다(예컨대 Raz 1985를 보라). 그러므로 법을 준수해야 하는 일반적인 도덕적 책무를 띤 주체들이 없다면 정치적 권위도 없으며, 그 역도 마찬가지다. 나는 언제나 이런 권위 개념이 정치철학에는 그리 유용하지 않다고 봤다. 왜냐하면 그것이 현실의 정부와 법 주체들이 자신들의 관계를 이해하는 방식—적어도 국왕의 신성불가침의 권리라는 이념이 소멸한 이후의—에는 맞지 않아 보이기 때문이다(Buchanan 2007, 233~260을 보라). 내가 생각하기에 일반적으로 국가는 명령을 내리고 집행할 권리를 주장하는데, 이것이 남기는 문제는 국가가 또한 법 주체들이 준수할 도덕적 책무를 띤다고 주장하는가 하는 것이다.

어쨌든 여기서 우리의 관심은 국가가 주장하는 바가 무엇인지가 아니라 도덕적으로 무엇이 문제인지에 있다. 쟁점은 두 가지다. 국가가 명령을 내리고 집행하는 것이 정당화되는가, 그리고 법 주체들은 준수할 의무가 있는가. 어떤 철학자들은 "정당성Legitimacy"이라는 용어를 협소하게 사용해, 이 중 첫 번째 쟁점에만 결부시킨다. 그런가 하면 다른 철학자들은 두 조건이 충족되지 않는 한 법체계는 정당한 것으로 간주될 수 없다고 주장하며, 정당성 개념을 앞서 정의된 권위의 개념에 접근시킨다(예컨대 Simmons 2001, 137). 용어와 관련된 이런 다양성의 배후에는 중요한 도덕 문제가—준수할 일반적 의무가 없는데도 사람들에게 다양한 방법으로 행동하도록 지시하고 그것을 힘으로 뒷받침하는 일이 정당성을 띨 수 있는가, 혹은 그 역—놓여 있다. 이러한 도덕 문제에 대한 나 자신의 답은 '그렇다'이기 때문에, 용어상 "정당성"을 명령을 말하고 집행하는 것의 도덕적 정당화라는 좁은 의미에서 사용하는 것이 편리하다(이에 대한 논의로는 Edmundson 1998, 7~47을 보라).

관련 있는 한 가지 도덕 문제는 법 주체들이 국가를 구성하는 기관들을 지지할 어떤 일반적 의무를 띠는가 하는 것이다. 이 문제는 "정치적 책무"의 문제로 불리는 게 가장 자연스럽고, 그래서 나는 그 용어를 사용한다. (여기서도 용어와 관련된 다양성이 존재하는데, 많은 저자가 법을 따를 책무를 언급할 때 "정치적 책무"라는 말을 사용하기 때문이다.) 나는 이 책에서 정당성이나 정치적 책무라는 문제를, 그것들이 법을 준수할 의무와 관련된 상이한 견해들에 연루될 때 다룰 뿐, 별도로 다루지는 않는다.

준수 의무와 법 이론

법을 준수할 책무가 존재하는가의 문제는 법의 근거들이라는 문제와 직접적으로 상호 작용을 하는데, 이것이 최초의 문제를 제기한다.

드워킨은 법적 권리와 책무가 일반적으로 말해서 실재의—즉 객관적이고 도덕적인—권리와 의무라는 전제하에 법의 근거들에 관한 이론에 접근한다. 이런 식으로 접근할 때, 하나의 규범이 도덕적 힘을 가진 것으로 간주되는 것이 설득력 있는지의 문제는 그 규범이 애초에 하나의 법 규범인지에 대한 탐구의 일부가 된다. 실증주의는 법이 도덕적으로 의미가 없다고 가정하지 않는다. 하지만 실증주의는 법이 도덕적으로 의미 있다는 믿음이 법의 내용에 대한 우리의 탐구를 지배할 수는 없다고 주장한다.[68] 이는 심지어 라즈의 경우에도 참인데, 그의 견해에 따르면 법은 법에 의해 우리에게 준수의 진정한 책무가 주어진다고 주장하지만, 그는 이런 주장이 좀더 참으로 드러나도록 우리가 법을 해석해야 한다고 생각하지 않는다. 사실 그는, 주변에 효력 있는 법이 많더라도 대개는 이러한 주장이 거짓이라고 본다(Raz 1979, 233~249; 1994, 325~338).

앞서 살펴본 것처럼 켈젠은 근본 규범이 전제되어 있는 한, 법은 진정으로 규범적이라고 주장했다. 그가 규범을 전제함으로써 의미한 것이 무엇인지, 그리고 법의 규범성이 그에게서 의미한 것이 무엇인지에 대한 흥미로운 학문적 논쟁이 있다. 3장에서 논했듯이, 그가 법의 규범성을—그것이 존재하는 경우—도덕과 정의의 규범성과 동일시한다고 해석하는 것이 가능하지만, 또한 그가 순수 이론의 순수성에 따라 그것들이 모두 별개라고 주장한다고 해석하는 것도 가능하다. 하지만 당장의 목표를 고려할 때, 켈젠을 규범성에 입각해 가장 잘 해석할 수 있는지에 대해 논쟁할 필요는 없다. 법이 도덕(그리고 이기적 합리성)과

무엇이 법을 만드는가

구별되는 당위의 원천이라고 켈젠이 믿었다고 상정해보자. 우리는 그런 견해는 한쪽으로 밀쳐둬도 된다. 법 실천들에서 비롯된, 행동의 명확한 이유들의 한 변별적 범위라는 생각은 이해하기 어렵고 또한 타당해 보이지 않는다. 만일 법이 현실적 책무를 발생시킨다면, 이는 도덕적 책무가 될 것이다. 다른 한편, 켈젠은 법적 당위가 도덕적 당위와 다르지 않다고 믿었다고 가정한다면 우리는 그의 입장을 따르지 않을 다른 근거들을 갖게 된다. 켈젠의 견해와 그 견해의 진전에 대해 다른 이야기도 가능하기 때문에, 도덕적 객관성에 대한 그의 평생에 걸친 거부를 고려하는 것이 중요하다. 하트와 마찬가지로, 켈젠은 효력 있는 법과 객관적인 도덕적 책무의 관계에 대해 단순히 하나의 견해를 제시하지는 않았다.[69]

도덕철학과 정치철학에서 법 준수의 책무에 대한 논의 대부분은 암묵적으로 실증주의 입장을 상정하고 있다. 이러한 논의들은 법이 어떤 내용이든 가질 수 있으며, 민주주의 정부건 독재 정부건 모든 종류의 정부에 의해 제정될 수 있다는 것을 당연시한다. 따라서 이러한 탐구들이 통상 법을 준수해야 하는 일반적 의무란 존재하지 않는다는 결론으로 이어지는 것은 놀라울 게 없다(비실증주의자는 조용히 지켜볼 수 있다).

그러므로 우리는 법의 근거들에 대해 어떤 입장을 취하지 않은 채 준수의 의무라는 문제를 다룰 순 없을 것이다(Soper 2002). 이는 안타까운 일이다. 만일 법의 규범적 힘이 존재한다면, 그것은 먼저 법의 근거들에 대해 탐구해야 할 한 가지 주된 이유가 될 것이기 때문이다.

하지만 이 문제는, 만일 우리가 앞 장에서 기술된 법의 근거들에 관한 그럴듯한 설명들의 중첩되는 영역에 논의를 한정한다면 피할 수 있을 것이다. 우리가 보았듯, 실증주의자의 설명과 비실증주의자의 설명은 법 내용을 결정하는 데 관여하는 요인들에 있어 많은 경우 의견이 일치한다. 준수의 의무를 논할 때 우리가 염두에 두어야 하는 것은 사형, 동성 혼인, 성인들 간의 합의에 의한 성행위 등이 아니라 오히려 도로법, 주의注意 의무, 계약법에서의 성립 원칙, 절도에 대한 법 같은 것이다.

전통적인 질문은 법 자체를 준수할—법의 내용이나 심지어 법이 만들어진 방식 때문이 아니라 단지 그것이 법이기 때문에—의무가 존재하는가 하는 것이므로, 몇몇 이론에 근거해 법으로 간주되는 몇 가지에만 이렇게 좁게 초점을 맞추는 것은 답을 찾을 수 없게 만드는 일이라고 반박될 수 있다. 하지만 사실 그것은 긍정의 답을 옹호할 수 없게 만드는 일일 뿐이다. 만일 중첩되는 법을 준수해야 하는, 내용과 무관한 일응의 의무가 존재하지 않는다면, 법을 준수해야 하는, 내용과 무관한 일응의 의무는 존재하지 않을 것이다. 이것이 내 결론이 될 것이다.

일반적인 준수 의무가 존재한다고 가정하는 드워킨의 것과 같은 법 이론의 함의들과 그 문제를 미해결로 남겨두는 법 이론의 함의들 속에는 그 어떤 중첩도 있을 수 없다는 것이 좀더 구체적인 하나의 반론이다.[70] 실증주의 이론과 비실증주의 이론은 어떤 법 문제의 답을 찾는 데 중요한 요인들과 관련해 많은 경우 일치를 보일 것이라는, 앞 장

무엇이 법을 만드는가

에서의 내 주장은 이 쟁점을 무시한 것이었다. 비실증주의는 법의 내용을 결정하는 데 도덕적 고려 사항들이 언제나 역할을 한다는 견해다. 하지만 법적 의무는 본성상 실재의 도덕적 의무라는 변별적 주장을 비실증주의에 더할 경우, 우리는 여전히 실증주의 이론들과 중첩된다고 생각할 수 있을까? 그럴 수 없다고 생각된다. 왜냐하면 드워킨적 비실증주의에서는 법 문제들에 답하는 사람들의 자격이 실증주의의 접근의 경우와는 명확히 다르기 때문이다. 드워킨주의자들에게는 법의 명령을 따를 일반적 의무가 있는가의 문제가 공허하다. 그러니 내가 중첩되는 것의 규범적 힘을 탐구할 때 이런 식의 비실증주의는 제쳐두어야 하지 않았을까?

나는 그렇게 생각하지 않는다. 법적 권리와 책무가 실재의 (도덕적) 권리와 책무라고 법의 근거들에 관한 하나의 이론이 간단히 말할 수는 없다. 그것은 우리가 법의 내용을 결정하는 데 도움이 안 된다. 우리가 필요로 하는 것은, 드워킨의 해석주의적인 도덕적 읽기처럼, 법이 무엇인지를 어떻게 이해할지 알려주는 설명이다. 그러한 설명은 법적 권리와 책무가 실재의 권리와 책무라는 해석적 가정에 의해 부분적으로 형성되었을 수 있으며, 따라서 도덕적 읽기의 내용은 부분적으로는 준수 의무에 관한 어떤 이론—드워킨의 경우는 이 장 뒷부분에서 다뤄질 연합적 책무 이론—에 의존하게 될 것이다. 그렇다고 이것이, 준수 의무 이론을 받아들이지 않는 한 이러한 설명에 따라 법이 무엇인지를 말할 수는 없다는 것을 의미하진 않는다. 일단 중첩되는 영역을 결정했다면, 우리는 부분적으로 해석주의자의 도덕적 읽기를 형성한 준수 의무에 대한 설명이 실제로 일반적인 준수 의무를 확립하는지 물을 수 있다.

준수 의무—개인들

우리의 질문은 법을 준수해야 하는 일응의 의무가 존재하느냐는 것이다. 일응의 의무는 충분한 도덕적 무게를 지닌 다른 요인들에 의해 특정 경우에 무시될 수 있었던 의무다. 나는 법의 내용이 무엇이든, 법을 준수해야 하는 절대적인 혹은 무시할 수 없는 의무에 대한 어떤 논변도 알지 못한다. 그리고 법 준수 의무를 우리는 법 자체를 준수해야 하는 의무로 이해한다. 그것이 법이기 때문이지, 그 법의 내용이나 그것이 만들어진 방식 때문은 아닌 것이다(Green 1988, 225~226).

나는 법 준수의 의무에 대해 가장 잘 알려진 의무론적 논변, 즉 실제 계약 혹은 동의에 관한 로크의 논변에 대해서는 더 말할 것이 없다. 『인간 본성론Treatise of Human Nature』과 「원초적 계약에 대해Of the Original Contract」에서 이런 설명에 반대한 흄의 논변의 두 가지 요소는 설득력 있다. 내가 어떤 국가의 귀화 시민이 되면서 법을 준수할 것을 약속했다고 가정해보자.[71] 그 경우에 대해 여기서 논할 순 없지만, 나는 약속을 지켜야 하는 의무 그 자체가 도구적 근거를 갖는다는 흄의 생각에 동의한다. 어떤 이방인이 해야 하는 약속이 아닐 때는 다른 도덕적 요소들이 중요하더라도, 나는 주로 약속을 지키는 관행의 가치 때문에 약속을 지켜야 하는 것이다. 하지만 만약 그렇다면, 법 준수의 도구적 근거—일반적인 준수의 관행이 일반적으로 가져올 선 善—를 직접적으로 살펴볼 충분한 이유가 있다. 내가 준수할 것을 약속할 경우 그 섞임에 더해지는 다른 도구적 이점들이 있으리라는 것은 참이지만, 표면적으로는 그러한 이점들이 준수의 직접적인 이점들에 압도된 것처럼 보인다.

흄의 논변의 두 번째 부분은, 대부분의 개별 법 주체는 어쨌든 법을 준수하겠다고 약속하지 않았으며, 그들은 단지 자신에게 법을 준수하기를 기대할 뿐인 사회에 태어났다는 것이다. 그 관할권 내에 계속 머무른다는 점에서 유추된 암묵적 동의는, 대부분의 사람이 현실적인 대안을 갖고 있지 않다는 점에서 의심스러워 보인다.

"공정함fair play" 논변은 마찬가지로 잘 알려져 있는 어떤 설득력 있는 이의 제기의 대상이 된다. 이 논변은, 내가 어떤 협력적 계획의 이점을 공유하기로 선택할 경우, 나 스스로는 준수의 부담을 짊어지지 않으면서 다른 사람들의 준수의 부담에 편승하는 것이 도덕적으로 반감을 부를 수 있으리라는 타당한 생각에 근거한다. 하지만 개인들 대부분이 법치라는 협력적 계획에 참여하기로 선택했다고 말할 수는 없다. 이점들이 한 사람에게 강제될 때, 공정함 논변은 어떤 가치도 없다(Nozick 1974, 90~95).

한편 이런 익숙한 반대와 전혀 다르게, 법을 준수하는 것이 곧 공정함 논변에서 중요한, 협력의 부담을 지는 것이라고 단순하게 가정할 수는 없다(Greenawalt 1989, 138~147; Raz 1979, 237~239). 이를테면 무의미한 관료적 요구 같은 법적 요구들이 분명 효력을 갖는데, 이들을 일반적으로 무시한다고 해서 사람들이 총체적인 법적 계획으로 얻는 이점들이 줄거나 약화되지는 않을 것이다. 설령 모든 법 주체가 법체계의 이점들을 필요로 했더라도, 공정함 논변은 법을 준수할 아주 일반적인 의무를 충분히 뒷받침해주지 못할 것이다. 그것은 이로운 계획을 지속시켜야 하는 부담을 나누어 짊어질 의무를 뒷받침해줄 것이다. 그 둘은 같지 않다.

나는 법을 준수해야 하는 일응의 의무가 연합적 책무들에 근거를 둘 수 있다는 드워킨(Dworkin 1986, 195~215)의 논변에도 이러한 주장이 적용된다고 생각한다.[72] 드워킨의 핵심 사상은 법이 "지리적 우연"에 의해 함께 살고 있는 일군의 사람을 그가 정치 공동체라 부르는 것으로 바꿔놓을 수 있다는 것이다. 그가 말하는 특별한 의미에서의 정치 공동체 구성원들은 서로 가족 구성원들 사이에서 견지되는 것과 유사한 연합적 책무를 띠고 있다. 법은 정의와 건전한 정책이라는 이상에 관한 의견 불일치에도 불구하고 공유되는 도덕 원칙들의 형태로 도덕적 유대를 제공함으로써 이러한 정치적 우애를 형성한다.

우리는 논의를 위해서, 한 집단의 구성원들이 이상적 이론이라는 차원에서의 도덕적 의견 불일치에도 불구하고 자신들의 상호 작용을 지배하는 원칙들을 공유하는 곳에서는 그들의 관계가 어떤 특별한 도덕적 성격을 획득하기 때문에, 그들이 외부인을 상대로 해서는 띠지 않는 책무를 서로 간에 띠게 된다고 인정할 수 있다. 또한 그러한 책무의 내용은 우선 공동체를 구성하는, 공유되는 원칙들에 맞아야 한다고 인정할 수 있다. 하지만 이것들 모두를 인정한다 해도, 법을 준수해야 하는 일반적 책무가 존재한다는 결론으로 이어지는 것은 아니다. 왜냐하면 우리가 공유하는 원칙들만 모두 법에 표현될 것이라고 생각할 이유는 없기 때문이다(Murphy 2001a, 397~409). 우리는 단지 우리가 공유하는 도덕적 가치나 약속을 법으로 제정하는 것이 아니다. 우리는 공유하는 가치와 약속을 감안할 때, 그리고 우리의 가치와 약속을 표현하는 과정에서가 아니라 법을 만드는 과정에서 고려해야 하는 특별한 사항들을 감안할 때 법이 되기에 적절한 법 규칙, 원칙, 기준을 법으로 제정한다. 간단한 예를 들어보자. 영미법계는 확실히 관대한 구제救濟라는 도덕 원칙에 대한 약속을 공유한다. 그럼에도, 옳건 그르건, 영미법계의 입법자들은 그러한 원칙에 법적 표현을 부여하는 것은 적절하지 않을 것이라고 일반적으로 생각해왔다(Murphy 2001b). 마찬가지로, 계약법의 범위가 (우리가 동의하는) 도덕적 힘을 갖는 모든 약속으로까지 확대되지 말아야 하는 타당한 이유들이 있다.

하지만 우리가 공유하는 모든 원칙이 적절한 법적 표현을 갖는 것은 아니라 해도, 원칙의 공동체에 대한 충성이 법으로 표현된 그 원칙들에 대한 충성을 포함하지는 않을까? 그렇지 않다. 법 원칙들이 공유된 도덕 원칙들에 단지 못 미칠 수도 있기 때문에, 표면상 그것들은 좀더 근본적으로 오도할 수 있다. 예컨대 재산법, 그리고 불법 행위와 형법에서의 재산법 관련 원칙들에 근거해, 그 전체 계획의 기초를 이루는 것이 로크의 도덕적 재산권 이론에 대한 어떤 공유된 약속이라고 결론짓는 것은 잘못일 것이다.[73] 이 하나의 예에 대해 어떻게 생각하든, 법의 내용 중 많은 부분이 근본적 이유를 표면에 담고 있지 않다는 것은 부정할 수 없다. 법 원칙들이 모두 그러한 내용으로 단지 도덕 원칙들을 발표하는 것은 아니다. 법 원칙들의 많은 부분은, 다른 곳에서 정당화를 찾아야 하는 그런 인공 규범 체계의 일부다. 어떤 공유된 가치가 어떤 원칙을 법으로 제정함으로써 도구적으로 쓰이게 된다는 점에서, 각 개인이 모든 경우에 그 법 원칙에 충실할 때 그 가치가 가장 잘 촉진되는 것 또한 아니다.

만일 우리가 법 규칙들을 따를 일반적인 도덕적 이유를 갖고자 한다면, 가장 바람직한 원천은 그것들이 만들어지는 과정일 것이다. 많은 사람은, 민주적으로 제정된 법은 절차가 갖는 도덕적 의미 때문에 지속적인 준수의 의무를 동반한다고 생각해왔다. 이러한 노선을 따르는 모든 논변은 당연히 (충분히 좋은) 민주주의의 예들과 입법에 한정되어 있다. 하지만 어쨌든 논변이 충분히 이뤄지진 못한 듯하다. 예를 들어, 민주적인 입법 명령을 따르지 못한다는 것은 동료 시민들을 불평등하게, 그리하여 부정의하게 대하는 것이라는 토머스 크리스티아노의 주장을 살펴보자. "민주주의를 외면하는 시민들은 법을, 실질적이고 정보에 근거한 의견 불일치가 존재할 때 입법에 관여할 모든 시민의 동등한 권리에 반하는 법으로 만든다"(Christiano 2008, 250). 실제로 존재하는 민주주의가 입법에 관여할 모든 시민의 평등한 권리를 존중하는지를 의심할 만한 심각한 근거가 있다. 하지만 우리는 그 문제를 제쳐둘 수 있고, 이상적 민주주의는 입법에 관여할 모든 시민의 평등한 권리를 충족시키며 그러한 이유에서(오직 그러한 이유에서가 아니라면) 탁월한 입법 방식이라고 인정할 수 있다. 다른 형태의 입법은 이런 평등한 권리를 침해한다고 말할 수 있다. 분명치 않은 점은, 어째서 개인이 민주적으로 입법된 법을 준수하지 않는 것 또한 평등권을 침해하는 일이 되는가 하는 것이다.

입법에 관여할 모든 시민의 평등한 권리를 존중하는 이상적인 선거 과정과 입법 과정을 가정해보자. 내가 그 결과로 만들어진 법을 준수하지 않는다고 해서, 민주적 과정은 입법의 올바른 방식이 아니라고 주장하는 것도 아니고, 내가 다른 사람들에게 이래라저래라하거나 심지어 나 자신을 특별히 예외로 둘 권리를 가졌다고 주장하는 것도 아니다. 우리가 올바로 만들어진 법을 준수할 책무를 가진다고 단순히 가정하지 않는 한, 특정한 입법 과정을 채택하는 도덕적 이유가 자동적으로 준수의 근거가 되지는 않는다.

우리는 민주적 입법을, 여러 무리의 사람들이 자신들의 의견 불일치를 해결하기 위해 공정하다고 간주되는 어떤 절차를 택하기로 동의하는 경우들과 일치시킬 수 없다. 우리 중 두 사람이 집에 페인트칠을 해야 하는데, 둘 다 솔을 사용해 목조부를 칠하기보다 롤러로 벽과 천장을 칠하고 싶어한다고 가정해보자. 두 사람은 제비뽑기에 동의하며, 우리는 선택된 절차의 결과를 따라야 한다. 하지만 이는 우리가 그렇게 하기로 앞서 동의했기 때문이다. 민주적 통치는 두 가지 면에서 이 단순한 경우와 구별된다. 첫째, 나는 준수에 대한 동의나 약속 없이도 입법의 방법에 대해 동의하거나 지지할 수 있다. 둘째, 알다시피 민주적 절차는 보편적 동의에 기초해 있지 않다. 즉, 실제 동의와 무관하게 주민들에게 부과된다. 주민들의 어느 정도의 현실적 지지―기술적記述的 의미에서의 정당성―가 규범적 정당성의 조건으로 간주된다 해도, 만장일치의 지지는 분명 가능하지 않다.

어떤 경우에는, 설령 공정한 절차에 따라 이뤄진 결정을 따르겠다는 사전 동의가 없었더라도 그 결정을 따라야 하는 것 같다. 어떤 집단 구성원들이 특정한 집단적 과제를 수행하는 데는 동의했지만 분업에 관해서는 동의하지 않을 때, 공정한 어떤 특정 절차의 결과를 따르기로 각자가 사전에 동의하는 것은 불필요해 보일 수 있다. 우리가 서로 자신은 앞장서고 싶지 않다고 투덜거리고 있을 때, 집단의 한 구성원이 제비뽑기에서 내 이름을 뽑았다. 우리가 앞장서는 데 다들 적합한 사람이라고 가정한다면, 그보다 좋은 절차는 없다. 따라서 내가 어떤 의미에서 그 절차에 대해 사전에 동의하지 않았더라도 나는 앞장서야 한다. 하지만 다시 말하는데, 민주주의 정부란 결코 이런 것이 아니다. 왜냐하면 우리는 일정한 분업을 요하는 집단적 과제의 목록에 대해 사전 동의를 하지 않았기 때문이다.

크리스티아노는 내가 보기에 광범위하게 지지를 받고 있는 듯한 견해를 잘 표현하고 있다. 그의 주장이 호소력을 갖는 것은 민주주의를 어떤 유의 보편적 동의와 암묵적으로 연계시키고 있기 때문이라고 나는 말해왔다. 하지만 중요한 점은 오히려, 가치 있고 공정한 형태의 사회적 협력들을 추진하고 유지하는 집단적 기획에서 우리 모두가 자신의 역할을 하도록 도덕적으로 요구받는다는 생각일 것이다(Finnis

무엇이 법을 만드는가

1980·1984를 보라). 민주주의는 그 문제에 대처하는 방법에 대한 의견 불일치를 해결하는 도덕적으로 가장 좋은 수단이며, 어떤 것에 대한 실제 동의와 무관하게 바로 그 이유에서 지지되어야 한다. 이러한 견해는 매력적으로 보이지만, 여전히 우리를 법을 준수할 일반적 의무로 이끌지 못한다. 본질적으로 도구적인 이 사유 노선을 따를 경우 우리는, 그 (정당한) 강제적 정치 기구의 존재를 우선적으로 정당화하는 사회적 목표들이 무엇이건 그 목표를 장려해야 하는 우리 의무를 강화하게 될 경우에 한해서 법을 준수해야 한다. 나중에 좀더 충분히 논할 텐데, 우리는 법 준수가 언제나 이런 효과를 낳을 거라고 간단히 규정할 수 없다.

통치 체제로서의 민주주의에 대한 또 다른 옹호들, 이를테면 민주적 절차의 인식론적 가치나 공적 숙고의 가치와 관련된 그런 옹호들은, 아마도 분명, 그 통치 체제의 정당화와 법 준수의 책무 사이에 동일한 간극을 남길 것이다. (법적인 것이든 도덕적인 것이든 규범의 정당화에 대한 위르겐 하버마스[Habermas 1996]의 설명은, 어떤 이상적 절차가 실제로 지켜진 곳에서만 정당화가 가능한 한, 이상적 이론의 수준에서 그 간극을 메운다. 하지만 이것이 현실적이고 비이상적인 상황에서 법을 준수할 일반적 의무를 시사하는 것은 아니다.)

지금까지 내용이나 맥락과 무관한 준수 의무와 관련해 살펴본 모든 논변은 유사한 구조를 지닌다. 그것들은 모두가 하나의 제도로서의 법치주의를 지지하는 도덕적 이유들에 관한 도구적 이해와 양립 가능하거나 혹은 그러한 도구적 이해를 명시적으로 불러일으킨다. 그런 다음, 준수 의무에 대한 의무론적 혹은 비도구적 설명을 제공하려는 시도가 이루어진다.

이제 도구적 이해를 통해 내가 뜻하는 바는, 법치주의란 무엇보다 어떤 좋은 결과를 보장할 수 있다는 점 때문에 가치가 있다는 것이다. 그 결과의 가치를 중시하지 않는다면, 우리는 법치주의가 도덕적으로 바람직하다고 생각하지 않을 것이다. 즉, 법은 단지 그 자체로 가치가 있는 것이 아니다. 이러한 입장은 물론 안전, 공공 복지, 정의 등을 제고하는 다른 수단들보다 법치가 도덕적으로 우위에 있는 것과—설령 다른 통치 형태들이 그러한 목표를 제고하는 데 더 낫다 하더라도—양립할 수 있다. 하나의 수단으로서의 법은 비도구적 가치를 갖고 있다. 사실, 이런 사회적 목표들의 촉진을 위해 이용할 만한, 충분히 도덕적으로 허용되는 다른 수단들은 없을 수도 있다. 따라서 법에 대한 도구적 견해는, 법치주의의 이념에 연결되는 가치를 법이 충족시킬 수 있다는 점에서 법을 무엇보다 하나의 통치 양식으로 평가하는 견해와 충분히 양립할 수 있다(Green 2010도 보라). 또한 그것은, 개인들에게 직접적으로 적용되는 것이 아니라 오직 롤스(Rawls 1996, 257~288)가 사회의 기본 구조라 부르는 것의 일부로서의 법질서에만 적용되는 도덕 원칙들이 존재한다는 것과 양립할 수 있다. 따라서 법치의 몇 가지 목표, 이를테면 사회 정의는 그러한 제도적 통치 구조의 존재를 떠나서는 아무 의미가 없을 수도 있다. 법에 대한 도구적 관점에서 배제되는 것은, 법에 의한 통치가 모종의 내재적인 도덕적 의미—법에 의한 통치가 설령 안전, 정의, 좀더 높은 수준의 공공

무엇이 법을 만드는가

복지 등등에 전혀 기여하지 못했다 해도 여전히 거기 내포돼 있을—를 갖고 있다는 것이다. 도구적 견해에서는, 설령 법에 의한 통치를 다른 통치 형태보다 우선시할 도덕적 이유들이 있다 해도, 법에 의한 통치를 포함해 그 어떤 통치 형태도 독자적인 이로움을 가져오지 못한다면 우리에게 아무런 가치가 없을 것이다. 그러므로 법에 대한 도구적 관점은 국가의 소멸이라는 유토피아적 마르크스주의 이상과 양립할 수 있다.

법에 의한 통치의 가치에 대한 비도구적 설명은 원칙적으로, 법을 준수할 지속적인 도덕적 이유가 존재한다는 결론으로 이어지는 좀더 직접적인 통로를 제공할 수 있다. 하지만 나는 그런 설명을, 적어도 이상적이지 않은 현실 세계에 적용되는 그런 설명을 알지 못한다.

어쩌면 칸트의 법 이론이 가장 가까울지 모르겠다. 칸트의 견해에 따르면, 실정법은 사람들이 강제력, 평등한 자유에 대한 "본래적" 권리의 내용에 종속된 상황에서 모든 "후천적" 권리를 실현하고 명확히 하는 구성적 역할을 하기 때문이다(Kant 1996; 이에 대한 논의로는 Ripstein 2009를 보라). 게다가, 실정법에서 실제로 발견되는 이러한 권리들의 내용에 대한 비판의 근거가 있더라도, 국가가 잘못 가고 있다는 자신의 견해에 따라 행동할 위치에 있는 개인은 없다. 이는 실정법이 어떤 의미에서는 옳고 그름(의 일부)을 구성한다는 것을 시사한다. 그것은 또한, 우리에게는 국가 안에서의 삶이라는 "올바른 상태"에 들어갈 의무가 있다는 칸트의 견해가 법에 의해 통치되는 것의 내재적인 도덕적 가치라는 관점에서 이해되어야 함을 시사한다. 그것은, 법이 모든 사람의 독립적으로 인식할 권리를 보호하는 최선의 방법이어서 우리가 법을 필요로 한다는 것이 아니다. 그것은, 법이 없다면 어떤 의미에서 우리가 상호 간에 올바로 행동하기가 불가능하다는 것이다. 법이 없다면 우리는 죄 짓는 삶을 살 수밖에 없다. 법이 있는 곳에서, 우리는 언제나 법을 준수해야 한다.

하지만 설령 법에 의한 통치가 자유에 대한 평등한 권리의 실현에 필수적이라 해도(Ripstein 2009, 9), 이는 공적 권위에의 예속을 목적 그 자체로 만드는 것은 아니다. 둘째, 칸트는 우리 모두가 "자신을 지배하는 권위에 복종"해야 한다고 주장하면서도, "내면의 도덕과 충돌하지 않는 경우라면 언제나"라고 곧바로 덧붙이고 있다(Kant 1996, 136). 여기서 중요한 점은 권리에 대한 칸트의 이론이 힘의 사용의 근거와 관련돼 있다는 것이다. 따라서 칸트의 이론은 법에 의한 통치의 일반적인 도덕적 의미를 결코 자세히 다루지 않으며, 특히 법에 대한 소극적인 미준수가 도덕적으로 허용되는지의 문제와 언제 허용되는지의 문제도 자세히 다루지 않는다(Hill 2002).

내가 이해하기로는, 내가 제시한 대로의 법에 대한 도구적 관점은 불가피하다. 물론 본질적으로 도구적 관점에서 존재 의미를 갖는 어떤 체계의 명령을 준수할 의무에 대한 의무론적 설명을 제시함에 있어 일관되지 않은 것은 없으며, 그 체계가 효과가 없다는 것을 입증할 방법도 없다. 특히 합의 논변은 이런 유의 접근에 걸맞은 형식을 갖추고 있다. 합의 논변은, 체계의 정당성과 일반적 준수 의무라는 결론 사이에 간극을 남기지 않는다는 점에서 앞서 살펴본 여느 논변들

무엇이 법을 만드는가

과 다르다. 하지만 이는 합의 논변이 정당성과 전적으로 무관하게, 그리고 사실상 법에 의해 통치하는 체계의 특성과 전적으로 무관하게 적용되기 때문이다. 모든 것은, 오직 계약 능력과 폭력·사기詐欺의 부재만을 고려해 한계가 설정되는, 주체와 지배자 간의 계약적 합의 내용에 달려 있다. 이 논변은 각 주체에게 직접 적용되지만, 모두가 법에 의한 통치라는 상황을 중하게 여기는 이유들과는 완전히 동떨어져 있다. 사실, 법에 의한 지배가 각 주체에게 내재적인 도덕적 의미를 부여한다는 생각을 우리가 일단 제쳐둔다면, 원칙적으로 일반적인 준수 의무에 근거를 둘 수 있는 의무론적 논변만이 합의 논변과 같은 자발주의적 논변이라고 생각하는 것이 그럴듯하다.[74] (합의 논변은 가능한 유일의 자발주의적 논변이 아니다. 따라서 자신의 법체계와 일체감을 느끼거나 자신의 법체계를 존중하는 사람들은 준수 의무를 지니게 될 수 있다는 라즈[Raz 1979, 250~261; 1994, 337~338]의 생각은, 비록 약속을 하는 것과 비슷한 어떤 유의미한 표준적 순간은 없지만, 자발주의적이다.)

어떤 법질서를 다른 법질서보다 더 지지하는 의무론적 이유들—주체들의 자율성을 존중한다거나, 완전성의 가치를 존중한다거나, 민주적이라거나 등등—이 존재한다 해도, 각 법 명령을 각 주체의 책무들과 연결시키기 위해서는 추가적인 논변이 필요하다. 우리가 묘사할 수 있는, 도덕적으로 최상이면서 인력으로 실현 가능한 그런 법적·정치적 체제를 가정해보자. 왜 각각의 주체는 언제나 각각의 법을 준수해야 하는가? 추측건대, 우리 각자가 우리를 모든 법에 도덕적으로 구속시키는 자발적 조치를 취한 경우에 한해서 말이다.[75]

물론 법 자체가 도구적 중요성을 띤다면, 우리는 그 점에서 사람들이 적어도 때로 법을 준수해야 하는 도구적 이유들이 있다고 기대할 것이다. 준수 의무에 대한 의무론적 논변을 제시하는 사람들은 이런 주장에 동의하지 않을 까닭도 없고 동의하지 않는 것도 아니다. 하지만 지금까지의 논변에 따르면 법을 준수할 도덕적 이유만이 도구적이다. 그러한 토대 위에서는, 내용이나 맥락과 무관한 개인들의 준수 의무를 구축할 수 없다는 것이 분명하다.

법을 준수할 도덕적 이유는, 준수하지 않는 것보다 준수하는 것이 (만일 그것이 낫다면) 나을 것이라는 데 있다. 개인들을 위해서 법 준수가 가져올 수 있는 이로움은, 그것이 국가의 제도들을 뒷받침하고 국가가 법을 통해 달성하려는 바를 장려하리라는 데 있다. 법을 준수할 도구적 의무는 따라서 정치적 책무라는 도구적 의무에 부수적이다. 이는 흄을 계승하는 공리주의적 전통의 입장일 뿐만 아니라 롤스(Rawls 1999, 99)의 입장이기도 하다. 롤스는 정치적 책무를 정의라는 당연한 의무 — 공정한 제도들을 지지하고 장려하는 — 의 측면에서 특징짓는다. 정치적 책무에 대한 롤스의 설명은 물론 공리주의적이지는 않지만, 분명 결과론적이거나 도구적이다. (하지만 롤스[308]는 다음과 같이 적고 있다. "왜 우리가 공정한 헌법하에 제정된 공정한 법을 준수해야 하는지를 설명하는 데는 분명 아무런 어려움도 없다." 나에게는 정의라는 도구적인 당연한 의무가 어떻게 그런 일을 할 수 있는지가 상당히 불분명해 보인다.)

기본적 안전을 제공하고, 권리를 보호하고, 환경을 보존하고, 경제

정의와 전반적 복지를 장려하는 등의 제도들이 존재하는 데는 분명한 장점이 있다. 그리고 하나의 통치 양식으로서의 법은, 도덕의 관점에서 보면, 그러한 목표들을 달성할 가능성이 있는 동시에 개인들의 힘을 존중한다는 점에서 다른 대안들보다 분명 우월하다. 법치주의가 없어도 법은 있을 수 있지만, 최상의 통치 방식인 법치주의의 이상을 달성할 수 있는 것은 오직 법체계뿐이다. 이 모든 것은, 합법적인 강압적 정치 질서의 조건들이 정확히 무엇이며 우리가 정의에 대한 어떤 설명을 염원해야 하는지에 관한 논쟁들로부터 추론되었을지라도, 정치 이론의 문제가 되기에 충분하다.

강압적인 정치 질서가 합법적이고 어떻게 보면 충분히 훌륭해서, 법의 내용, 법 제정 상황, 법 집행 방식 등을 개선하려 애쓰며 지지하는 것보다 혁명과 전복이 도덕적으로 더 나쁜 선택이 될 그런 상황을 가정해보자. 도구적 설명을 따를 경우, 우리 주체들은 정치적 책무에 의해서 기존 질서를 해칠 의무를 띠기보다는 오히려 기존 질서를 지지할 의무를 띠는 것이 분명하다. 그렇다면, 이것이 우리가 법을 준수할 의무 또한 띠고 있음을 의미하는가 하는 것이 문제가 된다. 물론 이에 대한 답은 경우에 따라 다르다. 그것은 우리가 법을 준수하거나 준수하지 않음으로써 더 많은 이로움―기존 질서를 지지하고 상황을 더 낫게 만든다는 우리의 두 가지 목표의 관점에서―을 행할 수 있는지에 달려 있다.

이것이 기본적인 구조적 요점이며, 법이 아무리 좋아도 적용된다. 우리의 추론은 무엇을 법으로 제정하고 시행하면 좋고 옳을까 하는 것으로부터 개인들이 무엇을 하면 좋고 옳을까 하는 것으로 바로 넘어갈 순 없다(Edmundson 1998, 7~47을 보라). 시행하는 것이 가장 좋은 그런 법을 우리가 가지고 있다는 것(시행하는 것이 좀더 좋을, 그런 좀더 좋은 법 규범은 존재하지 않는다)은 법을 준수하는 것이 각 개인에게 언제나 의무임을 뜻하는 것은 아니다. 물론, 법체계의 존속이 바람직한 만큼, 모든 사람이 모든 법을 준수하지 않는다면 좋지 않을 것이다. 모든 사람이 언제나 법을 준수하지 않는다면 결과는 체계의 붕괴임이 뻔하기 때문이다. 하지만 모든 사람이 법을 준수하지 않는 것이 법질서의 특정 부분들에 한정되는 한, 그것이 구조 전체를 해치지는 않을 것이다. 심심풀이로 피우는 마리화나를 금지하는 것이나 밀입국자를 국토안보부에 신고하도록 하는 것이 나쁜 정책이라고 우리가 생각한다고 가정해보자. 아울러 상당수 사람이 이를 준수하지 않는다고 가정해보자. 그렇다고 국가가 붕괴하지는 않을 것이다. 사실, 국가는 법의 내용 면에서 개선될 것이다.

전반적으로 법을 준수하지 않는 경우와 관련된, 모든 법이 안고 있는 난제가 있는데, 이를 언급한 뒤 제쳐둘 필요가 있다. 아무도 법을 준수하지 않는다면 (충분히 좋은) 국가도 무너지는데, 짐작하자면 이것이 준수하지 않음의 한 가지 나쁜 결과다. 하지만 우리 중 누구도 비난받아서는 안 될 것 같다. 전반적으로 법을 준수하는 경우를 가정해보자. 이때 내가 법을 준수하지 않는다 해도 국가의 몰락을 야기하진 않을 것이다. 전반적으로 법을 준수하지 않는 경우를 가정해보자. 이때 내가 줄곧 법을 준수했어도 국가를 구하진 못했을 것이다. 어떤 도구적 설명도 왜 모든 개인이 법을 준수해야 하는지 보여줄 수 없다고 추론하는 것은 그럴듯하다. 하지만 이런 그럴듯함은 매우 일반적인 현상에 근거한다. 만일 우리가 그 그럴듯함에 굴복한다면, 오염을 일으키는 어떤 사소한 행위도 결과를 감안할 때 나쁘지 않고, 어떤 투표 불이행도 결과를 감안할 때 나쁘지 않으며, 기아 구제를 위한 어떤 기부 불이행도 결과를 감안할 때 나쁘지 않다는 등등의 결론에 이를 것이다. 일반적인 문제는, 데릭 파핏(Parfit, 1984, 75~86)이 말했듯이 "우리가 함께" 어떤 해를 끼칠 수 있는 맥락에서 개인의 책임을 설명하는 방법이다. 이것은 아주 흥미롭고 중요한 철학적 난제이지만, 보편성을 띤 문제인 만큼 여기서는 다루지 않고 넘어가려 한다.

충분히 많은 다른 사람들이 준수하고 있기 때문에 준수하지 않는 내 행위는 법체계의 실천 가능성에 합동으로 나쁜 영향을 미치는 행위군에 속하지 않으리라는 것을 내가 알고 있다고 가정해보자.[76] 만일 나의 미준수가 아무런 차이를 낳지 않는다고 내가 추론한다면, 나는 다른 사람들의 준수에 편승하는 것이라고 이야기될 수 있을까?[77] 이는 공정함 논변이 아니다. 만일 우리 모두가 국가가 성취할 수 있는 것 때문에 국가 수호를 위해 행동할 책무를 띤다면, 어떤 사람이 자신은 미준수를 통해 얻을 수 있는 어떤 이익을 취하면서 타인들에게는 충분한 준수를 기대하는 것은 공정하지 않다. "우리가 준수하고 있기 때문에 당신들이 준수하지 않을 수 있는 것뿐이며, 그것은 공정하지 않다. 당신들에게 준수하길 기대할 수 있다면 우리는 준수하지 않아도 괜찮을 것이다"라고 준수하는 자들이 준수하지 않는 자들에게 말한다고 해보자. 이것은 옳아 보이지만, 그 문제는 좀처럼 순수하게 제기되지 않을 것이다. 대부분의 시대에 대부분의 사람에게서 이기심은 법 준수를 권한다. 이 경우 준수하는 자들의 준수는 그들의 희생이나 부담이 아니다. 마찬가지로, 미준수의 이유가 하나도 없을 수 있는 만큼, 미준수의 이유가 나 자신의 이득이 되지는 않을 것이다. 그 경우에도 편승은 없을 것이다. 그리하여 원칙적으로, 준수하는 타인들을 향한 의무론적 공정성 요구는 준수의 도구적 경우와 충분히 양립할 수 있다. 하지만 준수를 약속하는 상황은 오히려 특별하며, 일반적으로 존재하지 않을 것이다.

그렇다면 준수의 정도가 국가의 안정을 보장하기에 충분하며, 그런 상황이 방금 논한 공정성의 문제를 제기하지 않는다고 가정해보자. 만일 이제 우리가 법 규칙을 준수할 것인지 말 것인지를 토론하고 있는 어떤 개인의 예를 생각해본다면, 단지 그것이 하나의 법 규칙이라는 사실만이 준수의 매우 취약한 근거가 되어줄 가능성이 높다는 것을 쉽게 알 수 있다. 그 어떤 미준수 행위도 그 자체로 전체 구조를 무너뜨리지는 않을 것이다. 그 자체의 효과에 의해서든, 그것이 제공할 수 있는 "나쁜 예"에 의해서든 말이다. 이 특정 맥락과 이 특정 개인에게 있어 법을 따르는 것은 현실적으로 우리가 전반적 준수와 연결시키는 이익의 측면에서 얻을 것이 거의 혹은 전혀 없을 것이다.

그런데 매우 특별한 어떤 법 규칙들의 경우에는, 개별적인 미준수 행위들이 법에 의한 통치라는 제도 체제 전체에 직접 해를 끼칠 수 있다. 여기서 내가 염두에 두는 것은 뇌물이나 그 밖의 것을 통한 법

무엇이 법을 만드는가

공무원들—법관, 경찰, 입법자 등—의 부패를 금지하는 법 규칙들이다.[78] 이 경우, 체계 전체에 대한 해악은 전반적인 수준의 준수에 달려 있지 않다.

마찬가지로, 법질서를 유지하는 것의 이득과 관련이 없는 법 규칙에 따라 행위할 도덕적 이유가 종종 있을 것이다. 따라서 어떤 환경 규제 계획이 일부 하천을 정화하는 데 효과적인 결과를 가져오는 어떤 공정한 협력 계획을 수립한다고 가정해보자(Raz 1979를 보라). 이러한 계획을 전혀 따르지 않는다 해도 법질서가 위험해지진 않을 것이다. 하지만 각각의 잠재적 오염 유발자에게는 이 계획에 참여할 도구적인 도덕적 이유들—공정성의 이유들이 추가된—이 있다. 그렇지만 이 이유들은 내용에 따라 달라진다. 말하자면 그 이유들은 단지 그 계획이 법에 의해 시행된다고 해서 존재가 보장되는 것이 아니다. 더 나아가, 당연한 말이지만, 형법에 의해 금지되는 일에는 대부분 하지 말아야 하는 직접적인 도덕적 이유들이 존재한다.

전반적으로 봐서 우리는, 잘 기능하는 국가의 개인들에게서는 단지 법이기 때문에 법을 준수해야 한다는 도구적인 도덕적 논거가 다소 허약한 데다, 어쨌거나 온갖 종류의 우발적 상황에 좌우되는 논거라고 결론 내리지 않을 수 없다. 개개 주체의 준수보다 훨씬 더 중요해 보이는 것은 그 주체들이 국가와 법 내용의 개혁을 추구해 국가를 좀더 정당하고 정의로우며 모든 면에서 좀더 나아지게 만드는 것이다. 어느 정도 효율적인 국가에서, 즉 효과적인 강제 조치들이 대체로 그것을 준수하게끔 대부분의 사람에게 적절한 이기적 이유를 제공해주는 국가에서, 법 준수를 위한 도덕적 논거는 그리 강력해 보이지 않는다.

준법 기질

하지만 이 문제에는 좀더 중요한 측면이 있다. 우리는 준수의 도덕성을 단지 그렇게 하는 것이 옳은가 그른가의 문제로만 생각했다. 우리는 흄이 정치적 충성이라는 인위적 덕목이라 부른 것의 사례를 검토하지 않았다.[79]

흄의 도덕 이론은 오직 기질의 덕목들, 말하자면 도덕적으로 승인받거나 승인받지 못하는 동기와 성향에만 초점을 맞췄다. 흄은 부성애와 같은 그런 동기와 성향이 본성에서 발견된다고 주장했다. 법을 준수하고 약속을 지키는 것처럼 또 다른 동기와 성향은 전통적인 사회적 관행의 맥락에서만 생겨날 수 있으며, 그리하여 인위적인 것으로 간주된다. 흄은 꾸준히 법을 준수하는 성향이 무엇보다 이기심에 의해 생겨난다고 믿었다. 한편, 타인들에 의한 도덕적 승인은 이런 성향이 사회적 유용성을 갖는다는 인식에 근거한다. 그런데 흄이 자신의 도덕 이론에서 덕목에만 초점을 맞춘 것도, 이기심이 준수라는 덕목의 본래의 근거라고 주장한 것도 그의 논변 구조에서 필수적인 것은 아니다. 도구인 도덕 이론은 일반적으로, 상황을 더 좋게 만드는 것으로 여겨질 수 있는 성향과 동기들의 가치를 인식해야 한다.

무엇이 법을 만드는가

결과주의적 도덕 이론이 행위뿐만 아니라 기질도 평가해야 한다는 것은 시지윅(Sidgwick 1982)이 가장 분명하게 논했다. 좀더 최근에 철학자들은, (터무니없게도) 성향, 동기, 욕망의 수준에서 엄격한 불편부당성을 요구한다는 비난에 맞서 결과주의를 옹호하기 위해 이 복수의 평가 대상들을 끌어들이고 있다(Parfit 1984, 3~51; Railton 1984). 이러한 논의들은 사실상, 결과주의적 윤리 이론이 본성적 덕목들의 도덕적 의의를 설명해줄 수 있다는 것을 보여준다.

그러한 일반적 접근은 흄의 인위적 덕목들에 적용될 수 있다. 준수 의무에 관한 도구적 이론은 법을 준수하는 행동을 해야 할 것 같은 이유들만 고려해야 하는 것이 아니다. 그것은 일반적인 법 준수 성향을 가지고 있는 주체들의 도구적 가치도 고려해야 한다. 만일 우리가 그런 성향을 갖고 있다면, 우리는 대개 준수할 이유들을 깊이 생각하지 않고 그냥 따를 것이다. 하지만 그 성향은 맹목적인 습관일 필요도 없고 그래서도 안 된다. 법을 준수하는 성향에 대해 생각해볼 것을 요구받는다면, 우리는 준수의 성향에는 좋은 결과를 촉진하는 경향이 있다고 정당화할 수 있다. 우리는 지속적인 준수 방침을 정당화하는 이유들을 제시할 수 있기 때문에, 이처럼 복잡한 신념과 동기는 법을 받아들이는 것이 무엇인지에 대한, 그리고 법 규칙들의 내적인 면에 대한 하트의 설명과 전적으로 양립할 수 있다.

이제 문제가 되는 점은 지속적인 준수 성향을 갖는 것이 법 주체에게 도구적으로 최선인가 하는 것이다. 이 가능성이 중요한 것은, 비록 어떤 경우에는 준수가 최선이 아니더라도 준수의 성향이 최선일 수 있다는 점 때문이다. 오류의 가능성, 특히 우리 스스로에게 유리하게끔 오류를 범하는 경향을 고려할 때, 사례별로 특정하게 행위하는 것의 장점을 고려하기보다 그냥 어떤 확고한 정책을 고수하는 편이 전반적으로나 장기적으로나 더 나을 것이다. 이러한 지적들은 공리주의자들이 의무론적 비판들에 답하는 과정에서 나왔다(Hare 1982). 공리주의자들에 따르면, 당신은 무고한 사람을 절대로 죽이지 않는 정책을 택해야 하며, 심지어 그것이 어떤 경우에는 당신이 잘못된 일을 하게 됨을 의미하더라도 그렇게 해야 한다. 당신은 상황이 정말 예외적일 때만 당신의 정책의 근거들을 재검토한다. 정책을 재검토하는 것을 정당화할 만한 상황은 아니지만 그럼에도 죽이는 것이 최선일 경우에 죽이지 못한다면, 죽이지 않으려는 당신의 동기가 좋은 것이라 해도 당신은 잘못된 일을 한 셈이다. 우리는 죽이는 데 실패한 당신이 잘못했지만 비난받을 수는 없다고 말할 수 있을 것이다(Parfit 1984, 31~35). 왜냐하면 당신은 당신이 당연히 가져야 하는 동기에 따라 행위한 것이기 때문이다. 이것은 의무론적 비판에 대한 설득력 있는 답변이 아니다. 무고한 사람을 죽이길 거부하는 것이 잘못이라는 판단은 부정되어야 하기 때문이다. 하지만 준수에 대한 의무론적 논변이 설득력 없는 준수 의무의 맥락에서, 다르게 행위하는 것보다 좋지 않게 행위하도록 종종 우리를 이끌게 될 그런 방식으로 행위해야 하는 지속적 정책을 택하는 것이 옳다는 생각은 분명 매우 중요하다.

그럼에도 불구하고, 각자의 역량에 따라 행위하는 개인들에게서, 개별적인 득실을 고려하지 않고 법을 준수하는 성향을 띠는 것이 대체로 최선이라는 것은 맞지 않아 보인다. 법은 다양한 내용을 갖고 있으며, 우리는 법 규칙들을 많은 생각 없이 여러 관련 범주로 분류하는데 능숙하다. 가령 나는 심심풀이로 마리화나를 피우는 것을 금지하는 법 규칙과 조세법 규칙들을 구별할 수 있다. 가장 중요한 것은, 나의 미준수가 법적·정치적 제도의 질서를 손상시키지 않을 만큼 전반적인 법 준수가 기대되는 경우와 그렇지 않은 경우들을 구별하는 것이 우리에게 어려운 일은 아니라는 점이다. 따라서 어떤 상황들에서, 그리고 어떤 범주의 법 규칙들에서는 지속적인 준수 성향을 계발하는 것이 최선일지 몰라도, 항상 법을 준수하는 성향이 최선이라고 여길 만한 설득력 있는 이유는 없다.

앞 장에서 논했듯이, 우리가 사람들의 법 수용을 다른 용어로 바꿔 말할 수 없는 것은 사실이다. 또한 우리는 신념만이 아니라 동기와 성향도 포함하는 수용이 어떤 것인지 폭넓게 이해해야 한다는 것을 살펴봤다. 그럼에도 불구하고 여전히 법을 받아들이는 도덕적 사유는 꽤 취약해 보인다. 그렇다면 여전히 사람들은 법의 내용을 결정하는 요인들에 대한 이 탐구 전체가 과연 얼마나 중요한지 의문을 가질 수 있다.

국가의 법 준수 의무

국가 자체에 적용되는 법으로 눈을 돌리면 모든 것이 달라진다. 이 경우, 어느 정도 효과적인 (그리고 정당한) 법 시행을 가정해 법 내용과 입법 방식에만 주로 초점을 맞출 순 없다. 국가들 자체에 적용되는 법을 집행할 추가적 기관들은 없다. 다시 말하지만, 여기서 나는 국내법에 초점을 두고 있고, 국제법은 다음 장에서 다룰 것이다.

명백한 사실임에도, 정부 자체를 상대로 법을 집행할 강제 기구가 존재하지 않는다는 것 역시 종종 간과된다. 미국이나 독일 같은 나라들에서 위헌법률심사 제도는 우리로 하여금 이 점을 깨닫지 못하게 할 것이다. 재판에 회부되어야 할 헌법 및 제정법 문제들에서 법원은 어떤 입법이 효력 없다거나 어떤 행정 행위가 법에 위배된다고 판결하기 때문이다. 하지만 판결은 분명 집행이 아니다(Goldsmith·Levinson 2009). 법 집행은 정부의 행정부가 국가의 개별 주체들이 반드시 법을 준수하게끔 하기 위해 강제 수단을 사용할 때 일어난다. 최고 법원이 행정이나 입법의 위법성을 발견하는 경우, 우리는 관련 기관인 행정부나 입법부에 의지해 간단히 법을 준수할 수 있다. 물론, 행정부가 행정부의 하위 공무원들을 상대로 법을 집행할 수도 있다. 하지만 행정부 전체가 준수하지 않고 있다면—실제로 고위 공무원들이 준수하지 않고 있다면—이용 가능한 더 이상의 집행 메커니즘은 없다. (행정부 고위 공무원이 형법 위반으로 차기 정부에 의해 기소되는 것과 같은, 있을 법한 경우는 제쳐두겠다. 그러한 기소가 거의 일어나지 않는다는 사실은 차치하더라도, 어쨌든 안정된 민주적 전환의 상황에서 정부의 준수 문제는 분명 형법에 국한된 것이 아니다.)

다음 장에서 더 충분히 논하겠지만, 여기서 관련 쟁점은 강제 집행

무엇이 법을 만드는가

이 법의 존재 조건이라는 생각이다. 오늘날 대부분의 법철학자는 우리가 법질서에 관해 제대로 이야기할 수 있으려면 제재가 있어야 한다는 생각을 받아들이지 않는다. 하지만 소수의 법철학자는 그런 견해를 취할 경우 우리는 국가들이 국제법을 따르지 않을 뿐만 아니라 법 자체도 따르지 않는다는 결론에 이르지 않을 수 없으리라고 주장한다(하나의 예외로 Raz 1999, 158을 보라). 다음 장에서 논할 텐데, 법을 다른 규범 체계들과 구별할 때 강제할 수 있음의 중요성을 부정하는 것이 잘못이라 해도, 현실적인 강제 장치의 존재가 법 규범의 존재 조건이라고 주장하는 것은 크나큰 실수다. 이런 주장은 우리를 나쁜 방향으로 이끌어, 법이 가장 큰 규범적 의의를 갖는 영역으로부터 벗어나게 할 것이다.

행정부, 사법부, 입법부의 법 공무원들이 헌법 및 통상의 국내법을 따를 도덕적 이유는 무엇인가? 나는 행정부가 행정부의 주체들을 상대로 불법으로 강제력을 행사하는 것을 일단 먼저 언급한 뒤 그 점을 논외로 하겠다.[80] 여기서 내가 제시하려는 것이 정당성의 이론은 아니지만, 국가가 공적으로 구성된 강제 질서(단지 어떤 일을 할 수 있는 위치에 있다는 것과는 아주 다른)라는 점에서 국가에 결부될 수 있을 힘의 행사는 오직 법의 존재와 국가의 법 준수에 의해 정당화될 수 있다는 것이 설득력 있어 보인다. 앞서 지적한 것처럼, 비록 법과 법 제도들은 이로움을 가져올 수 없다면 아무런 도덕적 의미를 갖지 못하겠지만, 법에 의한 통치는 그 목표들을 정당하게 강제로 추구하는 본질적 조건이 될 수 있다.

하지만 공적 준수의 문제는 주체들에 대한 불법적 강제라는 이 특수한 경우보다 폭이 훨씬 더 넓다. 법 공무원들이 법을 준수해야 하는 일반적인 도덕적 이유는 뭘까? 그들은 명시적 선서에 의해서건, 아니면 공직을 받아들이거나 선거 과정을 통해 공직을 좇을 때의 그들의 행동에서 추론될 만한 암묵적 약속에 의해서건 법의 준수를 약속했을 수 있다. 이는 모든 종류의 법질서에서 모든 법 공무원에게 반드시 해당되는 이야기는 아닐 것이다. 하지만 명백한 약속이 있다 해도, 나는 앞서 제시한 이유들로 이것이 준수 의무의 명백한 토대가 되어줄 수 있다고 믿지 않는다. 약속의 도덕성에 관한 어떤 의무론적 설명이 유효할지라도, 법 공무원이 법을 준수해야 하는 정말 중대한 이유들이 다른 데 있다는 것은 여전히 분명할 것이다.

법 공무원들이 법을 준수해야 하는 주된 이유는 다시금 도구적인 것이다. 미국의 선거법은 몇몇 심각한 결함을 안고 있는데, 이를테면 선거인단, 상원에서 인구가 적은 주들의 주민이 과잉 대표되는 문제, 말도 안 되게 짧은 하원의 임기 등이 그렇다. 법 수정 없이 관련 공무원들이 간단하게 그 관행을 바꿀 수 있다면 좋지 않을까? 이는 어떤 의미에서는 좋겠지만, 다른 의미에서는 지극히 나쁠 수 있다. 개인의 경우, 미준수에 관한 "나쁜 예" 주장은 어리석어 보인다. 반면, 서로에 대해 그리고 그 밖의 우리에 대해 모범이 되어야 하는 정부 공무원들의 경우는 그렇지 않다. 게다가 좀더 중요한 점이 있는데, 국가가 법의 지배를 받는다는 생각이 진지하게 받아들여지는 것은 국가들이 그러한 생각을 진지하게 받아들이는 데 달려 있다는 것이다. 일단 준수

무엇이 법을 만드는가

여부에 대한 결정이 일을 처리하는 더 나은 방법이 있는지를 결정하는 문제로 취급되기 시작하면, 우리는 이내 법에 구속되지 않는 국가가 되고 말 것이다. 연속성, 안정성, 투명성, 침탈 방지 등의 측면에서 입헌 국가의 장점은 국가 자체의 거의 완전한 법 준수에 달려 있다.[81]

정부의 부처들이 법을 따르는 것의 중요성은 헌법의 구조적 부분들에, 혹은 심지어 헌법 그 자체에 국한되지 않는다. 어떤 정부의 행정부가 군사력을 사용하려면 입법부의 허가가 필요하다는 법령을 의도적으로 무시한다고 가정해보자. 군사 조치로 많은 인명을 위태롭게 하는 결정에 대해 좀더 폭넓은 공적 숙고를 거칠 것을 지지하는 상시적인 도덕적 이유들이 존재하는 만큼, 어떤 특별한 경우에는 그런 의도적 무시를 지지할 만한 분명 무게 있는 도덕적 이유들(빠른 행동이 생명을 살린다)도 존재한다. 법적 금지에 의해 야기된 이 부가적인 도덕적 이유들은 비슷한 무게를 가지지 못할 것처럼 보일 수 있다. 하지만 공적인 무법 상태의 악영향은 개인적인 법 미준수의 악영향과는 규모에 있어 근본적으로 격이 다르다. 당신의 정치적 위상이 높을수록 그 영향은 훨씬 더 심각하다. 만일 정부의 수장이 법을 어긴다면, 혹은 법을 어겼음이 나중에 밝혀진다면, 이는 우리가 하고 있는 이야기의 한 가지 나쁜 예가 아니라, 강압적 정치 질서의 존재가 과연 좋은 것인지 아니면 적어도 기존의 강압적 정치 질서를 계속 받아들이면서 그것을 더 낫게 만들어볼 만한―최악을 예상해서 어떤 새로운 것을 시도하기보다는―어떤 장기적인 이유가 있는 것인지 생각해볼 한 가지 합리적 근거라 할 만하다. 공적인 무법 상태는 혁명과 전복을 사유하도록 크게 재촉하는데, 이는 좋은 일이 아니다.

근대의 정치적 강압 질서들은 그것들의 구조적인 법적 측면(만일 있다면 권력 분립, 선거 제도 등)과 관련해 좋게 이해된다. 우리는 국가를 개념적인 것인 법과 동일시함으로써 우리 국가의 실질적 본성을 정의하는 데 법이 핵심 역할을 한다고 볼 만큼 켈젠(Kelsen 2006)을 따를 필요는 없다. 만일 대부분의 근본적인 구조적 법이 준수되지 않는다면, 우리는 힘의 행사를 사실상 거의 독점하는 개인과 집단들을 우리가 지시할 수 있다는 의미에서 국가를 가질 수 있지만, 시간이 지남에 따라 충성할 만하다거나 그렇지 않다고 우리가 지시할 수 있는 어떤 제도 구조는 갖지 못할 것이다. 우리는 통치자만 갖게 될 것이다. 정부에 적용되는 통상의 법에 대한 미준수도 매우 광범위하고 명백하다면 같은 영향을 미친다. 정부의 한 부에 적용되는 법은 작동 중인 정치 질서의 구조를 보여주는 한 사례다. 만일 입법부가 어떤 영역들에서 행정부를 법적으로 통제할 수 있다면, 혹은 행정 권력에 헌법상의 한계가 있다면, 그것들이 그 체제의 특징을 규정하고 있는 것이다. 만일 체제의 주체들인 우리가 행정부의 법 준수를 기대할 수 없다면, 우리는 총체적인 정치적 강압 질서를 지지하는 우리의 이유들을 제대로 평가할 수 없을 것이다. 정치적 책무의 근거들이 애매해지는 것이다.

이러한 언급은 사적인 개인보다는 공적 자격을 띤 공무원에게 적용되는 법적 의무들에 관한 것이다. 개인 자격의 한 사람에게 적용되는 법 준수의 도구적 사유는 다른 사람들보다 고위 공무원인 이들에게서 더 강할 것이다. 하지만 나는 이러한 차이에 큰 의미를 두지 않을 것이다.[82] 또한, 행정부 공무원들이 공적 자격을 띤 존재로서 그들에게 적용되는 법을 준수할 강력한 도구적인 도덕적 사유를 논함에 있어서, 모든 세부에서 개인들에게 대조되게 법을 집행해야 한다는 암시는 존재하지 않는다는 점에도 주목해야 한다. 행정부가 법, 정당한 법 절차 등에 부합하게끔 법 집행에서 재량을 발휘해야 한다는, 익숙하고 설득력 있는 이유들이 존재한다.[83]

다음으로 입법부, 그리고 효력 있는 입법에 대한 헌법의 제약을 생각해보자. 만일 위헌법률심사가 불가능하고, 행정부가 사법부에 의해 폐지되지 않는 법을 집행해야 한다고 스스로 간주한다면, 입법부의 다수가 무리하지 않는 한 법은 준수되지 않을 것이다. 다시 말하건대, 여기서 법은 국가의 기본적인 제도 구조를 결정한다. 법의 이 부분의 주체는 단 하나뿐이며, 만일 그 주체가 법을 무시하거나 경시한다면 제도 구조가 바뀐다.

마지막으로, 사법부가 가장 극단적인 상황―대단히 부정의하거나 부당한 체제를 내부로부터 훼손하려는 시도를 정당화하는 것과 같은 상황―을 제외한 모든 상황에서 법에 따라 분쟁을 해결해야 한다는 것은 사실 많은 논변을 요하지 않는다. 그렇다면 달리 무엇을 해야 할까?

준수하지 못함에 대한 하나의 도덕적 사유가 되어주는 비정상적 상황들은 언제나 일응의 의무보다 중요할 수 있다. 아마도 비상시에 행정부는 전쟁 수행에 필요한 형식적인 정치적 절차나 사용 가능한 방법들에 대해 정해놓은 법을 당연한 듯 무시할 수 있을 것이다. 중요한 것은, 그럴 경우 명분이 확실해야 할뿐더러, 정부의 법 준수를 지지하는 대단히 강력한 도구적 사유를 극복해야 한다는 것이다. 나는 우리가 이러한 "예외들"에 대해 지나치게 고민하지 말아야 한다고 생각한다. 만일 예외들이 존재한다면, 우리는 그것들을 있는 그대로, 즉 도덕적으로 정당화된 법 위반으로 간주해야 한다. 마찬가지로, 비상 행정권의 법 규제—법 자체가 법의 일부를 유보하고, 특히 그러한 맥락에서 법치주의 유지의 가능성을 유보하는—를 어떻게 이해하는 것이 적절한지를 파악하는 데 이론적 관심이 꽤 높다 해도, 이는 비정상적인 상황이 없다면 정부를 구성하는 삼부의 구성원들이 법을 준수해야 할 매우 강력한 도구적 이유를 갖고 있다는 중요한 결론에 영향을 미쳐서는 안 된다.

따라서 기질의 문제를 고려하지 않아도, 우리는 국가들이 법을 준수하는 강력한 사유를 찾을 수 있다. 하지만 그 논변은 공무원들이 가장 잘 갖추고 있을 동기와 성향으로 이어진다. 법 위반의 유혹—특히 행정부 내에서—은 확실히 대단히 강하며, 종종 최선의 목표들에 근거를 두고 있다. 매우 강하고 지속적인 준수 성향을 지지하는 데는 할 말이 많고 반대하는 데는 할 말이 적다. 성격상 진정한 비상 사태는 준수의 지속적 근거가 이 경우에는 다른 요인들보다 덜 중요할 수 있다는 것을 효과적으로 알려주기 때문이다.

이 지점에서 현명한 회의주의자라면 대개, 공적 무법 상태는 널리 퍼져 있으며 정부가 법을 준수해야 한다는 단순한 결론이 정부가 법을 준수한다는 것을 의미하지는 않는다고 지적할 것이다. 물론 그렇다. 따라서 강제되지 않은 법을 공적으로 따르는 현상을 설명해줄 세심한 이유들을 탐구하는 것은 굉장히 가치 있는 일이다. 공무원들의 동기에 대한 복잡한 표준화나 추측 없이도, 때로 공무원들에게는 법을 준수할 강력한 이기적 이유들이 있다는 것이 상식적으로 아주 분명하다. 그들에게는 명성이나 자신의 "정책 목표들"을 성취할 수 있는 능력 등등이 중요하다(Levinson 2011). 게다가 매디슨을 비롯해 현명한 헌법 입안자들은 공무원들이 법을 준수해야 하는 세심한 이유들을 제고할 제도 구조들을 수립하는 데 관심을 가졌다. 이것은, 많은 혹은 대부분의 법체계에 문자 그대로 공무원들에 대한 제도적 강제가 없다 해도, 공무원들이 일반적으로 법을 준수할 만한 매우 강력하고 세심한 이유가 존재하게끔 유인책이 마련되리라는 것을 암시할 수 있다. 다음 장에서 다룰 텐데, 이런 식의 선택에 따른 의식적 가치 조정을 일종의 강제로 간주하는 게 적절할 것이다.

이것은, 공무원들이 도덕적 차원에서 준수해야 하는 것인지를 결정하는 일의 핵심적 중요성을 훼손하지 않는다.

그럼에도 불구하고, 준수에 대한 "실증적" 문헌의 많은 부분이 도덕적 동기가 공무원의 법 준수에 대한 충분한 설명이 되지 않으리라는 것을 당연시한다는 데 주목할 필요가 있다. 그렇다면 해야 할 일은, 그럼에도 어째서 공무원 대부분이 법을 준수하는지 설명하는 어느 정도 정교한 모델을 만들어보는 것이다. 제대로 이해되었다면 이러한 문헌은 다음과 같은 가설적인 문제를 제기한다. 올바른 일을 하려는 욕구나 결심이 답이 아니라면, 공무원들은 왜 법을 준수하는가? 사실 우리는 공무원들이 법을 준수할 때 어떤 이유로 준수하는 것인지 알지 못한다. 그러나 많은 경우 도덕적 의무감이 상당한 역할을 한다는 사실을 상식이 암시할 것이다.[84] 이러한 동기가 이해관계를 법 준수에 맞추려는 영리한 헌법 설계에 의해 뒷받침되어야 한다는 것은 두말할 나위가 없다.

나는 심지어 법의 내용에 대한 사법적 결정이 부재할 때도 정부의 준법이 중요함을 강조했다. 법의 내용이 언제나 즉각 파악될 수 있을 만큼 분명하지 않다면, 그러한 경우에 정부는 미준수를 기만적인 법 해석으로 은폐할 수 있다. 이는 조지 W. 부시 대통령 재임기 동안의 "고문拷問 기록" 이후 논쟁의 대상이 되었다. 정부에 적용되는 법 내용을 결정하는 역할을 하는 독립적 기구들—법원 아닌—을 위한 많은 제안이 있어왔다(예컨대 Ackerman 2010을 보라). 현재 미국의 상황에서 그런 제안은 대단히 의미 있겠지만, 여기서 다룰 문제는 아니다. 입법부나 행정부에 적용된 대로 법의 내용을 선언하는 데 현실의 법원들이 언제나 유용하더라도 준수 문제는 계속 남아 있으리라는 것을 우리는 기억해야 한다.

초점

국가의 행위에 관한 한, 고위 공무원들이 국내법을 지키지 않는 개개 사례들이 큰 해를 끼칠 수 있다. 여기서 결론은 법의 초점이 무엇인지에 관한 통념, 즉 국내법 체계가 법을 사실상 개별 주체들에 대한 것으로서 시행한다는 생각은 매우 잘못됐다는 것이다. 그것은 국내법이든 국제법이든 국가들을 위한 법을 궁지로 몬다. 법의 내용에 대해 관심을 갖는 핵심 이유는 거기에 준수할 도덕적 이유들이 있다는 것이며, 우리의 초점은 그와는 반대로 국가들에 적용되는 강제력 없는 법 또는 강제되지 않은 법에 놓여야 한다. 나는 다음 장에서 국제법을 다루며 이러한 사유의 맥락을 계속 좇을 것이다.

8장

무엇이 법을 법으로 만드는가?
국가를 넘어서는 법

하나의 체계?

『법의 개념』의 마지막 몇 페이지에서 하트는 국제법이 승인 규칙에 의해 효력 있는 규칙들인 하나의 법체계로 이해되기보다는 오히려 수용되고 그 자체로 기능함으로써 효력 있거나 구속력 있는 일군의 규칙들로 가장 잘 이해된다고 주장했다. 그래서 국제법이 "원시적Primitive" 법에 비견될 수 있더라도, 이는 국제법이 결코 법이 아니라거나 혹은 법으로서의 구속력이 덜하다는 것을 의미하지 않았다.[85] 오히려 하트의 요점은 국내법 체계의 계층 구조가 법에 본질적이라거나 혹은 법의 규범적 힘의 조건이라고 가정하는 게 잘못이라는 것이었다.

그럼에도 불구하고 하트의 주장은 국제법 학자들 사이에서 널리 받아들여지지 않았다. 마르티 코스케니미와 페이비 레이노 (Koskenniemi·Leino 2002, 558)는 다음과 같이 적고 있다.

국제법을 "하나의 체계가 아니라 단순한 하나의 무리를 이루는 규칙들"이라는 관점에서 설명한 하트의 유명한 기술은, 국제법을 "원시적 법"과 연결시키는 입장이 국제법의 **원대함**을 부정하며 따라서 틀렸다는, 여러 세대에 걸친 국제법 학자들의 논의를 촉발했다.

반세기가 지난 후에도 하트의 논의는 법조계에서 계속 기억되었다. 2006년에 유엔 국제법위원회ILC는 「국제법의 파편화에 관한 스터디그룹의 연구 결론들: 국제법의 다양화와 확장에서 발생하는 난점들」(International Law Commission 2006a)이라는 보고서를 채택했는데, 이 스터디그룹의 첫 번째 결론이 하트의 주장과 맞물려 있었다.

(1) **하나의 법체계로서의 국제법**. 국제법은 하나의 법체계다. 국제법의 규칙과 원리들(즉, 국제법의 규범들)은 다른 규칙 및 원리들과의 관계 속에서, 또 그것들을 배경으로 하여 해석되어야 한다. 하나의 법체계인 국제법은 그러한 규범들을 무작위로 모아놓은 것이 아니다. 그것들 사이에는 유의미한 관계들이 존재한다. 따라서 규범들은 좀더 높거나 낮은 여러 계층적 수준에서 존재할 수 있고, 규범들의 체계화는 일반성과 특수성을 좀더 많든 혹은 적든 포함할 수 있으며, 규범들의 효력은 시간상 좀더 이르거나 혹은 늦은 순간들로 거슬러 올라갈 수 있다.[86]

하트는 국제법이 모든 면에서 관습법이라는 견해에 분명히 동의한다. 이러한 견해에 따르면, 조약들은 독립적인 하나의 법의 연원이 아니라 오히려, '협약은 준수되어야 한다'는 관습적인 국제법 원칙에 따라 법적으로 구속력을 갖는 합의다. 더 나아가 하트는, 승인 규칙도 존재하지 않고, 따라서 관습적 국제법의 규칙이 언제 효력을 갖는지 결정하는 효력의 기준도 존재하지 않는다고 주장한다. 그로서는 국제법에 승인 규칙이 있다는 것을 부정함으로써가 아니라 국제법 전체가 승인 규칙이라고 말함으로써 자신의 주장을 전개할 수 있었을 것이다. 그가 쓴 바에 따르면, "단순한 구조의 규칙들은, 좀더 발전된 체계의 기본 규칙처럼, 그것들이 그 자체로 받아들여지고 기능할 경우 구속력을 갖는다"(235). 국제법의 각 규칙은 말하자면 곧바로 시행된다. 체계적 효력 같은 것은 존재하지 않으며, 각 규칙이 시행되는 이유가 되는 것은 아무것도 없다. 승인 규칙 자체가 그런 것처럼 말이다.[87]

하트는 자신이 켈젠의 선험적 가정이라고 본 것, 즉 모든 법질서가 동일한 구조적 특징을 갖고 있다는 켈젠의 생각이 틀렸음을 보여주고 싶어했던 것 같다. 하트는 반드시 근본 규범이 있으리라고 가정하기보다, 근본 규범이 있는지 알아보는 것이 어떻겠느냐고 묻는다(234; Lefkowitz 2008도 보라). 켈젠의 본질주의적 경향에 대한 하트의 유보가 전적으로 합리적이더라도, 여기서는 그것이 하트를 혼란에 빠트리는 것 같다. 앞서 보았듯이, 켈젠에게서 근본 규범은 하트의 승인 규칙이 지니지 못한 기능—참된 '이유를 부여하는 힘'을 지닌 규칙들의 체계를 작동시키는 기능—을 가지고 있다. 켈젠에게서 법 효력은 참다운 "당위"를 함축하며, 법에 의해 어떤 실천이 요구된다는 것을 받아들인다는 단순한 사실이 우리를 당위로 끌고 갈 수는 없다. 따라서 켈젠이 제안한 국제법을 위한 근본 규범—"국가는 관습적으로 처신해온 바대로 처신해야 한다"(Kelsen 2006, 369)—에 대해 하트가 중언부언이며 어리석다고 암시한 것은 잘못이다. 켈젠으로서는 중언부언한 것이 아닌데, 그의 법 이론에서는 그런 "전제된" 당위가 사실들로부터 효력 있는(그의 의미에서) 규범들로 나아가는 데 필요하기 때문이다.

우리가 객관적인 '이유를 부여하는 힘'을 내포하지 않는 하트의 의미에서 "효력"이라는 말을 사용할 경우 하나의 규칙이 그저 한 집합의 일부라는 것은 그 규칙의 잠재적인 법 효력이나 그 규칙의 '이유를 부여하는 힘'과는 관련 없다는 데 동의하지 않기 어렵다. 그리고 그것이 하트의 한 가지 주된 논지였다. 하지만 하트 역시 "국제법의 효력에 대한 일반적 기준"(236)은 없다는 실질적인 법적 주장을 했으며, 이에 대해, 설령 어떤 근거가 있다 해도, 별로 근거를 제시하지 않았다.

국제사법재판소 규정 제38조는 국제법의 세 가지 중요한 연원을 제시한다. 조약, 관습, 그리고 "문명 국가들에 의해 승인된 일반적인 법 원리들"이다. 이 조항은, 비록 그것이 아마도 더 이상 완전하지 못할지라도, 또한 세 번째 연원이 법원의 판결에서 거의 역할을 해오지 못했더라도, 여전히 일반적으로 국제법의 연원들에 대한 표준적 진술로 간주된다.[88] 어쨌든 규정과 상관없이 어떤 것이 국제 법률가들 사이에서 받아들여진다면, 이는 국제법의 연원들에는 관습과 조약이 포함된다는 뜻이다. 문제는, 조약이란 독립적인 하나의 법의 연원이 아니라 단지 관습적인 법 규칙에 따라 구속력을 갖는 계약이라는, 또한 관습적인 법 규칙들은 그것들이 인정된 어떤 효력의 기준을 만족시키기 때문이 아니라 직접 그런 것으로 인정되기 때문에 효력이 있는 것이라는 하트의 견해가 옳은가 그른가 하는 것이다.

두 번째 문제를 먼저 보자. 규정은 관습법이 "보편적 관행이 법으로 인정되었다는 증거로서의 국제 관습"이라는 법적 확신과 결부된 국가 관행을 요구한다는 정통적 견해를 내세우고 있다. 하트의 견해에 따르면 승인 규칙은 수용되고 실천되는 것에 의해 존재하므로, 우리는 왜 그가 기준과 그 기준이 승인한 개별 규칙들 사이의 간격을 볼 수 없었는지 이해할 수 있다. 하지만 사실 그 기준은 뭔가 일을 하고 있다. 관습법의 존재 기준은, 만일 그것의 내용이 "법 공무원들 사이에서 법 규칙으로 받아들여지고 기능하는 그런 규칙들"이라면, 하트의 체계 안에서는 아무 일도 하지 않을 것이다.[89] 일단 하나의 규칙이 관련자들 사이에서 법 규칙으로 받아들여져 기능하고 있다면—그저 그것이 계보상의 어떤 이유에 부합해서든 부합하지 않아서든—그것은 이미 시행되고 있는 것이며, 이것이 효력에 대한 하트의 설명의 종점이다.

하지만 관습적인 국제법에서 첫째로 중요한 것은 국제적인 법 공무원들 일반의 신념이나 태도가 아니라 국가의 실무와 견해다 (Lefkowitz 2008). 둘째로는, 현재의 암묵적 기준처럼, 국가의 실무와 법적 확신 사이의 상호 작용에 대한 실질적인 탐구가 있어야 한다. 법적 확신을 입증하는 것이 정확히 무엇인가, 그것이 실무에 앞설 수 있는가, 실무가 어떻게 통일되어야 하는가, 그 두 가지 요건이 서로에 대해 균형을 이룰 수 있는가, 어떻게 이룰 수 있는가(실무가 확신이 많으며, 이와 반대일 수도 있다) 등등의 물음이 존재한다(Besson 2010, Tasioulas 2007, Thirlway 2006). 국가의 실무와 법적 확신은 단지 법 공무원들 사이에서 "구속력 있는 하나의 규칙으로 받아들여지고 기능하는 것"과 같은 것이 아니다.

조약들이 법의 연원의 하나인가라는 질문과 관련해, "협약은 준수되어야 한다"는 것은 분명 관습적인 국제법의 한 규칙으로 간주될 수 있으며, 전통적으로 그렇게 간주되곤 했다. 이것은 논리의 문제로서 옹호될 수 있지만, 그것이 모든 조약을 일상적인 계약 모델로 흡수한다는 점에서 오해의 소지가 약간 있는 것처럼 보이기도 한다. 하트 자신이 개인들 간의 일상적 계약들은 "개인들에 의한 제한적 입법권"(96)의 행사를 수반한다고 생각하는 경향이 있긴 하지만, 이는 다소 독특한 견해다. 일상적인 계약들은 법적으로 강제할 수 있는 합의다. 계약에 들어가는 것이 내 법적 책무에 영향을 준다고 해서 그것이 내가 법을 만들었다는 것을 의미하진 않는다. 다른 한편, 유엔 헌장, 해양법에 관한 유엔 협정, 세계무역기구WTO 수립에 관한 협정, 국제 무역의 법질서 전체와 같은 다자간 조약들은 당연히 법을 만드는 협정으로 간주된다. 특히 명확한 하나의 예가 '국제물품매매계약에 관한 유엔 협정UN Convention on Contracts for the International Sale of Goods, CISG'인데, 이것은 국제적인 상업적 거래를 위한 상업 규약으로 작동한다. CISG의 조건을 적용할 때 국내 법원은 자국 정부의 국제 계약상의 의무를 집행하고 있는 것이라는 생각을 명확히 이해하긴 어렵다. 그러므로 많은 조약의 경우, 그것들을 어떤 관습적 규칙에 따라 강제할 수 있는 협정보다는 그 나름의 법의 연원들로 간주하는 것이 좀더 자연스럽다(Payandeh 2011, 982~985). 그래도 그뿐이라고 말해야 하며, 이렇게 이야기하는 것이 좀더 자연스럽다. 조약의 법적 강제력이 관습적인 국제법의 효력 기준에 의해 승인된 관습법의 특정한 규범으로부터 유래하는가 아니면 어떤 개별 효력 기준으로부터 직접 유래하는가 하는 것은 더 이상 문제 되지 않는 것 같다.

어떤 경우든, 하트주의자는 국제법의 규칙들을 위한 효력 기준이 적어도 하나 존재한다는 것, 그러므로 국제법을 위한 어떤 실질적인 승인 규칙이 존재함을 인정해야 할 것처럼 보인다.

하지만 국제법을 위한 효력 기준은 존재하지 않으며, 따라서 국제법의 효력은 체계적이라기보다는 직접적이라고 본 하트가 옳았다고 가정해보자. 하트의 말처럼, 그 경우 승인 규칙은 "일단의 규칙이 사실상 여러 국가에 의해 지켜지고 있다는 사실에 대한 공허한 반복"(236)에 불과할 것이다. 관습적인 국제법의 모든 규칙에 대한 이 같은 반복은 그 국제적 법질서의 내용을 우리에게 알려줄 텐데, 그것이 공허하다는 것은 어떤 의미에서일까? 승인 규칙이 국제법의 규범들이 국제법의 규범들이게끔 하는 기준을 설정하지 못할 것이기에 공허할 것이다. 그러므로 승인 규칙은 하트가 염두에 두었던 의미에서의 법체계—낮은 수준의 규범들의 효력이 높은 수준의 규범들로부터 체계적으로 파생된 규범 질서—의 근거가 되지는 못할 것이다.

따라서 우리는, 국제법에는 효력 기준들이 존재하지 않는다는 하트의 주장이 옳다면, 국제법은 그의 의미에서는 하나의 체계가 될 수 없을 것이라고 말할 수 있다. 하지만 이것은, 국제법이 국제법위원회 스터디그룹의 첫 번째 결론에 의해 선언된 의미에서의 체계라는 것과 전적으로 양립할 수 있다(Payandeh 2011, 992). 파생된 효력이라기보다는 직접적 효력을 갖는 일군의 규칙은 그럼에도 불구하고, 그것들이 상호 지시하고 다른 규칙들의 존재의 맥락에서 발전한다는 점에서 서로 연결될 수 있다. 국제법 안에는 규칙들 사이의 충돌을 다루는, 수세기 동안 내려온 관습적 규칙들, 이를테면 '특별법 우선의 법칙'과 같은 것이 존재한다. 규칙들 사이의 이러한 연결(이 장의 좀더 뒤에서 다뤄진다)은 하트의 의미와 전혀 다른 의미에서, 그보다 훨씬 더 중요한 의미에서, 이러한 무리의 법 규칙들이 법체계를 구성한다고 말하게 해준다. 라즈의 분류를 따른다면, 그렇게 이해된 국제법은, 비록 법적 효력의 기준들이 존재하지 않아 하트의 의미에서는 하나의 체계가 아닐지라도, "상호 맞물린 규범들"(Raz 1999, 111)의 체계라고 할 수 있다.

처음에 말한 것처럼, 자신이 말하는 의미에서의 국제적인 법체계는 존재하지 않는다는 하트의 결론이 국제법은 그만큼 덜 현실적이라거나 잠재적 구속력이 있을 뿐이라는 생각으로 그를 이끌지 않는 이유는 충분히 명확하다. 이제 우리는 이 결론이 국제법은 "서로 간의 유의미한 관계"가 없는 "규범들을 (…) 무작위로 모아놓은 것"이라는 견해(다시 스터디그룹의 말을 빌리자면)를 그에게 귀속시킬 근거도 되어주지 못한다는 것을 알고 있다. 그럼에도 불구하고, 하트는 분명 그러한 해석을 막으려 하지 않았다. 어쨌든, 국제법 학자들이 꽤 옳게 보았듯

무엇이 법을 만드는가

이, 하트는 국제법이 어떤 면에서 결함을 지닌다고 생각했다.

하트는 국제법이 일종의 "원시적" 법질서라면서, 일찍이 자신의 책에서 기술했던 원시적 법의 세 가지 결함을 국제법에 결부시킨다. 바로 불확실성, 정태적 규칙, 그리고 모든 분쟁을 해결할 수 있는 권위 있는 기구의 결여다(92~93). 국제법이 입법 기관과 강제 관할 법원 및 일반 관할 법원을 결여하고 있는 만큼 국제법이 두 번째와 세 번째 결함을(이것들이 결함이라면) 갖고 있다고 결론짓는 것은 어렵지 않다. 하트의 주된 관심은 명백히 국제 입법 기관의 결여에 있었다. 법질서가 효력의 기준을 결여하고 있다는 것이 무슨 의미인지를 설명하면서 그는 다음과 같이 적고 있다.

> 더 단순한 형태의 사회에서는 우리는 하나의 규칙이 규칙으로 받아들여지는지 아닌지를 기다리고 지켜봐야 한다. 기초적인 승인 규칙을 지닌 체계에서는 우리는 하나의 규칙이 실제로 만들어지기에 앞서, **만약** 그것이 승인 규칙의 요건들을 충족시킨다면 효력을 **갖게 될 것**이라고 말할 수 있다. (235)

이러한 진술은 분명, 조약은 법의 연원의 하나가 아니라 관습적인 국제법 규범에 따라 구속력을 갖는 계약이라는 하트의 견해를 반영하고 있다. 하지만 언젠가 다자간 조약들이 비당사국들에 대해 구속력을 갖게 된다면, "그러한 조약들은 사실상 제정법이 될 것이고 국제법은 그것의 규칙들을 위한 별개의 효력 기준을 갖게 될 것이다"(236).

여기서 이상한 점은, 하트의 법 이론에서는 입법 과정이 우리에게 주는 일차적인 것이 변화의 규칙이라는 것이다. 이에 비해 승인 규칙은 불확실성을 다루는 것으로 상정되며, 승인 규칙의 존재는 변화의 규칙의 결여와 양립할 수 있다.[90]

아마도 『법의 개념』의 이 마지막 페이지들이 혼란스럽게 느껴지는 것은 무엇보다, 승인 규칙에 놓인 하트의 이론적 초점과 그의 주된 실질적 불만으로 보이는 것—국제법은 입법부와 (아마도 그가 그렇게 믿었을 것이듯이) 변화의 규칙을 일반적으로 결여한 탓에 정태적인 법질서라는 것—사이에 단절이 있기 때문이다. 그는 국제법을 위한 어떤 근본 규범을 주장한 켈젠의 견해를 거부하는 동시에 변화의 규칙을 결여한 국제법의 "원시성"을 부각하는 일석이조를 노리고 있었던 것 같지만, 사실상 실패했다.

그런데 국제법은 하나의 법체계를 구성하는가, 아닌가? 이는 어떤 의미의 "체계"가 고민할 가치가 있는 것인가에 달려 있다. 물론 제도적으로 좀더 복잡한 법질서, 아마도 입법 과정이 있는 법질서, 혹은 올바른 종류의 사법부가 있는 법질서를 위한 것인 "체계"라는 꼬리표를 유보하기로 결정할 수도 있겠지만, 이는 그런 의미에서 체계가 아닌 것을 한낱 서로 무관한 규칙들의 무작위적 집합으로 규정하게끔 오도하는 일이 될 것이다. 다시 라즈(Raz 1999, 123)의 용어를 빌리자면, 우리는 국내법을 상호 맞물린 규범들로 이루어진 국제법 체계와 대립되는 하나의 "제도화된" 체계로 더 잘 규정할 수도 있을 것이다. 혹은 간단하게, 이 두 가지 법체계가 제도 구조에서 명백히 다르다고 말할 수도 있을 것이다.

하지만 여기에는 분류의 견해들 중에서 선택을 하는 것보다 더 중요한 것이 있다. 국제법과 관련해 "체계"의 의미가 문제 된다는 것은 국제법위원회 스터디그룹의 주제였던 파편화라는 문제에 관한 최근 몇십 년간의 논의에 의해 절실히 인식되었다.

"입법적" 다자간 조약은 지난 반세기 동안 급격히 증가했으며, 이러한 조약 중 몇몇은 조약을 만드는 단계를 넘어 법을 만드는 것으로 이어진다고 보일 수 있는 조직 구조를 생성해낸다(Alvarez 2005). 게다가 다자간 조약들은 관습적인 국제법에 의해 강화될 수 있고, 그런 이유에서 시간이 지나면서 비당사국들에 대해서도 구속력을 갖게 된다. 그럼에도 단지 조약이 효력 있다는 이유만으로 비당사국들이 자동으로 거기에 얽매이는 것은 아니며, 따라서 우리는 하트가 말한 "제정법"을 가지고 있는 것이 아니다. 하지만 하트의 그런 언급 이래 상당히 많은 새로운 법이 만들어졌다. 그것들 중 몇 가지는 적어도 부분적으로는 관습적 국제법의 제정으로 간주될 수 있지만 다수는 그렇지 못하다. 하트의 언급 이후 있었던 중요한 다자간 조약들로는 조약법에 관한 빈 협정, 해양법에 관한 유엔 협정, 세계무역기구를 설립한 마라케시 협정, 국제물품매매계약에 관한 유엔 협정, 국제형사재판소ICC 로마 규정이 있다. 아마도 가장 의미 있는 것은 유럽에서 완전히 새로운 초국가적 법체계가 등장했다는 사실일 것이다.

하트의 논의를 고려할 때, 역설적이게도 조약에 의해 법이 제정되는 그 메커니즘의 풍부한 결실로 인해 많은 연구자는 국제법의 파편화 위험—많은 법적 변화가 좀더 많은 체계로 이어지기보다는 좀더 적은 체계로 이어지는—을 보게 되었다. 1999년과 2000년에 국제사법재판소 소장들은 끊임없이 이러한 우려를 표했는데, 그들은 조약에 기초한 새로운 국제기구 대부분이 분쟁 해결을 위해 자체적으로 재판소를 두고 있다는 사실에 특히 주목했다(Koskenniemi·Leino 2002). 신설된 중요한 판결 기구로는 국제해양법재판소, 세계무역기구 분쟁해결기구, 구유고슬라비아와 르완다를 위한 국제형사재판소, 국제형사재판소, 그리고 물론 유럽사법재판소와 유럽인권재판소가 있다.

파편화에 대한 우려는 자체적 판결 기구를 갖춘 이 새로운 법의 연원들이 국제법 일반으로부터 단절될 수도 있다는 데서 온다. 국제법은 여러 가지로 나뉠 수 있는데, 이를테면 통상법은—비록 그것이 법이고 국제적인 것이라 해도—광의의 국제법 체계의 일부로 보는 것이 별로 설득력 없다. 이러한 우려는 규범 수준과 제도 수준에서 조정될 수 있다. 규범 수준에서는, 국제법의 "다양화와 팽창"을 조정하고 갈등 해결의 법적 근거들을 제공할 수 있는 국제법에 일관성 있고 전반적인 규범 구조가 존재하는가 하는 것이 문제다. 이것은 국제법이 원칙적으로 시행 가능한 단일 규범 체계로 남을 수 있는가 없는가의 문제라고 할 수 있다. 제도 수준의 문제는 새로운 주제별 판결 기구들의 확산과 관련 있다. 제도 수준의 명백한 위험은, 올바른 해석을 내놓을 수 있는 단일한 국제법 체계가 원칙적으로 존재할지라도, 사법 실무가 새로운 기구들 사이에서 워낙 크게 갈려 포럼 쇼핑과 국가들의 행동

무엇이 법을 만드는가

차이로 이어질 것이기 때문에 우리는 그 단일한 국제법 체계가 정말로 시행되고 있다고 더 이상 주장할 수 없게 되리라는 것이다. 오히려 여러 개별 법체계가 시행될 것이다.

이것이 문제가 될까? 왜 파편화를 우려하는지 의문을 가질 수도 있다(Kingsbury 1999). 단일하고 통일된 국제법 체계만이 개념상 가능하다고―아마도 모든 법체계는 필연적으로 사물 관할에서의 우위와 보편성을 주장한다고 여겨지며, 따라서 단 하나의 체계만이 동시에 유효할 수 있기 때문에―믿을 수도 있다. 하지만, 뚜렷이 구별되는 법질서들이 뚜렷이 구별되는 주제 영역들과 관련돼 있으며 그 법질서끼리는 서로 관련이 없고 그 모든 법질서가 일반적으로 국가들에 의해 준수된다는 생각은 이해하기 어렵지 않다. 가령 통상법과 환경법이 그처럼 구별되는 각각의 체계를 구성하고, 그것들의 규범이 국가들의 책무에 대한 상충하는 설명들을 낳는다면, "법"이 국가들에 요구하는 행동이 무엇인지에 대한, 모든 것을 고려한 답은 존재하지 않을 것이다. 이는 국가들의 현실적인 규범적 문제를 남길 것이다. 모든 것을 고려할 때 해야 할 올바른 일이 있겠지만, 그것은 단일한 법적 해답이 존재하지 않는다는 것과 양립할 수 있다. 이런 식의 충돌은 사실 매우 익숙하다. 토착 법은 국가법에 다른 답을 제시할 수도 있고, 국가법은 지역법과 다를 수 있으며, 지역법은 국제법과 다를 수 있다. 물론 수평적 차원에서는 상이한 국내 관할권들 사이에서, 그리고 동일한 관할권 내의 상이한 법원들 사이에서 일어나는 법의 충돌―예를 들어 파산 법원과 일반 관할 법원 사이의 갈등―도 익숙하다. 그런 익숙한 경우들 대부분에서 법의 원칙이 충돌을 해결하며, 따라서 서로 다른 법질서들은 사실상 그 원칙에 의해 연결돼 있다. 하지만 법적으로 충돌을 조정하는 원칙은 제쳐두자. 그래야 법질서들이 한 줄기 연기처럼 사라지지 않을 것이다.

그런데 작금의 국제법은 충돌을 해결하는 해석의 규칙과 방법들에 의해 서로 연결돼 있지 않은 별개의 국제법 체계나 체제들에 있는 것도 아니고, 그 문제에 대한 "국제법"의 판단은 무엇인가에 대해 언제나 단일한 답이 존재하는 그런 단일한 국제법 체계에 있는 것도 아닌 듯하다. 그것은 그 중간 어디쯤에 있다. 국제법은 원칙적으로, 이를테면 상이한 조약 체제 간의 충돌에서 자유로운 것으로 제시되지 않는다. 그러나 많은 경우 혹은 대부분의 경우 충돌을 축소하거나 피하는 기술들이 없는 것도 아니다(Crawford·Nevill 2012). 모든 조약은 기껏해야 조약법—관습적인 국제법의 일부인—에 관한 빈 협정에서 발견되는 해석 원칙들에 의해 연결된다. 문제는 진정 통합된 단일한 법질서로 이동하는 게 나은가, 다른 방향으로 이동하는 게 나은가, 아니면 어느 쪽이든 상관없는가 하는 것이다.

얼핏 보면, 별개의 법체계들로의 국제법의 파편화 현상은 좋지 않게 전개될 것 같다. 국제법 실무의 도구적 가치를 전면적으로 축소시킬 것이기 때문이다. 이 장의 후반부에서 논할 텐데, 국가의 국제법 준수 의무의 기초는 일반적인 법 준수의 실천이 가져올 수 있는 이로움에 있다. 이 가치는 모든 주제 영역을 포괄하는 단일한 법질서가 존재할 경우 증대될 가능성이 높은데, 무엇보다 체계 전체에 대한 이기적이거나 도덕적인 충성이 개별 국가들에 순비용을 부과하는 법 규제의 영역에서 준수를 촉진할 수 있기 때문이다. 만일 환경법의 위반이 넓은 의미에서 바로 통상법과 같은 법의 위반으로 간주된다면, 그것은 환경에 관한 한 이로운 일이다.

물론 이것은 국제적인 법치가 좋은 것임을—우리가 그것을 끌어내리기보다는 더 좋게 만들려 애쓰는 가운데 그것을 통해 더 좋은 일을 할 수 있다는 의미에서—가정하고 있다. 하지만 이와 별개로, 상황은 보기보다 더 복잡하다(Koskenniemi 2012). 예를 들어, 국제 인권법의 옹호자는 통상법과 인권법이 동일한 주제에 대해 말하는, 모든 것을 고려한 법적 해답을 발견하려는 세계무역기구 재판소의 시도를 반기지 않을 수 있다. 이것은 인권법을 달갑지 않은 방향으로 인도할 것이기 때문이다(Alston 2002). 하지만 같은 이유로, 주제가 매우 협소하게 규정된 다자간 조약들을 통해 법을 제정하는 것은 가장 강력한 국가들, 특히 미국의 힘을 증대시키는 데 적합한 메커니즘, 혹은 증대시키도록 기획된 메커니즘이다. 다른 요인들보다 이런 식의 진행이, 약소국가들이 여러 문제에 걸쳐 효과적으로 제휴하지 못하게끔 하는 장애물이 된다(Benvenisti·Downs 2007).

이러한 점들 중 일부는 파편화의 제도적 측면과 규범적 측면 모두에 달려 있다. 국제법위원회 스터디그룹은 그 문제의 제도적 측면을 다루길 거부했다. 모든 것이 다양한 재판소의 실무에 달려 있으므로 그 이유를 알 수 있다. 완전한 조사는 분명 매우 복잡한 일일 것이다. 하지만 판결 기구들의 확산이 반드시 법에 대한 다른 해석들로 이어질 원칙적인 이유가 없다는 것은 분명하다. 결국, 국제사법재판소는 강제 관할권을 가진 적이 없으니, 국내법 모델에 따른 기존의 계층적 체계가 모두에게 개방된 수평 체계로 대체된 것은 아닌 것 같다. 문제는 특수한 관할권을 갖는 다수의 재판소라는 새로운 풍경이 사실상 법의 내용에 대한 의견 불일치와 불확실성을 증가시켰는가 하는 것이다. 여기에 논쟁이 있다. 많은 국제법 학자와 법 이론가들은 오히려 이 전선에서 낙관적이다(예컨대 Pauwelyn 2003을 보라). 국가적·초국가적·국제적 법원들 간의 "대화"와 법관 혹은 심판관의 역할을 맡은 사람들의 상호 합의에 이르고자 하는 욕구가 많은 부분을 차지한다(Burke-White 2005). 그 밖에는, 각 재판소마다 다른 제도적 설정과 심판관들의 제휴가 어쩔 수 없이 다른 방향으로, 파편화로 나아가고 있다(Alvarez 2008).

규범 문제에 대한, 42개 결론과 500여 쪽에 달하는 스터디그룹 보고서는 국제법, 특히 조약법에 관한 빈 협정에서 표현된 그런 국제법은 첫 번째 결론—"하나의 법체계인 국제법은 (…) 규범들을 무작위로 모아놓은 것이 아니다"—의 진술을 정당화하기에 충분한 해석 원칙과 갈등 규칙들을 담고 있다는 취지의 명쾌하고 설득력 있는 법적 주장을 제시한다. 달리 말해, 법의 연원들이 상충하는 많은 경우에, 어쩌면 대부분의 경우에, 국제법은 단 하나의 해답이 되어준다.

이러한 결론 역시 논쟁의 여지가 없는 것은 아니다. 하지만 이것은 여기서 천착할 문제가 아니다. 왜냐하면, 국제법이 통합된 단일 규범 체계인지는 국제법의 여러 하위 부분에 공통된 국제법 규범들에 주

무엇이 법을 만드는가

목함으로써 해결될 수 있는 교조적 문제라는 것이 주된 논점이기 때문이다. 상이한 법 이론, 법의 근거들에 관한 상이한 이론들은 물론 이러한 탐구에 다르게 접근할 것이다. 비실증주의자는 실증주의자보다 쉽게 단일 체계를 찾을 것이다. 하지만 그것은 또한 도덕적으로 말해서 단일 체계가 있는 것이 더 좋은지에 달려 있다. 그리고 앞서 보았듯이 이것 역시 여기서 충분히 이야기할 수 없는 복잡한 문제다.

국제법이 단일 체계라고 가정한다면, 그 체계가 다른 체계들과 어떻게 상호 작용하는지에 대한 복잡하고 매우 중요한 문제들이 남는다. 분명 세상에는 단일한 법질서에 의해 제공되는 계층적 해석의 규칙들에 따라 모든 충돌을 해결할 수 있는 그런 단 하나의 법체계가 존재하는 것이 아니다. 유럽연합 회원국들이 처한 현재의 법 지평의 경우 세 가지 법체계를 포함하고 있다고 보는 것이 가장 자연스럽다 (Dickson 2008. 하지만 Kumm 2012를 보라). 이는 순수하게 법적인 지침의 단일한 연원 없이 특정 국가와 특정 법원들이 해결해야 할 계층 구조의 문제 및 충돌 해법의 문제를 제기한다. 2008년의 카디에 대한 결정에서 "테러 명단"에 올라 있는 자들의 자산을 동결하는 것에 관한 유엔 안전보장이사회의 결정을 이행하는 유럽의 규정들이 유럽법에 명시된 기본권에 부합하지 않으므로 효력이 없다고 주장한 유럽사법재판소는 옳았는가?(de Búrca 2010을 보라). 독일 헌법재판소가 독일 헌법과의 관계에서 유럽법에 대해 취한 비슷한 입장은 어떤가?(Kumm 2005를 보라). 여기서의 문제는 원칙과 관할권에 관한 것이다. 하지만 법원과 행정부에게는 정치의 문제이기도 하다. 이러한 유의 문제는 국가를 넘어서는 법체계들이 계속 증가함에 따라, 또 계속 증가할 경우, 중요성을 더해가는 것 같다(Besson 2010과 Twining 2009를 보라).

법? 더 많은 법?: 집행의 문제

그것이 다소간 제도화된 하나의 규범 체계일 수는 있지만, 과연 그것이 법일까? 국제법이 정말 법인가 하는 오래된 질문은 규범 질서들을 여러 유형으로 분류하는 것과 관련 있는가? 법질서를 말하자면 "실증 도덕"—오스틴(Austin 1995, 112)이 국제법을 이렇게 규정했듯이—과 구별시키는 것은 무엇인가?

이는 법의 본성 혹은 법 개념의 내용에 관한 질문이지만, 법의 근거들의 문제와는 구별된다. 물론 어느 정도 관련성은 있다. 법의 근거들과 관련해 실증주의자들은 체계의 규범들이 충분히 정의롭거나 혹은 충분히 좋다는 것을 한 법체계의 존재 기준으로 받아들이고 싶을 것이다. 만일 당신이 규칙의 효력이 규칙이 갖는 장단점이나 '이유를 부여하는 힘'과는 별개라고 믿는다면, 당신은 그 체계 전체에 대해서도 똑같이 느낄 가능성이 높다. 마찬가지로, 만일 당신이 법적 권리와 의무가 실재의 도덕적 권리와 의무라고 주장한다면, 전반적이고 체계적인 부정의가 처음부터 어떤 강제적인 정치 질서가 올바른 법체계가 되지 못하게끔 하는 듯 보일 것이다. 따라서 실증주의자와 드워킨식

무엇이 법을 만드는가

비실증주의자들의 주된 논쟁이 법의 근거들에 대한 것임에도 그들이 나치 독일에 과연 법체계가 존재했는가를 놓고 논쟁했다는 것은 놀라운 일이 아니다(예컨대 Dworkin 1986, 101~108을 보라).

하지만 법의 존재 기준으로 제시된 다른 것들은 법과 도덕의 관계와는 아무 연관이 없는 것이다. 심지어 법을 일종의 독특한 통치 체계로 보는 론 풀러의 설명도, 우리가 "법의 내적 도덕"을 그의 설명의 동기라기보다는 그의 설명의 함의로 다루는 한, 실증주의의 전망과 전적으로 양립할 수 있다(Rundle 2012와 Shapiro 2011, 392~395를 보라). 통치의 한 방식으로서의 법이 독특하게도 법의 주체들을 책임 있고 사려 깊은 대리인들로 간주한다고 생각하는 것은 직관적으로 호소력 있다(Waldron 2008). 장래효, 공지성, 항구성, 일반성 등과 같은 풀러의 원칙들을 위반하는 통치 양식은 사람들이 받아들이기로 선택할 수 있는 규범들을 제공하는 것이 아니다. 그러므로 그것을 "법체계"라고 부르는 것은―심지어 사람들을 대리인으로서 다스리는 것이 도덕적으로 더 나은가의 문제를 따지지도 않고― 적절하지 않다고 느끼기 쉽다.

국제법에 반하여 제기된 법체계의 존재 기준들은 국제법의 제도적 결함으로 여겨지는 것들과 일반적으로 관련돼 있고, 따라서 실증주의자와 비실증주의자들 사이처럼 중립적이다. 우리는 명령을 하는 주권이 존재하지 않는다는 이유로 국제법을 실증 도덕으로 폄하한 오스틴의 태도를 제쳐둘 수 있다. 또한 입법 기관의 부재나 강제 관할권이 있는 계층적 법원 제도의 부재 때문에 실격이라고 주장하는 사람은 이제 거의 없다.[91] 하지만 국제법과 국내법 사이에는 계속 관심을 끄는 명백한 차이가 하나 있다. 많은 사람이 생각하기에, 국가를 넘어서는 법의 지위의 문제점은 명령을 하는 주권이 없다는 것이 아니라 집행을 하는 주권—행정부—이 없다는 것이다.

집행의 문제를 준수의 문제와 구별하는 것이 중요하다. 법 이론이라는 관점에서 볼 때, 하나의 법체계는 그것이 일반적으로 준수되지 않는다면 시행 중이지 않은 것임이 명백하다. 이것은 켈젠의 효력 기준인데, 이는 모든 사람에게 받아들여질 수 있을, 그의 이론의 몇 안 되는 측면 중 하나다. 이것은 법의 본성에 대한 설명에서의 집행 혹은 강제의 역할과는 전적으로 다른 문제다. 하지만 그 둘 다 국제법 이론에서 어느 정도 함께 다뤄져왔다.

국제법은 일반적으로 준수되는가? "거의 모든 국가가 국제법의 거의 모든 원칙과 자신의 거의 모든 책무를 대부분의 경우 준수하고 있다"는 루이스 헨킨(Henkin, 1979)의 실용적인 관찰은 두 가지 다른 반응에 직면해왔다.

먼저 이러한 설명을 국제법의 개별 영역들에 대한 경험적 연구에 의해 검증하려는 시도가 있다. 방법론적으로 여기서 생각할 것이 많더라도, 지금까지의 결과들이 헨킨의 상식적 추측을 크게 약화시키지는 않는다(탁월한 리뷰로는 Beth Simmons 2010을 보라). 만일 헨킨의 추측이 옳다면, 그것은 국제법이 켈젠의 의미에서 효력 있다는 것을 지지할 것이며, 이는 다시금 상식으로 보인다. 국제법은 시행 중인 체계다.

전혀 다른 계열의 반응은 법 규칙에 따라 행위한다는 의미에서의 법 준수는 전혀 흥미롭지 않다고 주장한다. 우리는 국가 및 다른 전 지구적 법 주체들의 동기에 영향을 준다는 의미에서 국제법이 변화를 가져오는지를 알 필요가 있다. 여기서 합리적 선택과 게임 이론이 국제법 이론으로 들어오게 된다. 잭 골드스미스와 에릭 포즈너(Goldsmith·Posner 2005)의 분석은 다음과 같은 결론에 이르고 있다.

국가들이 국제법을 언제 그리고 왜 준수하는지에 관한 가장 좋은 설명은, 국가들이 국제법을 내면화했다거나 국제법을 준수하는 습관이 있다거나 혹은 국제법의 도덕적 견인에 이끌린다는 것이 아니라 단지 국가들이 이기심에 의해 행위한다는 것이다. (225)

골드스미스와 포즈너의 이론적 논변은 언뜻 보기에는 논점을 회피하는 듯 보인다. 왜냐하면 이기심은 선호 극대화로 정의되고 국가들은 국제법 준수를 "선호"하지 않는 것으로 추정되기 때문이다(Golove 2005~2006). 하지만 그 논변은 국제법 이론의 좀더 전반적인 전환의 일부가 된다는 점에서, 다시 말해 좁게 해석되는, 국가들의 이기적 계산에 국제법이 가져오는 변화의 측면에서 국제법의 가치를 검증하는 그런 전환의 일부가 된다는 점에서 중요하다(Howse·Teitel 2010을 보라).

어떤 법질서가 시행 중인 것이 되려면 그것이 전반적으로 준수되어야 한다는, 법철학의 전통적 사고는 법 주체들이 법을 준수해야 하는 이유가 정확히 무엇인가라는, 아직 답을 찾지 못한 질문을 남겨놓는다. 중요한 것은 준수이지, 준수의 근거가 아니다.[92] 이러한 목적들을 위해서는, 국가의 행태에 관한 경험 연구들이 당연히 직접적인 관련이 있다. 오직 이기심만이 준수의 동기가 된다는 것을 보여주려는 시도는 논점을 벗어난다. 그렇다면 그러한 분석들의 목적은 무엇인가? 골드스미스와 포즈너의 경우, 국제법이 도덕적 힘을 갖고 있다는 믿음에 따라 국가들이 행위를 하며 이러한 믿음이 참이라는 "통념"을 약화시키는 데 전반적인 목적이 있는 것 같다(185).

법철학에서 좀더 흥미로운 것은 국제법의 친구인 앤드루 거즈맨의 방법론적으로 유사한 접근이다. 거즈맨(Guzman 2008)의 주장에 따르면 일반적으로 국제법은 그가 말하는 준수의 세 가지 R, 즉 명성reputation, 상호성reciprocity, 보복retaliation의 역할 때문에 준수의 이기적 이유들만을 간신히 제공한다. 하지만 그는 이른바 연성법軟性法—바젤 금융협정, 헬싱키 협정, 유엔 안전보장이사회의 선언처럼 법적 구속력이 없는 협정과 선언—이 똑같은 준수의 이유들을 제공할 수 있다고 (심지어 그것들이 새로운 보통법의 기초가 되기—가능하다면—전에도) 주장한다. 그는 이러한 결과가 국제법의 본성에 대한 우리의 이해의 수정을 요한다고 계속 주장한다. 거즈맨이 생각하는 국제법은 국가들로 하여금 달라진 동기 부여에 직면하게 하는 초국가적 합의나 인지된 책무를 포함한다(Guzman 2002, 1882).

여기서 일어난 일은, 비록 회의적으로 생각하는 국제법 이론가들이 국제법은 국내 모델에 따른 핵심적인 제도적 집행 기관을 결여하고 있다는 점에서 현실적으로 법이 아니라고 간단히 주장하는 것을 더 이상 편치 않아 할지라도, 어떤 확인 가능한 의미에서 법이 존재하려면 다른 무언가가 그 같은 기능을 수행하고 있어야 한다고 많은 사람이 분명히 느낀다는 것이다. 거즈맨이 주장하는 바는, 법체계의 뚜렷한 특징은 그것의 요구들이 미준수에 대한 대가를 수반한다는 것이다. 거즈맨은 자신의 접근을 국제법의 "준수" 이론이라 불렀지만, 사실 그의 주장은 전적으로 집행에 관한 것이다.

거즈맨의 접근은, 이기심이 준수할 것을 권고하는 모든 규범을 간단하게 "법적"인 것으로 규정하는 만큼, 배제주의적일 정도로 과도하게 포괄적이다. "동기와 행태에 영향을 미치는 그 국가 책무들을 구별짓는 데는 어떤 어휘가 필요한데, 법이라는 용어가 그러한 목적에 충분해 보인다"(Guzman 2002, 1878). 이러한 견해에서 본다면, 법의 연원들에 관한 이론은, 다른 사람들이 국가가 무언가를 해주기를 기대하는 때가 언제인지를, 그리고 그것을 하지 않을 때 치러야 할 대가가 있으리라는 것을 국가가 알 수 있게끔 해주는 이론이다(Guzman 2008, 195를 보라).

미준수에 치러야 할 대가가 결부된다는 의미에서 법을 시행되는 모든 규범과 동일시하는 것으로는 분명 충분치 않을 것이다. (나는 계약법하에서 시행할 수 없는 어떤 약정을 한다. 그럼에도 불구하고 불이행할 경우 내 평판이 손상을 입는다면 내게는 이행할 법적 요건이 있는 것인가?) 하지만 거즈맨의 접근은 집행에 대한 좀더 폭넓은 생각, 즉 중앙 집권적 기관들의 강제력을 넘어서 미준수가 불리를 끌어들이는 모든 상황까지 포함시키는 그런 폭넓은 생각을 끌어내는 데 도움이 된다. 이러한 맥락에서 우나 해서웨이와 스콧 샤피로(Hathaway·Shapiro 2011)는 법체계란 그 체계의 규범들을 강제해야 한다는 요구를 국제법이 충족시킨다는 것을 보여주자고 제안한다. 국제법의 경우에 집행은 법 기관들 자체가 아니라 대개 국가에 의해 수행된다. 또한 집행은 흔히 어떤 제도적인 틀 속에서 회원국 특혜를 철회하는 형식—그들이 "추방"이라 일컫는 것—을 취하며, 대체로 난폭하지 않다.

해서웨이와 샤피로는 대체로 세계무역기구와 같은 전문적인 조약 체제에 의해 마련된 외적 제재 조치들을 기술한다. 하지만 그들이 기술하는 전체적인 구조는 국가 책임에 대한 국제법에서 오랜 역사를 가지고 있다. 이 중심 원칙은 국제법의 책무 불이행이라는 측면에서 국가 책임을 설명하고, 보상의 책무를 규정하며, 어떤 상황에서는 보복 수단의 집행 메커니즘을 허용한다. 이러한 메커니즘은 애초에 피해 국가가 미준수 국가에 대해 갖고 있었던 책무를 이행하지 않는 것으로 규정된다(Crawford·Olleson 2010을 보라).

해서웨이와 샤피로에게 중요한 것은, 국제법의 법질서 자체가 문제의 제재 조치를 제공한다는—허용하든 요구하든—점이다. 이런 식으로 국제법 법질서를 강제하는 것은 (사실상) 법적으로 구속력이 없는 협정의 경우에도 똑같이 존재하는, 평판 등에 대한 자연스러운 영향들을 넘어서는 것이다. 수많은 사람이 법과 강제 사이에서 느끼는 직관적 관계 이면에 있는 것이 바로 이런 것인가? 즉, 중앙 집권적 집행 기관들이 없다 해도, 법질서는 준수를 장려할 제재를 어떤 식으로든 자체적으로 마련해두어야 한다는 의미인가?

무엇이 법을 만드는가

만일 이러한 제안이 모든 개별 법 규범은 그것의 법질서 자체에 의해 계획된 제재로 뒷받침되어야 함을 의미한다면, 우리는 그것을 거부해야만 할 것이다. 앞 장에서 지적했듯이, 행정부에 의한 국내 헌법 위반에 특성화된 제재는 없다. 해서웨이와 샤피로가 지적하듯이, 독자적인 인권 조약이나 환경 조약에는 쓸 만한 추방의 제재가 없다. 이러한 사실에 대한 그들의 대응은 그것을 제도 설계의 문제로 간주하는 것인데, 유럽인권협정의 경우처럼, 인권 체제가 상호 이익이 되는 다른 체제들과 함께 묶일 수 있는 것이다(321). 물론 국제 경찰력의 부재 역시 제도 설계의 문제점으로 제시될 수 있다. 게다가 이것은 서로 그리 이익이 되지 않는 독립적인 조약 체제들의 법적 지위가 의문시됨을 시사한다. 이것은 결코 설득력 있어 보이지 않는다.

반면, 법과 강제의 고리를 완전히 끊어버리는 것도 설득력 있어 보이지 않는다. 따라서 아마도 우리는 이렇게 말해야 할 것이다. 법으로서의 지위가 효과적 집행을 위한 조항을 요구한다는 것이 아니다. 법과 관련해 우리는 효과적 집행을 위해 규범 질서 자체 내에 규정이 만들어지는 것이 분명 적합하다고 간주하겠다는 것이다. 적절하게 규제된 제3자의 강제는 원칙적으로 언제나 적절하다. 당사국들이 분명히 공표하는 협정은 법적으로 구속력이 없기 때문에 우리가 생각하지 않는 것이 바로 이것이다. 법과 집행 사이에 밀접한 연관이 있다는 주장이 있으려면 이러한 형식을 취해야 하리라고 본다. 법체계와 관련해 독특한 점 하나는 효과적인 강제 집행이 상황의 본질상 적절한 것으로 간주된다는 것이다. 따라서 나는 그랜트 라몬드(Lamond 2001,

55)의 의견에 동의하는데, 그의 주장에 따르면 법체계와 강제 사이의 고리는 구성적인 것이라기보다 정당화적인 것이다. "법은 강제 수단을 가지고 스스로의 명령을 강화할 권리를 주장한다." 물론 정당성의 실질적 조건들은 집행이 정당한 경우에 충족되어야 하지만, 법이 일단의 정당한 요구들—상황이 순조롭다면 당연히 법 자체에 의해 제공된 규칙과 표준에 따라, 적절한 경우에는 과격하게 집행될 수 있을 정당한 요구들—로 제시된다는 생각은 맞는 것처럼 들린다. 이는 정당한 집행이 가능하지 않거나 실천될 수 없는 상황에서 하나의 규범이 갖는 법으로서의 지위가 축소된다는 의미는 아니다. 하지만 이는 법을 다른 규범 체계들과 구별하는 데 도움이 된다.

바로 여기에, 자연 상태에는 자연의 법law of nature에 대한 위반을 처벌할 자연권이 존재한다고 본 로크와의 접점이 있다. 나는 이것이 내가 처벌을 받을 만한가의 문제와 누가 벌을 내릴 수 있는가의 문제를 혼동하는 것이라는 앤스콤(Anscombe 1990)의 견해에 동의한다. "우리는 벌을 내릴 권리가 없는 사람들에 의해 응분의 벌을 받음으로써 두 번째로 부당한 대우를 받을 수 있다"(163). 내가 (도덕적으로) 잘못 행위할 경우에 제3자가 나에게 무엇을 할 수 있는가는 실질적인 도덕 문제다. 하지만 내가 잘못했다는 단순한 사실이 공정한 어떤 사람의 집행 조치를 자동으로 정당화하지는 않는다는 것은 분명해 보인다. 반면, 만일 내가 위반한 것이 (정당한) 법이고, 그 법 자체가 적절한 대리인과 처벌의 성격을 명시하고 있다면, 어떤 강압적 대응의 적절성은 당연하게 여겨질 것이다. 제재 유형과 제재 조치의 공정성에 관한 문제들은 항상 존재하겠지만 말이다.

도덕 영역에서 우리는 다음과 같이 물을 필요가 있다. 우리는 모종의 제재를 부과함으로써 다른 사람의 행위에 관여하고 다른 사람의 행위를 변화시키려 할 권리가 있는가? (때로는 있고, 때로는 없다.) 법 영역에서는 우리는 적절한 사람들이 법 미준수에 대해 제재를 가할 권리를 갖고 있는지를 따지기보다는, 오히려 문제의 행위가 애초에 법적 규제의 대상이었는지를 따진다.[93]

법질서를 다른 방향에서 여느 규범 질서와 구별 짓는 것은 무엇인가의 문제를 파고들기 위해, 그리고 어쩌면 이러한 문제를 우선적으로 제기하는 것을 정당화하기 위해, 우리는 최근에 새로 생겨난 법의 경우를 고찰할 수 있다. 오늘날 국제법 이론에서 가장 중요하고 흥미로운 논의는 흔히 "글로벌 거버넌스"라고 일컬어지는 것과 관련 있다. 이 용어의 정확한 범위 자체가 학문적 논의의 주제이기도 하지만, 대략적인 개념은 국제기구들이 전 세계적으로 국가들의 정책 선택과 사람들의 삶에 미치는 영향을 강조하는 것이다(Kingsbury 2009; Kingsbury·Krisch·Stewart 2005; von Bogdandy·Dann·Goldmann 2008; Walker·de Búrca 2007). 이러한 기관들이 조약의 창조물일 수도 있고, 따라서 고전적 의미에서의 국제법의 창조물일 수도 있지만, 그것은 하나의 가능성일 뿐이라는 점이 중요하다. 그 기관들은 또한 국가 행정부나 공·사 혼종의 기관들이나 심지어 완전히 사적인 기관들 사이에 존재하는, 비공식적 클럽과 같은 장치일 것이다. 이러한 양상의 세계화에 의해 제기되는 정치적 문제는, 반드시 국가들의 통제를 받는 것은 아닌, 따라서 보통법과 조약법이 가질 수 있는 정도의 책임조차 잠재적으로 결여한, 상당한 영향을 미치는 전 세계적 제도 영역이 존재한다는 것이다. 앞서 지적한 것처럼, 조약에 의해 만들어진 유엔 안전보장이사회 같은 기구들조차 헌장 당사국들의 지속적인 "입법적" 통제하에 있지 않은, 규칙을 만들고 결정하는 기능을 갖고 있다(Alvarez 2005).

세계가 통치되는 방식에서의 이런 변화와 법 사이의 관계에 대해 적어도 두 가지 질문이 존재한다. 첫째는, 이처럼 다양한 기구에 의해 만들어진 규칙과 결정들을 법적 규칙과 법적 결정으로 생각하는 것이 얼마나 이치에 맞는가 하는 것이다. 둘째는, 법이 이 모든 결과적인 제도적 활동에 대해 어느 정도 통제권을 주장할 수 있는가 없는가, 그리고 어떻게 주장할 수 있는가 하는 것이다.

첫 번째 질문에 대한 답은 해당 기구에 달려 있을 것이다. 따라서 안전보장이사회가 어떤 사람을 "테러 목록"에 올려놓고 회원국들에게 그 사람의 자금을 동결하라고 지시한다면, 이것은 법적 힘을 지닌 결정으로 간주된다. 만일 그렇지 않다면, 카디에 대한 유럽사법재판소의 결정은 유명한 사건이 되지 못했을 것이다. 정반대로, 순전히 사적인 기구인 국제표준화기구ISO에 의한 결정들은, 국내법과 조약에 기초한 국제기구들의 결정 모두에 광범위한 영향을 미칠 수 있을지라도 확실히 법적 힘은 없다. 만일 ISO의 결정이 법적 힘을 갖는다면, 무디스 같은 사설 신용 평가 기관들의 결정도 그럴 것이다. 혹은 대부분

무엇이 법을 만드는가

의 국가의 실행 가능한 경제·사회 정책들의 범위에 (적어도 인지되는) 엄격한 제약을 가하는, (범세계적) 채권 중개인들의 결정, 특히 예측적 결정들을 생각해보자.

ISO가 회사나 독립적인 개인들의 집단이 아니라 비정부기구NGO라는 점도 ISO의 표준들을 법으로 만들어주지 않으며, ISO가 세계 모든 국가의 대표들로 구성되어 있다는 사실도 그렇다. 어떤 것도 ISO의 표준을 법으로 만들 수 없다. 왜냐하면 ISO의 표준들은 수수료를 내야만 이용할 수 있기 때문이다. 수수료를 내고 취하든지 거부하든지 둘 중 하나인 것이다. 미준수라는 것이 있을 수 없으니 미준수를 어떻게 할 것인가 하는 문제는 생기지 않는다. ISO 표준들이 예컨대 세계무역기구의 법적 규제에 통합되는 것은 사실이지만 (Kingsbury·Krisch·Stewart 2005, 23), 그러한 사실이 그 표준들 자체를 법적 구속력이 있는 것으로 만들지는 못한다. 사설 평가 기관들의 결정을 참고하고 구체화하는, 은행 및 기타 금융 기관들에 대한 규제도 무디스를 입법자로 만들지는 못한다.

물론 한 조직의 결정들이 법적 힘을 갖지는 않는다고 해서 그 결정을 법으로 규제하는 것이 부적절하다는 의미는 아니다. 특히 2008년의 금융 위기 이래, 사설 평가 기관들은 미국 법의 규제를 받는다. 일단 우리의 관심이 입법 단체들로부터 사람들의 삶에 영향을 줄 수 있는 전 세계적 기구나 활동으로 확장될 경우, 글로벌 거버넌스 논의의 초점이 전 세계적으로 사람들의 삶에 영향을 주는 사적이거나 공적인, 개별적이거나 집단적인 어떤 활동보다 다양한 종류의 국제기구들에 놓이는 이유가 무엇인지 궁금한 게 당연하다. 하지만 그 점을 제쳐 놓으면, 당장의 문제는 이것이다. 만일 국제기구에 대한 법적 규제가 적절하다고 생각된다면, 법적 규제가 어떤 식으로 이루어져야 하는가?

조약 체제의 산물인 기구들에 의한 결정의 경우, 하나의 명백한 해법은 입법적 변화일 것이다. 즉, 우리가 적절하다고 믿는 의사 결정의 절차적 규칙을 의무화하도록 조약을 수정하는 일일 것이다. 하지만 실제로 그럴 가능성이 희박하다는 것을 제쳐두더라도, 그것이 공적 책임의 관점에서 가장 우려스러운 사례들을, 즉 법의 산물이 아닌 국제기구들을 확실히 보호해주지는 않을 것이다. 그러한 기구들의 영향은 법적 규제에 편입될 때—예컨대 통상법에서 ISO 표준들이 소환될 때—어느 정도까지는 규제될 수 있다. 하지만 이런 유의 기구들의 영향은 그 기구들이 법에 편입된다고 해서 없어지지는 않는다. 우리는 더 폭넓게, 혹은 더 포괄적으로 접근할 필요가 있다.

현재 다수의 포괄적인 접근이 논의되고 있다. 해당 기구가 국내 행정법을 본뜬 "범세계적 행정법"에 의해 적절히 규제되는 "범세계적 행정 공간"을 구성한다는 접근이 있다(Kingsbury·Krisch·Stewart 2005). 또 다른 선택지는 전통적으로 국제 제도법international institutional law이라 불려온 것에 대한 이해를 넓히는 것이다(von Bogdandy·Dann·Goldmann 2008).

이러한 분야 전체는 극도로 복잡해서, 나는 그것을 제대로 다루기를 바랄 수 없다. 따라서 나는 하나의 예로서 범세계적 행정법 모델을 사용할 것이다. 여기서 주장되는 바는, 이 다종다양한 국제기구들의 활동이 영향을 미치려면 투명성, 협의, 참여, 합리성, 심사와 같은 규범들에 대한 준수가 필요하다는 것이다(Kingsbury 2009). 좀더 강력한 민주적인 공적 책임이 부재할 때, 이러한 과정상의 규범을 준수하는 것은 분명 좋은 일이다. 하지만 여기서의 제의는 어떤 범세계적 행정법이 출현하고 있다는 것이며, 내 질문은 종래의 법학이 현재 그러한 법을 인정하지 않는 상황에서 그것이 의미하는 바는 정확히 무엇인가 하는 것이다.

법이 존재해야 한다. 효과적 집행이라는 맥락에서, 이 말의 가장 자연스러운 의미는 "당국"이 그것을 중지시켜야 한다는 것이다. 집행이 부재하는 상황에서 이것은 무엇을 의미하는가?

(범세계적 행정)법이 존재해야 한다거나 혹은 그러한 법이 출현하고 있다는 것에는 이러한 범세계적 기관들―그처럼 큰 영향을 미친다는 점에서, 또 민주적 통제를 받지 않는다는 점에서―이 의사 결정에서 정말로 형식과 절차상의 기준들을 따라야 한다는 것 이상의 의미가 있을 것이다. 결국 그게 사실이라면 이미 사실인 것이다. 아마도 공히 수용될 수 있는 일련의 절차가 존재할 것이고, 모든 관련 기구가 그 같은 절차를 고수하는 게 중요할 것이다. 하지만 모든 관련 기구가 함께 모여서 이러한 협력 문제를 해결한다는 제안은 여전히 우리에게 법의 역할을 가져다주지 못할 것이다. 법이 존재해야 한다는 것은 관련 의사 결정자들이 "IO 윤리"의 몇 가지 코드를 실행하는 것이 좋으리라는 것 이상을 의미해야 한다. 즉 새로운 법이 출현하고 있다고 말하는 것은 분명 사람들이 자신의 윤리적 관점에 집중하기 시작했다

는 것 이상을 뜻한다.

문제는, 유타 브루네와 스티븐 투프(Brunnée·Toope 2010, 20)가 말했듯이 "'법'이 어떤 가치를 부가하는가?"이다. 그들 자신의 답은, 어떤 규범적 관행이 풀러의 설명에서 제시된 그런 합법성의 요건 혹은 법치주의의 요건을 충족시킨다면 이것만으로 규범이 법 규범의 자격을 얻기에 충분하며, 부가되는 가치는 그 통치 체계가 훨씬 "충성"을 받을 만한 것이 된다는 것이다(27). 그렇지만 이러한 답은 옳을 수가 없다. 왜냐하면 규범적으로 구조화된 모든 종류의 협력적 관행이 풀러의 형식 요건들을 충족시킬 수 있기 때문이다. 법에는 그러한 요건들이 필요하겠지만, 그 요건들만으로는 분명 충분치 않다.

또 분명한 점은, 공적인 국제법에서 현재 일반적으로 받아들여지지 않고 있는 다양한 제도적 기준(법원, 입법부, 집행 기관)이 이 경우에는 도움이 되지 않는다는 것이다. 라즈(Raz 1999, 150~152)가 말한 법체계의 두 가지 존재 기준인 포괄성과 우위 주장은 국가를 넘어서는 법의 경우 논점을 벗어나는 것 같다. 파편화의 전망을 고려하면, 심지어 공적인 국제법에서도 그렇다. 그렇다면 무엇이 남는가?

법과 다른 종류의 규범 질서들 사이에 경계선을 그어주는 것으로 제시되어온 기준들에 대한 브라이언 타마나하(Tamanaha 2001, 133~170)의 논의는, 사실상 아무것도 남지 않는다는 결론에 이른다. 타마나하는 그러한 경계선을 인정하고 싶어하며, 오래된 것을 법으로 간주하고 싶어하지 않는다. 하지만 그가 받아들일 수 있는 유일한 기준은 다음과 같이 순전히 규범적인 것이다. "법이란 사람들이 자신들의

무엇이 법을 만드는가

사회적 관행들을 통해 '법law'(혹은 droit, recht 등)으로 인식하고 대우하는 모든 것이다"(166).

법질서를 다른 형태의 규범 질서들과 구별해주는 것으로 제시된 실질적 기준들에 관한 타마나하의 회의적 언급은 개별적으로 설득력 있어 보이지만, 그의 결론적 입장은 설득력이 없다. 우선 그것은 번역하기 어렵다. "droit"와 "Recht"를 다루는 것은 수월할지 몰라도, 어떤 언어를 처음 번역할 때 우리는 "law(법)"와 "mores(습속)" 사이에서 무엇을 선택할 것인가? 만일 "법"이라는 말에 대한 믿음이 전혀 없다면, 우리가 길잡이로 삼을 만한 것은 없을 것이다.[94] 보다 중요한 것은, 우리가 행위나 관행이 법적으로 규제되어야 하는지 자문할 때 생각할 게 아무것도 없게 된다는 점이다. 우리 지역의 인권과 통상 모두를 이슈로 다루는, 새로운 초국가적 법체계가 존재해야 함을 우리가 제안한다고 생각해보자. 우리는 정확히 무슨 말을 하고 있는 것인가? 국가는 무역을 할 때, 그리고 주체들의 권리를 존중할 때 정말로 공정하게 해야 한다는 주장과는 다른 무엇이다. 이는 의심의 여지가 없는데, 그렇다면 그것이 무엇인가?

앞서 언급한 기준들 중 어떤 것도 그 자체로 필요하거나 충분하지 않지만, 그것들의 합은 느슨하게, 집합적으로, 다른 종류의 규범 질서들과 법 사이의 경계선을 결정한다는 것이 옳은 답일까? 이 모든 차원에 많은 것이 있다면 법이 있는 것이고, 많이 있지 않다면 법이 없는 것이다. 이것은 기술記述들의 "집합"으로 언급을 확고히 한다는 생각으로, 6장에서 언급된 개념들에 대한 기준적 접근의 한 형태다. 문제는, 심지어 이러한 기준들 중 어떤 것도 충족되지 못한다 해도(입법부도, 법원도, 중앙 집권적 집행도, 포괄성과 우위의 주장도 없다 하더라도) 범세계적 행정법이라는 개념이 불가능하지는 않다는 것이다. 마찬가지로, 공적인 국제법이 파편화되어 이를테면 국제 환경법이 하나의 분리 체제로 간주되는 것이 적절하다면 그것은 그 기준들을 전혀 충족시키지 못할 것이다.

논의될 수 있는 기준은 더 많지만, 나는 여기서 그것들을 포괄적으로 다루지는 않을 것이다(관련 논의로는 Yankah 2008을 보라). 그보다는 나는, 새로운 법을 요구하는 맥락에서 법을 법으로 만드는 것이 무엇인지 생각해보는 이 검토가 앞서 도출된 견해를 직관적으로 뒷받침해줄 수 있기를 바란다. 법이 존재해야 한다고 우리가 말할 때, 그것이 꼭 현존하는 당국이 어떤 행위를 중단시켜야 한다는 뜻은 아니다. 거기에는, 준수를 장려하도록 계획된 모종의 규칙들을 적절히 포함하는 (가능하면) 그런 규범 질서를 우리가 원한다는 뜻, 그리고 일상의 사건들 속에서 규범들을 강제로 집행하는 것이 옳고 적절하다는 뜻도 담겨 있는 것 같다. 우리가 염두에 두고 있는 규범 질서는, 말하자면 규칙들이 적절히 집행된다고—가급적 바로 그 질서의 규칙에 따라—일반적으로 이해되며 또 그렇게 보이는 그런 규범 질서다. 그것이 법이 만드는 하나의 주된 차이, 법이 부가하는 하나의 가치다. 또한, 잘 모르는 어떤 범세계적 기관들이 우리 삶에 미치는 영향에 대해 관심 있는 사람이라면 단순한 IO 윤리 대신에 범세계적 행정법을 원하리라고 감히 내가 말하는 이유도 거기에 있다.[95]

사실, 새로운 법 규범들을 요구하는 것은 그 법 규범들을 집행하는 데 대한 도덕적 반대가 있을 수 있다는 믿음을 드러내는 것이다. 집행이 실제로 이뤄져야 하는지 혹은 이뤄질 것인지는 타당성과 제도적 기획의 문제에 달려 있다.

물론 그것이 사람들이 원하는 법이라고 말하는 게 꼭 집행과 관련된 이야기인 것은 아니다. 그것은 분명, 사람들이 염두에 두고 있는 규범 질서의 형식적 특성과 관련된 이야기이기도 하다(Pirie 2013). 앞서 말한 것처럼, 풀러의 형식 기준들을 충족시키는 것으로는 분명 하나의 법체계를 식별하는 데 충분하지 않지만, 그 기준들에 대한 총체적 위반은 전체적으로 우리가 다루는 것이 하나의 법체계가 아님을 의미한다는 그의 견해는 설득력 있어 보인다. 충실한 설명이 되려면 판결 기관들의 특별한 중요성―실재건 가능성이건―또한 법질서들을 위해 고려해야 할 것이다. 법정 없이 법이 있을 수 있다 해도, 법정은 오히려 대부분의 법체계에서 가장 중요하다. 여기서 내 목적은 법적 규범 질서들의 성격에 대해 충실한 설명을 제시해보려는 것이 결코 아니다. (나는 그러한 분류 계획이 단지 그 자체를 위해 특별히 중요한지 잘 모르겠다.) 오히려 초점은 특히 집행의 중요성에 놓였는데, 국가를 넘어서는 법과 관련해 집행이 그만큼 중요한 문제이기 때문이다.

뒤에서 이야기될 텐데, 법이 실제로 존재하는 보다 높은 권력에 종속되지 않는 한 그 어떤 사람, 기관, 국가도 법에 종속되지 않는다는 형편없는 생각으로 기울지 않아도, 우리는 법이 권력 행사와 관련 있다는 상식적인 생각을 할 수 있는 것 같다.

국제적 책임

국제법은 보복 수단들을 통해서 이미 집행 조치를 마련해두고 있으며, 나아가 범세계적 법의 실천 가능한 집행 양식들이 생겨날 수도 있다. 집행은 준수하지 않는 법 주체에게 제재를 가하는 것을 의미한다. 그런데 그 제재의 책임이 적임자에게 돌아가는가?

범세계적 법의 주체들에는 다양한 개인, 기관, 국가가 포함된다. 국제 형법하에서 개인들이 지니고 있는 법적·도덕적 책무에 대해서나 준수하지 않는 사람들의 도덕적 책임에 대해서는 골치 아픈 문제가 없다(국제형사재판과 형벌의 정당성에 관한 문제들이 있지만 그것은 다른 사안이다). 하지만 국가나 국제기구들 같은 법인체들에 관한 한, 때로는 책무도 책임도 아무런 의미가 없는 듯 보인다. 오직 사람만이 의무를 가질 수 있고, 오직 사람만이 의무의 위반에 대해 책임을 질 수 있다.

사실 추상체들이 법적·도덕적 책무를 띠는 것에 대해서는 골치 아픈 문제가 없다. 여기에는 분명 법인과의 유사성이 있다. 법인은 마음을 갖지 못하며, 따라서 법을 준수하거나 올바른 일을 하는 것에 대해 숙고할 수 없지만, 경영진과 구성원들은 숙고할 수 있다. 마찬가지로, 국가의 정부와 국제기구들의 이사회에서 의사 결정 권한을 갖고 있는 사람은 법을 준수할지 여부를 선택할 수 있다. 이러한 추상체들은 거기 소속된 공무원들의 결정을 통해서 거기 부과된 책무들을 준수하는(혹은 준수하지 않는) 것이다.

이처럼 상식적인 이야기에서 중요한 것은 의사 결정을 위한 어떤 제

무엇이 법을 만드는가

도화된 메커니즘이 존재한다는 것이다. 우리는 하나의 집단으로서의 기독교인들이 비기독교인들의 권리를 침해하지 않을 책무가 있다고 결코 말할 수 없다. 그런 책무를 갖는 것은 집단이 아니라 각 개인이다. 하지만 우리는 자체적으로 공무원과 의사 결정 과정을 두고 있는 가톨릭교회의 책무에 대해 말할 수 있다.

아울러 책임에 대해서도 골치 아픈 문제가 없다. 한 국가의 국제법 위반에 대한 책임은 결정을 내린 공무원들에게 있는데, 여기에는 형이상학적 난제가 없다.

하지만 평범한 시민들인 우리는 어떤가? 우리 역시 책임이 있나? 나는 국제법 준수를 약속하는 정당에 투표했지만 그 정당이 국제법을 준수하지 않는 정당에 패했다고 가정해보자. 나는 내 정부가 지속적으로 국제법을 위반하는 것에 대해 책임이 없다. 준수하지 않는 정당에 투표한 사람들은 어떤가? 우리는 그들 모두가 선거운동에서 명시적으로 약속된 위반—불법 전쟁을 수행하겠다는 약속과 같은—에 대해 (앞 장에서 논의된 의미에서) 책임이 있다고 말할 수 있다. 하지만 나중에 법을 위반하는 후보에게 투표한 것만으로는 누구도 그 결정에 대해 책임이 없다. 따라서 많은 경우에 사적인 시민들이 자기 나라의 미준수 행위에 대해 도덕적으로 책임이 있다고 말할 순 없다. 책임은 전적으로 관련 결정을 내린 공무원들에게 있는 것이다.

한 국가의 위법 행위가 그 나라 사람들 전체에게 짐을 지울 제재를 이끌어낼 수 있기 때문에, 어떤 이들은 여기서 심각한 문제를 제기한다. 안토니오 카세세가 그중 한 명이다.

국제 공동체는 너무 원시적이어서 집단 책임이라는 낡은 개념이 여전히 편재한다. 국가들이 국제적인 규칙을 위반하는 경우, 그 개별 국가 공무원이 속해 있는 집단 전체—실질적으로 그 규칙을 위반한—가 책임을 진다.[96]

이러한 반론에 대해 할 수 있는 하나의 대응은 국가를 진정한 집단 책임을 이해하는, 어떤 강한 의미에서의 정치 공동체를 구성하는 것으로 설명하는 것이다.[97] 그러한 설명은 국가의 행동에 대한 책임을, 심지어 그것을 막기 위해 있는 힘을 다한 시민들에게까지 확대할 것이다. 앞 장에서 논한 것처럼, 드워킨의 연합적 책무와 진정한 우애의 정치 공동체 형성에서 법이 담당하는 역할이 하나의 가능성이 될 것이다(또한 Nagel 2005를 보라). 나는 그러한 설명이 심지어 하나의 이상理想에 대한 기술로서도 설득력 있다고 보지 않지만, 어쨌든 우리는 그 설명을 무시할 수 있다. 우리의 비이상적인 현실 세계에서는 어떤 국가도, 모두가 지도자의 행위에 책임이 있다고 당연스럽게 간주되는 그런 공동체에 필요한, 국내적 정의라는 강한 전제 조건을 충족시키지 못할 것이다(Murphy 2010).

대부분의 국가에서 개인들은 대체로 지도자가 내린 특정 결정들에 대해 유의미한 책임을 지지 않는 것이 사실이다. 하지만 국제법과 관행이 그와 반대되는 암시를 하는 것처럼 보이진 않는다. 카세세의 반론을 더 잘 옮겨보자면 이렇다. 즉, 도덕적으로 책임 있는 사람은 결정을 내리는 지도자이지 일반 대중이나 후임 공무원들이 아님을 고려할 때, 그러한 결정이 인구 전체에 영향을 미치는 제재를 야기할 수 있고 그 제재의 영향은 정권이 교체되어도 계속될 수 있다는 것은 반론의 여지가 있다는 것이다.

똑같은 반론이 "불법 부채"의 경우 국가들의 계약상의 책임에 대해 제기될 수 있다. 한 정부가 받은 차관은 아무리 부정하게 사용되었어도 정권이 바뀐 후 상환되어야 하며, 일반적으로 그 부담은 모든 사람에게 돌아갈 것이다(Howse 2007; Pogge 2002, 112~115를 보라).

물론 개인의 차원에서 봐도, 제재에 대한 책임과 계약 책임이 당사자와 무관한 다른 개인들에게, 이를테면 가족 구성원들에게 지워질 수 있는 것은 사실이다. 이것은 일차적으로 우리가 국가 책임과 관련해 생각하고 있는 반론과 다르지 않은 유의 반론을 제기한다. 하지만 국가 책임의 경우 문제는 더 심각한데, 책임 있는 공무원들에게 부담을 집중시키려는 시도조차 없기 때문이다.

국가가 진정한 집단 책임이 타당할 수 있는 공동체들과 겹치지 않는 현실 세계에서, 정부 공무원들보다는 국가를 법의 주체이자 제재 대상으로 만들기 위한 정당화는 도구적이어야 할 것이다. 만일 국가가 특정 공무원들이 저지른 미준수 행위로 인해 제재를 받는다면, 그러한 결정에 대해 아무런 책임이 없는 사람들은 불가피하게 자기가 결코 질 이유가 없는 부담을 지게 될 것이다. 과제는, 국가 책임에 대한 현행 체계가 실현 가능한 대안들에 견주어 갖고 있는 상대적 이점―좋은 결과라는 측면에서의―에 의해 이런 유의 부담이 상쇄된다는 점을 보여주는 것이다.

국가 공무원들의 잘못된 행위로 인해 국민에게 부과된 부담이 일반적으로 재정적 부담이라는 데 주목하자. 그 부담은 형벌의 성격을 띠지도 않고, 권리 침해의 수준까지 가지도 않는다(Crawford·Watkins 2010; Murphy 2010). 국가의 계약상 책임이나 위법 행위에 대한 책임이라는 짐은 중대할 수 있지만, 그래서 또한 국가 체계의 이점이 될 수도 있다.

하지만 이것은, 이런 부담들을 좀더 공정하게 분배하고 정부 공무원들에게 더 나은 자극을 줄 수 있도록 국가 체계가 좀더 정교하게 만들어질 수 없음을 의미하진 않는다. 차관 계약이 집행되고 있는 국제 금융 구조뿐만 아니라 국가 체계와 국가 책임에 관한 법도 특정 상황에서 원칙적으로 국가가 진상을 밝히는 것을 허락할 수 있다(Murphy 2010).

국제기구의 책임에 관한 법은 현재 논란거리다. 국제법위원회가 내놓은, 국제기구의 책임에 관한 규약의 최근 초안은 만장일치의 찬사 속에 받아들여지지 못했다(McRae 2012를 보라). 국제기구의 책임에 관한 법은 어느 정당화 설명이나 맞닥뜨리는 문제와 동일한 문제에 직면하게 된다. 다른 법적 기반, 다른 종류의 국가적 제휴, 그리고 전 세계에 미치는 다른 종류의 영향을 가진 매우 상이한 국제기구가 대단히 많다는 것이다. 전체적인 문제는 비국가 기구들의 법적 책임과 관련해 가장 실현 가능한 법체계가 무엇일까 하는 것이다. 이 문제에 대한 답은 많은 부분에 걸쳐 있을 듯싶다. 구조적으로 그 문제는 국가

무엇이 법을 만드는가

들의 차원에서 논의되는 문제와 동일하다. 다양한 국제기구의 관리들이 내린 결정에 대한 책임 형태로 사람들에게 부담을 지우는 것이 왜, 어떻게 정당화될까? 그런데 이것은 국가는 다수이고 국제기구는 단하나인 상황이 아니다. 국제기구들 사이에서 만들어질 수 있는 유의미한 구별은 무수히 많다. 당연한 말이지만, 이처럼 중요한 주제에 관한 연구가 어디서 이루어질 수 있을지 나는 장담할 수 없다.

범세계적 법 준수의 의무

국가의 국제법 준수 의무 혹은 특정 주체의 특정 범세계적 법 준수 의무는 도구적이다. 주체들은 준수하는 것이 이로울 때, 그리고 준수하는 것이 이로울 것이기 때문에 준수해야 한다.

앞 장에서 논의된 국내법 준수 의무를 위한 의무론적 논변들 중 민주적 과정과 연합적 책무 논변은 분명 세계의 맥락에서는 국가의 맥락에 비해 잘 먹히지 않을 것이다.

적어도 국제법에서는 합의 논변이 더 낫다. 국내에서와는 다르게, 국가들은 자국이 명백히 합의하지 않은 국제적 책무에는 구속되지 않는다고 정색하며 주장할 수 있기 때문이다. 관습법의 경우, 그 논변은 '지속적 반대자 규칙'[98]에 기대고 있다. 반대하는 것은 분명 부담이 따르는 일이다. 그래서 국가들은 일일이 반대하지 않는다. 그런데 반대하지 않음에서 암묵적인 동의를 읽어내는 것이 국가 간 관계의 맥락에서 터무니없는 일은 아니다. 그렇다고 "왕의 큰길king's highway 위에 내가 있다는 것은 곧 암묵적인 동의로 간주된다"는 로크의 생각과 비교할 성질의 것도 아니다.

지속적 반대자 규칙 자체는 그리 안전하지 않을 수 있다(Thirlway 2006, 127). 하지만 국제적인 법 원칙에는, 결국 국제법은 합의되지 않은 책무를 부과하지 않는다는 주장을 분명 저해하는 또 다른 요소들이 있다. 강제 규범, 즉 국가가 벗어날 수 없는 강행 법규의 관념이 존재한다. 원칙적으로 말해서, 하트가 이 문제를 논하면서 주목했던 예외가 좀더 안전하다. 즉 신생 국가들은 건국 당시에 이미 존재하고 있는 그대로 관습법에 구속된다고 간주된다. 마지막으로, 안전보장이사회 같은 국제기구들은 최초의 조약들에서는 분명 기대되지 않았을 입법적 역할을 맡아왔다.

아무튼, 합의 논변의 사실적 기초는 논변의 가장 큰 약점이 아니었다. 좀더 중요한 것은, 국제적인 약속들을 존중하는 가치 있는 관행이 지지를 받는 것보다 범세계적 법질서에 더 많은 것이 달려 있다는 점이다. 이것이 각 국가와 사람들 모두에게 가치 있는 관행이라는 것은 사실이다. 하지만 대통령의 법 준수의 도덕적 이해관계가 그가 취임선서를 했다는 사실에 의해 끝나버릴 수 없는 것처럼, 어떤 약속이나 합의 표명에서 나오는 이유들보다 한 국가가 국제법을 준수할 더 강력한 이유들이 존재한다.

그 점을 드러내는 또 다른 방법은 조약과 연성법 협정의 차이를 떠올려보는 것이다. 만일 합의가 준수 의무를 위한 토대라면, 합의는 두

무엇이 법을 만드는가

경우에 똑같이 적용된다. 그 체계의 참여자들이 그것에 대해 이런 식으로 생각하지 않기 때문에, 이는 뭔가 잘못된 것이다. 물론 연성법 협정도 책무를 부과하며, 그 책무의 기반은 국제 협정을 만들고 지키는 관행의 중요성이다. 하지만 법 준수의 책무에는 다른 것도 있다.

합의가 국가의 국제법 준수 책무의 근거는 아닐지라도, 대부분의 국가가 대부분의 국제법에 대해 실제로 합의했다는 사실은 그럼에도 불구하고 매우 중요하다. 합의했다는 사실의 도덕적 의의는 그것이 준수 의무를 만들어낸다는 데 있지 않고 공적 책임이라는 요소를 제공한다는 데 있다(Buchanan·Keohane 2006). 물론 조약을 통한 입법은 전반적으로 민주적인 입법 과정으로 간주되기 어렵지만, 어떤 국가가 비준을 거부할 가능성은 미준수국들에 설명을 요청하고 제재를 가하는 것을 더욱 정당화해준다. 따라서, 설령 합의가 국가의 준수 의무의 기초가 아니라 해도, 국제법에서 합의의 역할은 정치적으로 상당히 의미 있다.

국내법의 경우에, 법이 존재하는 곳에서 법 준수 책무의 기초는 국가 기관들을 뒷받침해야 하는 정치적 책무다. 국제법의 경우에, 법 준수 책무는 일반적인 법 준수의 관행을 뒷받침하는 것이다(Buchanan 2007, 293~299). 일반적으로 말해서 (법의 내용이 그리 나쁘지 않다고 가정할 때) 일반적인 준수가 좋다는 것은 부인하기 어려워 보인다. 국제인도법은 분명 전쟁 행위를 규율하는 데 있어 대단히 큰 의미를 갖는다. 완전히 공정하지는 않더라도 일반적으로 준수되는 안정된 해양법이 있다는 것은 해양법이 없는 것보다 분명 더 바람직하다. 마찬가지로, 국제 환경법의 내용이 바람직한 상태가 아닐지라도, 국제적인 환경법을 갖는다는 것 자체가 오히려 좋은 법을 갖기 위한 선결 조건이다. 올바른 내용을 갖춘 법이 등장할 때까지 법 준수를 거부하는 것이 현명한 전략이 될 순 없을 것이다. 어떤 내용이 올바른지에 대해 국가들마다 생각이 다를 것이기 때문이다.

앞서 살펴본 것처럼, 국내법의 개별 주체들의 경우 일반적인 준수가 일반적인 미준수보다 낫다는 사실은 모든 법의 상시적 준수라는 도구적 의무로 해석되지 않는다. 하지만 국제법의 경우에는 거의 그렇게 해석된다. 부분적으로 이는, 국제법에서 이용할 수 있는 집행 메커니즘의 취약성 때문이다. 사실 자발적 준수가 많을수록 미준수로 인한 피해가 더 클 수 있다. 하지만 이는 단지 숫자의 문제이기도 하다. 상황은 정부 삼부에 적용되는 국내법에 대해 내가 기술한 상황만큼 극명하지 않다. 국내법에서는 단 한 사람 혹은 한 조직이 법의 주체가 될 수 있다. 하지만 상대적으로 국가들은 매우 적으며, 200여 개 국가들 중 하나 또는 소수의 국가에 의한 개별적인 미준수 행위들이 준수 관행에 매우 의미 있는 차이를 만들 수 있었고, 지금도 그렇다. 이기적 관점에서 불법을 피할 수 있는 국가들이 법을 준수해야 한다는 것은 특히 중요해 보인다. 강대국들의 미준수가 보내는 신호―만약 이기적 관점에서 미준수가 더 낫다면 오직 약자나 어리석은 자만이 법을 따를 것이라는―는 특히 파괴적이다.

그러므로 국제법 준수의 도덕적 사유는 매우 단순하다. 법 주체가 너무 적어서, 각각의 미준수 행위는 더 이상 준수가 표준이 아닌 상황

무엇이 법을 만드는가

으로 치닫는 미준수 증가 패턴의 일부가 될 합당한 가능성이 있다. 대체로 이기심이 준수를 권장한다는 사실이—거즈맨이 옳다면—이 점을 약화시키지는 않는다. 왜냐하면 준수의 전반적 수준이 낮을수록, 평판을 덜 고려할수록, 이기적 이유에서 준수가 권고될 것이기 때문이다. 국가가 국제법을 준수할 도덕적 의무가 전혀 없다고 주장하는 사람들은 국제법 없는 세계가 국제법 있는 세계만큼 좋으리라고 믿을 것이다. 각 국가가 공유된 행위 기준들의 내용을 개선하려 하면서 그 기준들에 스스로를 한정시키는 대신에 옳고 적절해 보이는 것을 스스로 결정한다면 세계는 나빠지지 않을 거라고 그들은 믿을 것이다. 국제법의 현재 내용과 그것을 만드는 과정 모두가 실현 가능한 대안을 제시하기에 역부족임은 두말할 나위가 없다. 하지만 국제법이 세계를 좀더 나은 곳으로 만들 것이기에 국가들이 현재 있는 그대로의 국제법을 준수해야 한다고 말하는 것은 우리가 살고 있는 비이상적인 세계에 대한 괜한 환상을 끌어들일 필요가 없는 일이며, 어떤 특별한 경우에는 미준수의 이로움이 해로움보다 클 만큼 법의 내용이 나쁠 수도 있는 현실과 모순되지 않는 일이다.

비록 국내법과 국제법에서 이유가 전혀 다를지라도, 또 국내법에서 이유가 더 강할지라도, 우리는 여기서 국가들을 위한 법이 개별 주체들에게 적용되는 국내법의 통상적인 경우보다 더 강한 도덕적 힘을 일반적으로 갖고 있다는 생각을 지지한다. 많은 중요한 차이가 있을지라도, 비국가 기관들에 적용되는 범세계적 법처럼 국제법에도 방금 개괄한 논변 구조가 적용될 것이다. 세부 사항까지 충분히 다루지 않더라도, 국제기구들이 스스로에게 적용되는 법을 준수해야 하는 이유는 일반적 준수의 가치와 그 특정 기구의 미준수에 미치는 영향에 달려 있으리라고 말할 수 있다.

국제법 이론에서의 "실증주의"와 "자연법"

이 책에서 나는 "실증주의"라는 말을, 오늘날 법철학에서의 일반적 용법처럼, 법의 근거들은 오직 사실 문제일 뿐이라는 견해를 일컫는 데 사용하고 있다. 하지만 오늘날 국제법 이론에서는 실증주의가 다른 의미를, 말하자면 좀더 확장적인 의미를 띤다. 특히 그것은 종종 자발주의, 즉 국제법 내용은 국가들의 합의에서 나온다는 견해와 연결된다.

자발주의적 견해의 고전적 진술은 1927년 상설국제사법재판소 Permanent Court of International Justice의 로투스Lotus 판례에서 나왔다. "국가들에 대해 구속력 있는 법 규칙들은 (…) 국가들의 자유 의지에서 나온다." 하트(Hart 1994, 224~226)가 지적한 것처럼, 만일 우리가 이 진술을 법의 연원들 자체에 대한 것으로 읽는다면 애매모호하다고 느낄 것이다. 이 진술은 관습법의 복잡 다양한 것을 잠시 제쳐둠으로써 심지어 조약법을 잘못 묘사하고 있다. 어떤 국가도 합의하지 않은 조약에 구속되지 않는다는 것은 참이다. 하지만 국가가 자국의 조약 책무를 이행하는 것이 하나의 법 규칙이라는 것 자체는 국가의 의지 문제가 아니다. 어떤 국가도 '협약은 준수되어야 한다'가 하나의 법 원칙이 되는 데 동의하지 않았기 때문이다.

국제법의 연원들 자체에 관한 자발주의는 이치에 맞지 않지만, 이러한 견해를 해석하는 좀더 나은 방법이 있다. 국제법의 연원들은 있는 그대로 존재하고, 국가들의 합의 없이는 국가들에 법적 요건들이 부과되지 않는다는 것이다. 추측건대, 자발주의의 옹호자들 대부분은 이런 식으로 자신의 입장을 바꿔 말하는 데 동의할 것이다. 앞서 살펴보았듯이 그러한 논증은 틀렸지만(어쩌면 한때는 참이었을지 몰라도) 완벽하게 논리적이며, 또한 그것이 (여전히) 참이기를 바라는 것은 터무니없지 않다.

자발주의에 관한 어떤 해석도 법의 근거들은 사실 문제라는 생각에 의해 암시되지 않을지라도, 두 견해는 많은 역사적·정치적 이유에서 관련되어왔다. 흐로티위스는 자연법을 시민법과 구별했으며, 전자와 다르게 후자는 의지에 따른 행위에 근거한 자발적인 것이라고 설명했다. 따라서 흐로티위스를 따른다면 우리는 한편으로 도덕 혹은 자연법을, 다른 한편으로는 의지에 따른 행위에서 도출되는 규범을 갖게 된다. 이는, 국제법이 도덕과 다른 것이라면 국제법은 의지에 따른 행위에 근거한 것임을 시사한다.

실증주의 법 이론은 20세기 초까지 사실상 적합했다. 법의 연원을 주권의 명령에서 찾을 수 있었기 때문이다. 19세기 후반과 20세기 초반 독일의 "제정법 실증주의"는 법이 입법 의지의 행위에 의해 "정립된" 것이라고 주장했다. 자발주의에서 완전히 벗어난 실증주의 설명이 등장한 것은 하트에 와서다.

아울러 정치적 관련성도 있다. 자발주의는 국가 주권에 대한 전통적 견해에 동조해, 누군가의 도덕 관념이 법적 의무의 한 원천이 될 가능성에 대해 당연히 적대적이기 때문이다. 그래서 몇몇 집단에서 국제법에 관한 "실증주의"가 나쁜 정치적 평판을 얻었는데, 이는 신참자에게 놀라움을 안겨줄 수 있다.

프로스퍼 와일이 강제 규범과 같은 관념들의 침해에 맞서 1982년 국제법에 대한 전통적인 주권 중심적 견해를 옹호하며 그랬듯이, 두 관념을 완전히 구별하는 것이 분명 더 좋다. 와일은 자발주의와 실증주의를 모두 옹호했는데, 그에게는 자발주의나 실증주의나 국제법에서의 법의 근거들은 사실 문제라고 보는 견해에 불과했다.

국제법 이론에 "자연법"이 활용됐다고 이해하는 것 역시 다소 주의를 요한다. 근대 초기의 다른 이론가들과 마찬가지로, 흐로티위스는 도덕과 실정법 사이에 경계선을 긋는 데 크게 관심을 갖지 않았다. 하지만 오늘날에는 실정법 혹은 인정법의 내용을 결정함에 있어 도덕이 담당하는 역할이 쟁점이 된다. 2장에서 보았듯이, 법의 근거들에 관한 "자연법" 이론은 없다. 실정법은 단지 도덕이 요구하는 것이라고, 심지어 도덕과의 충돌은 법 규범을 효력 없는 것으로 만든다고 누구도 생각하지 않는다. 이와 연관된 대조적인 견해가 비실증주의, 즉 법 해석은 언제나 도덕 판단을 요구할 것이라는 견해다. 이는 드워킨이 개진한, 법 자료들에 대한 "도덕적 읽기" 해석이라는 방식에서 가장 설득력 있게 제시된다.

무엇이 법을 만드는가

실증주의적 접근과 도덕적 읽기는 아마도 국제법의 연원들이라는 영역을 가로질러 상이한 결론들에 이를 것이다. 조약에 관한 해석의 맥락에서 의견 차이가 가장 두드러질 것이다. 따라서 도덕 판단을 포함하지 않는 유엔 헌장의 해석은 1999년에 있었던 나토의 코소보 폭격이 안전보장이사회의 승인을 받은 것도 아니고 자기방어 행위도 아니라는 점에서 불법이라고 보았다. 코스케니미(Koskenniemi 2002, 162)가 보고하듯, 대부분의 국제법 학자는 나토의 행위가 도덕적으로 정당화될지 몰라도 불법이라는 견해를 취했다. 도덕적 읽기는 분명 상반된 법적 결론에 이르게 해줄 자료를 찾을 수 있을 것이다. 유엔 설립의 전반적 취지가 평화 보장, 학살 금지, 인권 보호에 있다고 지적하고 안전보장이사회의 정당성 결여를 알리는 등의 방법으로, 나토의 군사 행동이 결국 합법적이라는 결론에 이르는 것은 크게 어렵지 않을 것이다.[99]

도덕적 읽기는 관습법 규칙의 내용을 해석하는 데서 상이한 결과를 낳을 수 있다. 게다가, 더욱 흥미롭게도, 그것은 법적 확신의 원리—제시된 규칙의 도덕적 호소력이 법적 확신이 충분한가에 대한 판단에 영향을 미칠 수 있다는—에 영향을 줄 수 있다(Tasioulas 2007).

실증주의자와 비실증주의자들 사이의 답보 상태가 법의 본성에 관한 믿음의 근본적 차이를 반영하며 아무리 설득력 있는 논변도 양측의 이견을 좁히는 데 유용할 것 같지 않다는 6장의 논변을 여기서 되풀이하지는 않겠다. 나는 다만 실증주의를 지지하는 도구적인 정치적 사례가—그것이 어디서 발견되든—국내법보다는 국제법의 경우 좀더 분명하다는 것만 지적하겠다(Kingsbury 2003). 설령 우리가 주권의 노골적인 주장들—"아무도 우리에게 무엇을 하라고 말할 수 없다"—을 거부할지라도, 법을 엄수하는 것이 바람직하다면, 국제법의 내용을 국제적인 옳고 그름에 관한 진리에 의해 부분적으로 결정되는 것이라기보다 단지 사실 문제로 제시할 수 있다는 것은 분명 하나의 장점이다. 그런 진리 내용에 관한 의견 불일치는 국내에서보다는 국제적으로 훨씬 더 명백하며, 실제로는 이것이 강대국의 의견을 강요할 뿐이라는 비난이 오히려 설득력 있다. 그럼에도 불구하고 도구적인 논변은 내가 6장에서 제시한 이유들 때문에 설득력이 없다. 무엇보다 중요한 이유는, 도구적 논변은 그것이 작동할 경우에만—말하자면 그것이 법의 근거들에 관한 견해의 수렴을 이루어낼 경우에만—작동하는데 도구적 논변은 그런 식으로 작동하지 않는다는 것이다.

따라서 국제법의 근거들에 관한 문제에서 우리는 국내법의 경우와 동일한 위치에 머물러 있다. 두 가지 접근 사이에, 특히 인권과 인도법의 영역 밖에서, 상당한 중첩이 있을 것이다. 실증주의적 법을 따를 경우에는 답이 이러하고 비실증주의적 법을 따를 경우에는 답이 저러하다고 우리가 항상 말해야 하는 것은 아니다. 하지만 광범위한 사례들이—일반적으로 매우 논쟁적이기 마련인—존재할 것이고, 두 가지 접근은 서로 다른 결론을 낳게 될 것이다.

무엇이 법을 만드는가

9장

결론: 무엇이 문제인가?

새로운 법에 대한 요청을 앞 장에서 논한 것은, 어떤 규범 질서를 다른 어떤 것 아닌 법질서로 만드는 것이 무엇이냐의 문제가 중요하다는 것을 시사한다. "그것을 금하는 법이 있어야 한다"고 말하는 것은 단지 누군가가 그것을 중단시켜야 한다는 의미일 수 없다. 또한 그것이 나쁘다거나 그것이 나쁘다고 사람들이 믿어야 한다는 의미일 수도 없다. 우리가 그렇게 말할 때 무엇을 요구하고 있는 것인지를 성찰해볼 가치가 있는 것 같다.

물론, 우리가 사실상 현행법의 내용을 꼭 알아야 하는 것이 아니라면—다시 말해, 법에 대한 배제주의가 취해야 할 올바른 견해라면— 우리로서는 새로운 법 혹은 새로운 종류의 법을 요구할 만한 이유가 없을 것이다. 오히려 우리는 새로운 종류의 제도들과 다양한 종류의 관행, 그리고 그 구조들 안에서 다양한 역할을 점하고 있는 사람들의 도덕적 책임을 이해하는 좀더 나은 방식을 요구해야 한다. 따라서 배제주의는 법의 본성에 관한 두 종류의 물음을 모두 공허하게 만들 것이다.

나는 배제주의를 거부했다. 나는 우리가 현행법의 내용을 인식할 필요가 있다고 믿는데, 이는 무엇보다 우리에게는 종종 법을 준수할 도덕적 이유가 있기 때문이다. 국가 공무원들은 일반적으로 법을 준수할 매우 강력한 도덕적 이유를 가지고 있다. 법이 무엇인지는 중요하며, 따라서 법의 근거들에 대한 논쟁은 중요하다.

하지만 그 논쟁은 이상한 상황에 놓여 있는 것 같다. 나는 어떤 논변도 법의 근거들에 관한 논쟁을 진전시킬 수 없다고 주장한 바 있다. 아울러 나는 그러한 사실이 그리 문제 되지 않는다고 주장했는데, 법의 내용을 결정하는 데 관련 있는 요인들에 대해 많은 경우 두 입장의 의견이 일치하기 때문이다. 그러니 나는 그 논쟁이 중요하다고도, 중요하지 않다고도 말하고 있는 것이 아닌가?

5장에서 나는 어떤 것의 본성을 둘러싼 논쟁이 두 가지 방식으로 중요할 수 있음을 이야기했다. 첫째는 그것이 하나의 답을 제시하는 데 중요하리라는 것이다. 이런 식의 중요성과 관련해, 사실상 나는 실증주의와 비실증주의의 중첩 영역에서는 이 논쟁이 그리 문제가 되지 않는다고 말했다. 하지만 현행법의 내용을 결정하는 데 중요한 요인들에 대해 두 입장의 의견이 일치하지 않는 영역에서는 어떨까? 여기서는 그 논쟁이 중요하며, 두 입장 간의 답보 상태가 극심해 보일 것이다. 물론 나는 어떤 새로운 논변도 논쟁 참가자들의 마음을 다시 끌지 못할 것이고 열지 못할 것임을 입증해 보이지는 않았다. 어쨌든 도덕 이론 안에는 똑같이 다루기 힘든 어떤 논쟁들이 존재한다. 어떤 공리주의자들은, 실용주의적 이유에서라기보다는 원칙적으로, 다섯 사

무엇이 법을 만드는가

람의 생명을 구하기 위해 한 사람을 죽이는 것이 나쁘다고는 생각하지 않을 것이다. 이것이 우리가 도덕 논변을 포기해야 한다는 의미라고 생각하는 사람은 없다. 도덕 논쟁에는 마음을 끌 수 있는 중요한 요인들이 법의 근거들에 관한 논쟁의 경우보다 훨씬 더 많은 것이 사실이다. 우리는 옳고 그름에 관한 논쟁보다는 법이 무엇인가에 관한 논쟁에서 단념할 가능성이 훨씬 더 높다. 하지만 나는 오직 이것만이 합리적인 반응이라고 주장하지 않았다.

그럼에도 불구하고 우리는 중요한 실천적 문제를 안고 있다. 적어도 국가 공무원들에게는 일반적으로 법을 준수할 강력한 도덕적 이유들이 있다고 나는 말했다. 법의 문제가 실증주의와 비실증주의 사이의 중첩 영역에 속하지 않을 때 그들은 어떻게 해야 하는가?[100] 만일 한 명의 공무원이 의사 결정을 하는 것이고 그 공무원이 법이 제시하는 바를 이해하는 방법에 대해 어떤 의견을 가지고 있다면, 그 공무원은 자신의 의견에 따라 의사 결정을 할 것이다. 하지만 법이 무엇인지를 이해하는 방법에 대해 의견이 불일치하는 곳에서 문제가 발생한다. 외교부 고위 공무원들이 코소보 폭격이 가능한지에 대해 논의하고 있다. 어떤 사람은 폭격이 법적으로 허용된다고 주장한다. 또 어떤 사람은 그렇지는 않지만, 법의 도덕적 힘을 고려해 아무래도 폭격에 나서야 한다고 주장한다. 한 사람은 그것이 불법이지만 도덕적으로 옳다는 것은 사실일 수 없다고 주장하고, 다른 사람은 당연히 그럴 수 있다고 대답한다(Dworkin 2013). 그들은 여기서 답보 상태에 빠질 것이다. 그리고 이 단계에서는 전혀 중요하지 않은 논쟁에 빠질 것이다.

중요한 점은, 현장의 사실들뿐만 아니라 국내외 법 자료들의 내용과 그 자료가 그것이 제출되는 기관을 위해 갖는 도덕적 힘도 고려해, 무엇을 해야 하는지에 대해 올바른 도덕적 결정이 이루어져야 한다는 것이다. 이는 실증주의와 도덕적 법 읽기 사이의 중첩 영역에 속하지 않는 문제에 대한 이런 논의를 위해서는 법 내용에 관해 먼저 어떤 결론에 이를 필요가 없다는 것을 의미한다. 그것은 불필요하며, 오히려 시도하는 것이 비생산적일 것이다.

그렇다면 배제주의에 진리가 있다. 어떤 결정들의 경우, 법을 온전히 무시하는 것은 좋은 생각이다. 그렇다고 해서 6장에서 제시된 이유들로 배제주의를 옹호하는 것은 아니다. 법 내용에 대한 견해를 형성하지 않고도 법 자료들(혹은 관련 정치 조직체의 정치사라 해도 좋다)에 비추어 무엇을 할 것인지에 관해 특정한 도덕적 결정을 내리는 게 가능한 것은 사실이다. 그리고 어떤 경우에는 그런 식으로 진행하는 것이 더 좋다. 하지만 우리가 현행법의 관념을 사회에 대한 우리의 개념 틀에서 빼버릴 수 있다는 생각은 지극히 인위적이다. 특히 입법자들은 법 자료들을 만들어낼 때 자신들이 엄밀히 말해 법을 만들고 있다고 생각하며, 그들이 그 외에 다른 식의 자각을 할 수 있을지는 모르겠다.

어떤 것의 본성에 대한 논쟁이 중요할 수 있는 두 번째 방식은 이데올로기 비판(광범위하게 말해서)이라는 영역에 놓여 있다. 5장에서 설명한 것처럼, 우리는 해외에서는 민주주의와 자유와 법치주의가 무엇인가에 대해 다른 견해가 있다는 것을 알아야 한다. 수사적이고 이데올로기적인 책략을 폭로할 수 있어야 하기 때문이다. 이는 법의 근거

무엇이 법을 만드는가

들에 대한 상이한 견해들에도 해당되는 말이다. 미국에서 법관 임명을 둘러싸고 벌어지는 실망스러운 공적 담론들이 훌륭한 예가 된다. 모든 진영이, 자신들이 지지하는 후보자는 법을 만드는 것이 아니라 법을 적용할 것이며 자신들이 지지하지 않는 후보자는 정반대로 할 것이라고 주장한다. "판사석에서의 입법"은 폐기된다. 하기는, 의사 결정 과정에서 자신의 정치적 도덕에 따른 판단에 기대는 법관들이 퇴출되기도 한다. 미국에는 까다로운 사건에서 판결을 지배하는 결정적이고 확정적인 법이나 혹은 수평적인 선례 구속력이 존재하지 않아서, 적어도 항소심 법관은 법 자료들이 간단한 답을 제공하지 않을 때 나아갈 방법을 결정하기 위해 도덕적 성찰을 해야 한다. 그렇지만 이 불가피한 점이 공론장에서는 거의 언제나 거부되고 있다. 정치인들은 법관 후보자의 정치적 견해를 묻는 것을 정당화할 때 흔히, 법을 적용하는 것이 아니라 법을 만들려는 극단주의자들을 배제하려면 정치적 견해에 대한 질문이 필요하다고 말한다. 이렇게 고양이 쥐 다루듯 하는 것이 오히려 정말로 중요한 것을 모호하게 만들고 있는 게 확실하다.

만약 질문이 선례의 적절한 무게에 관한 것이라면, 혹은 법원이 법문의 분명한 의미에서 벗어나야 하는데 선례 구속과 법 해석에 대한 관련 법 규범들이 문제를 해결하지 못한다면, 법관들이 법을 적용해야 한다는 말로 답하는 것은 분명 무의미하다. 까다로운 사건들에서, 특히 헌법에 담긴 광범위한 권리 진술에 대한 해석을 요하는 사건들에서 법관이 무엇을 해야 하는가가 문제라면 이러한 답은 마찬가지로 공허할 것이다. 도덕적 고려 사항들이 법의 근거들에 속하는지에 관한 의견 불일치 때문에 그 논쟁에서는 상이한 진영들이 자리를 잡고 있기 때문이다.

덩컨 케네디(Kennedy 1998)가 자세히 논하는 것처럼, 미국과 같은 법체계에서는 법적 의사 결정에 정책이나 이데올로기적 고려 사항들이 필연적으로 개입된다는 분명한 사실과 이러한 사실에 대한 거의 만장일치의 공식적·전문적 부정이 결합되어, 정부에서의 사법부 역할에 대한 우리의 일반적인 이해에 상당한 해를 끼친다. 더욱이 이러한 부정은, "좀더 투명한 체제에서 번성할 만한 것보다는 현상 유지─그것이 무엇이든─의 자연성, 필요성, 상대적 정의의 출현을 증가시킨다"(2)는 점에서 이데올로기적이라고 기술될 수 있다. 법의 근거들에 대한 근본적으로 다른 두 가지 견해가 존재한다는 사실 덕분에 사실상 양측은, 법관이 법을 적용하는 것이 자신들이 요구하는 전부라고 선의로 주장할 수 있다. 이것이 부정의 상황을 뒷받침해준다. 그것은 법적 의사 결정자들이 자신이 일하고 있는 체계 내에서, 그리고 자신이 가지고 있는 자료들을 이용해 무엇을 해야 하는가에 대한 직접적인 정치적 논의를 차단함으로써 그렇게 한다. 그러므로 5장에서 논의된 정치적 가치와 마찬가지로, 법에 관한 의견 불일치는 이데올로기적 속임수와 미혹의 여지를 낳는다.

따라서, 법에 관한 논의는 그냥 제쳐두고 다른 것에 관해 이야기해도 된다는 것이 일반적으로는 맞지 않는다 해도, 그렇게 하는 것이 옳을 또 다른 맥락이 여기 존재한다. 법관의 지명, 특히 최고 법원 법관의 지명과 관련해서라면, 법관이 법적 분쟁을 해결할 때 합당하게 참 작할 수 있는 고려 사항들이 무엇이라고 생각하는지 법관들에게 물어야 한다. 2장에서 보았듯이, 법관은 법의 근거들이라는 문제를 미해결로 남겨두었어도 판결 이론을 제시할 수 있다.

법의 근거들이라는 문제를 제쳐둘 때 충분히, 그리고 좀더 잘 논의될 수 있는, 제도 설계에 대한 다른 중요한 문제가 많이 있다. 법 자료들은 형식적으로 실현 가능한 규칙들로 더 많이 구성되어야 할까, 아니면 기준을 더 폭넓게 잡는 것이 나을까? 예컨대 기준에 따르면 법관들이 "법을 만드는" 것이 허용된다며 기준을 거스르는 주장을 펴는 것은 혼란스러운 일이다. 이러한 맥락에서 중요한 것은, 우리가 생각하기에 법관들의 손을 묶는 것이 얼마나 낫고 법관들에게 독립적인 판단의 여지를 남겨두는 것이 얼마나 나은가 하는 것이다.

우리가 법의 본성에 관한 우리의 두 가지 논쟁을 모두 이해하는 것은 분명 중요하다. 우리는 누군가가 논변에서 우리가 눈치 채지 못하게 하려 할 만한 게 무엇인지 알아야 한다. 법의 본성에 관한 두 가지 논쟁 모두는 또한 앞서 언급한 첫 번째 방식으로 중요하다. 즉, 하나의 답을 갖는 데 좋으리라는 점에서 중요하다.

그래도 때로는 다른 것에 관해 이야기하는 것이 더 좋다.

감사의 말

이 책에서 다룬 주제들에 관해 나는 거의 20년 가까운 세월을 숙고하고 가르쳐왔다. 그러는 동안 내 생각에도 많은 변화가 있었다. 나는 루이스 콘하우저와 편견 없이 서로의 새로운 생각을 나누며 토론했고, 그런 수많은 대화에서 적잖은 영감을 받았다. 이 책은 법의 본성이라는 가장 중요한 문제에 대한 그의 회의론적 사고에서 많은 영향을 받았다. 아울러 나는 뉴욕대학 로스쿨의 학생들과 여러 해에 걸쳐 나눈 토론에서도 큰 도움을 얻었다.

10년 넘게 이 책을 구상하면서 나는 정말 많은 사람의 도움을 받았다. 컬럼비아대학, 하버드대학, 런던 정경대학, 뉴욕대학, 리우데자이네루의 폰피티컬 가톨릭대학, 프린스턴대학, 퀸스대학, 스탠퍼드대학, 캘리포니아 버클리대학, 캘리포니아대학, 멜버른대학, 텍사스대학, 토론토대학, 오스트리아의 빈대학, 워릭대학, 유니버시티 칼리지 런던, 예일대학 등 여러 대학의 동료와 청중에게 감사한다. 논평해주고 대화를 나눠준 여러 사람 덕분에 내 생각을 다듬을 수 있었다. 그중에서도 대니얼 베이커, 게이브리엘라 블룸, 톰 캠벨, 데이비드 차머스, 데이비드 다이젠하우스, 시빌 피셔, 바버라 프라이드, 데이비드 골러브, 레슬리 그린, 마크 그린버그, 폴 호윅, 로버트 하우스, 무하마드 알리 칼리디, 베니딕트 킹스베리, 니컬라 레이시, 조지프 라즈, 크리스틴 런들, 로런스 세이거, T. M. 스캔런, 프레더릭 샤워, 새뮤얼 셰플러, 스테펀 스키아라파, 시나 시프린, 니코스 스태브로풀로스, 제러미 월드론, 윌 월러코, 모런 야하브의 논평과 대화가 내 사고에 큰 영향을 미쳤다. 로널드 드워킨과 토머스 네이글은 뉴욕대학 법철학·정치철학·사회철학 콜로키엄에 계속 나를 초청했고, 내가 논증해보려는 것은 무엇이든 끈기 있고 성실하게 시도해볼 수 있게끔—설령 아직 제대로 갈피를 잡지 못했더라도—해주었다. 조지프 라즈의 저술들이 미친 영향은, 이 책의 처음부터 끝까지 끊임없이 그의 글이 인용된 데서 분명하게 드러난다. 가장 최근에는 이 시리즈의 편집자들인 윌리엄 에드먼드슨과 브라이언 빅스가 원고 전반에 대해 탁월한 논평을 해주었다. 누구보다 이 두 사람에게 빚진 바가 크다. 또한 시간이 많이 흘렀음에도 인내심을 갖고 기다려준 케임브리지대학 출판부의 편집자들에게 감사한다. 이 책의 제목은 어느 날 밤 뉴욕 17번 도로를 달리던 시빌 피셔가 생각해낸 것이다. 에릭 라빈과 모런 야하브는 내 연구를 아낌없이 훌륭하게 도와주었다. 마지막으로, 뉴욕대학 로스쿨의 '필로멘 다고스티노 앤드 맥스 그린버그 연구재단'의 지원에 깊이 감사한다.

옮긴이의 말

소재로서 법과 법의 근본 문제를 탐구하는 철학의 한 분과로 시작한 법철학은 오늘날 법과 법학의 자기 이해에 대한 철학적 탐구로서 법학의 한 분과로 확고하게 정립되었다. 그런 까닭에 헌법, 민법, 형법 등 개별법을 이해하기 위해서는 개별법을 소재로 하는 교과서를 보는 것으로 충분하지만, 법 일반과 법의 본성, 그리고 법 원리와 법의 근본 문제를 깊이 이해하고, 더 나아가 법과 세계가 어떻게 관계를 맺는지 알고 싶다면 법철학이라는 분과 학문의 도움이 불가피하다.

리엄 머피의 『무엇이 법을 만드는가』는 법과 법학의 자기 이해를 위한 철학적 탐구를 하는 데 있어서 의미 있는 길잡이를 제공해준다. 법철학의 중요한 쟁점들을 망라하면서 특히 법의 본성nature of law 내지는 법의 근거grounds of law라는 핵심 주제를 씨줄로, (법)실증주의와 비실증주의의 긴장관계 및 법에 있어서 도덕적 고려의 문제를 날줄로 하여, 법철학의 여러 쟁점을 아우르는 입체적이고도 치밀한 전개를 하고 있다. 전체 내용을 개관하는 제1장을 시작으로 이 책은 다음과 같은 논리적 전개에 따라 서술된다.

제2장 "도덕 그리고 법의 근거들"에서는 '법의 근거'에 관한 논의를 전개하기에 앞서 법을 이해하고 해석하는 데 있어 도덕적 고려의 관련성을 다룬다. 먼저 법관이 판결을 함에 있어 천착하는 이론의 가능성을 모색하면서 피상속인을 살해한 상속인의 문제(리스 대 파머 사건)와 그에 대한 드워킨의 평가, 당시에는 적법했던 행위를 처벌하는 소급효의 문제(동독의 국경 수비대 사건)와 그에 대한 라드브루흐의 비판, 동성혼인에 대한 헌법상 평등보호 위배에 대한 문제(허낸데즈 대 로블스 사건)에 대한 분석을 매개로 법과 도덕의 관계에 대한 이론사를 다룬다. 이 장에서 저자는 법이 사회적 사실에 의해 결정된다는 입장(실증주의)과 법이 도덕적 고려에 크게 영향을 받는다는 입장(비실증주의) 사이의 의견 불일치를 긴장의 축으로 삼아 논의를 전개하려는 전략을 소개하고 있다.

먼저 제3장 "법실증주의"는 법이 사회적 현상이며 법의 내용은 언제나 사회적 사실에 의해 정해진다는 명확한 입장을 고수하는 법실증주의를 소개한다. 이를 위해 법을 주권자의 명령으로 보는 오스틴과 벤담의 '명령 이론'을 시작으로, 법 효력의 궁극적 기준이라고 할 수 있는 '승인 규칙'을 통해 법이 어떻게 사회적 사실들에 의해 결정되는지를 설명하는 하트의 이론과 법 효력의 근본 규정을 전제하는 켈젠의 이론을 다루고 있다. 특히 저자는 하트의 승인 규칙을 상세히 소개하면서 승인 규칙이 법을 확인하는 기관과 법을 집행하는 기관 소속 법 공무원들의 일종의 믿음으로서, 효력의 기준에 대한 믿음으로 수렴된다는 흥미로운 관점을 제시한다. 더 나아가 실증주의에서도 법 효력의 궁극적 기준들에 대한 믿음이 법의 내용을 결정하는 데 있어 도덕 판단을 전혀 고려하지 않는 배제주의(배제적 법실증주의)와 법의 연원들에 대한 도덕적 읽기를 고려하는 포용주의(포용적 법실증주의)를 소개한다. 후자의 입장은 비실증주의와의 접점을 형성할 수 있다.

제4장 "비실증주의"는 언급한 것처럼 법의 내용을 규정하는 데 있어 도덕적 고려를 강조한다. 즉, 법이란 무엇인가라는 문제에 있어서 법의 내재적인 도덕적 의미를 반드시 염두에 두어야 하며, 법의 내용을 결정하는 방법에 대한 이론은 법의 내재적인 도덕적 의미에 따라 정립되어야 한다는 것이다. 이 같은 가장 강경한 입장으로서 드워킨은 법적 권리와 의무가 실재하는 도덕적 권리와 의무라고 주장한다. 특히 법관이 판결할 때 고려해야 하는 법의 근거로서 모든 규범적 고려를 강조하는 것이다(저자는 이를 '심판자적 법률관'이라고 부른다). 더 나아가 이러한 입장은 드워킨의 이른바 '정답 테제'로 이어진다. 그렇다면 이와 같은 실증주의와 비실증주의의 간극은 왜 발생하고 어떠한 실천적 의미를 지닐까?

제5장 "실천철학에서의 의견 불일치"는 바로 이러한 문제의식을 다룬다. 저자는 실증주의와 비실증주의 사이의 의견 대립은, 불일치 그 자체가 중요한 것은 아니지만, 그저 수사학적 논쟁에 그치지 않고 자유, 민주주의, 정의, 그리고 법치주의(법의 지배)에 대한 개념을 이해하는 데 유용하다는 관점을 취한다. 이들 도덕철학과 정치철학의 개념이 단 하나의 고정된 실체가 있는 것이 아니라, 다양한 질문을 통해 논쟁을 만들고, 논쟁을 통해 좀더 근본적인 고민과 재구성을 진전시

킬 수 있다는 것이다. 한편 민주주의와 정의, 법치주의와 같은 정치철학의 문제에 있어서 집요한 의견 불일치(대립)는 법 문헌을 해석하는 것과 유사한 점이 있다.

제7장 "법"에서는 법의 근거에 대한 실증주의적이거나 비실증주의적인 설명을 도구적인 접근이라고 비판한다. 도구적 법 논의(논증)는 법 개념의 내용이 실제로 무엇인가에 관한 것이 아니라, 오히려 그 내용이 어때야 최선인지에 관한 것으로서 특정한 목적을 위해 단어를 확장하거나 정제하는 정의(해설적 정의)를 제공할 뿐이다. 이러한 도구적 논증은 지향하는 목표에 대해 우리 모두가 동의할 수 없다는 점에서 결코 수렴되지 못한다는 한계를 지닌다. 요컨대 법의 개념이 중요해지는 것이다. 기존의 개념 분석은 개념의 올바른 적용을 위한 필요충분조건들의 목록을 만들거나, 개념에 대한 기술記述의 다발을 구하는 이른바 '기준주의'적 접근이었다. 특히 기준주의적 접근은 법철학자들이 한 용어를 세계에서의 사물의 본성과 관계짓는 '인과적-역사적 접근'을 통해 활용되어왔고, 예컨대 알렉시의 헌법 이론, 라즈의 권위에 대한 이론, 그리고 드워킨의 구성적 해석에서 확인할 수 있지만, 문제는 이러한 접근이 다분히 사람들의 직관적 반응에 기초해 있다는 사실이다. 법이 무엇인가라는 법의 본성의 문제를 접근함에 있어 저자는 그럼에도 불구하고 법의 내용을 이해하는 데는 의견 일치를 추구하는 것이 필요하다고 한다. 나아가 저자는 법이 무엇인지 그리고 법을 어떻게 이해하는지에 대해서는 상당한 합의가 이루어진 만큼, (현격한 의견 불일치에도 불구하고) 무엇이 법을 만드는지에 대한 문

무엇이 법을 만드는가

제에 천착할 것을 강조한다.

이처럼 법의 내용을 깊이 탐구해야 하는 까닭은, 법 주체에 따라서 법을 준수해야 하는 도덕적 이유가 강력하기 때문이다. 이에 제7장 "법의 규범적 힘"은 법에 대한 복종 내지 준수의 의무를 다룬다. 하트는 의무를 부과하는 효력 있는 법 규칙에 종속될 때 우리는 법적 책무를 갖는다면서 도덕적 책무와 법적 책무를 구별한다. 그러나 이러한 논의는 법적 책무가 자칫 모든 효력 있는 의무 부과 규칙이라는 환원론적 혹은 명목론적 설명에 불과할 수 있다. 저자는 법에 대한 준수(의무)는 도구적 논거, 즉 법치주의가 무엇보다 좋은 결과를 보장할 수 있다는 점뿐만 아니라, 법 준수가 국가 제도들을 뒷받침하고 국가가 법을 통해 달성하고자 하는 것을 장려할 수 있다는 점에서 도덕적 이유가 있다는 의무론적 혹은 비도구적 논거를 통해서도 설명된다. 롤스에 기대지 않더라도, 기본적인 안전을 제공하고 권리를 보호하며 환경을 보존하고 경제 정의와 전반적 복지를 달성하는 데 있어 제도의 의의가 존재한다면, 법은 이러한 목표를 성취하는 데 기여하기 때문에 법을 준수하는 것은 다른 어떤 대안들보다 우월한 가치를 지닌다. 물론 개개의 법 주체마다 법 준수를 통해 얻는 최선은 달라질 수 있다는 한계가 있지만, 사적 개인에 비해서 정부 공무원들, 특히 고위 공무원들에게는 일반적으로 법을 준수해야 할 매우 강력한 도덕적 이유가 있다. 이러한 논리는 국제법 영역에서 강대국들이 일반적으로 법을 준수해야 할 도덕적 이유를 설명하는 것으로 이어진다.

제8장 "무엇이 법을 법으로 만드는가?: 국가를 넘어서는 법"은 바

로 이러한 논의를 다룬다. 국제법 학자들의 반발을 산 바 있지만, 하트는 국제법이—승인 규칙에 의해 효력이 있는 하나의 법체계라기보다는—수용되고 그 자체로 기능함으로써 효력 있거나 구속력 있는 일군의 규칙으로 이해한다. 하트는 국제법에 승인 규칙이나 효력 기준이 존재하지 않는다고도 주장하지만, 국제법 전체가 그 자체로 받아들여지고 기능함으로써 구속력을 갖는다는 것을 강조하는 것이다. 여기서 저자는 '집행'의 문제를 '준수'의 문제와 구별한다. 국제법은 계층적 법원이 없고 강제할 기구가 없다는 점에서 집행에는 제약이 따르지만 일반적으로는 준수되고 있고, 또한 모든 국가가 준수하고 있기 때문이다. 이러한 맥락에서 법원, 입법부, 집행 기관, 특히 강제 집행과 같은 기존의 다양한 제도적 기준은 '국가를 넘어서는 법'의 기준이 될 수 없다. 타마나하를 빌려 표현하자면, 법과 다른 규범을 구별해주는 유일한 기준은 순전히 규범적인 것으로서 "법이란 사람들이 자신들의 사회적 관행들을 통해 '법'으로 인식하고 대우하는 모든 것"이 된다.

제9장 "결론: 무엇이 문제인가?"에서 저자는 어떤 규범 질서를 다름 아닌 법질서로 만드는 것이 무엇인가의 문제가 중요하다고 강조한다. 앞서 전개한 실증주의와 비실증주의의 논쟁은 두 입장이 중첩되는 영역에서는 별다른 문제를 제기하지 않지만, 일치하지 않는 영역에서는 법의 본성에 대한 유의미한 관점을 두드러지게 제시할 수 있다. 따라서 법의 본성에 관해서 이 "두 가지 논쟁을 모두 이해하는 것은 분명 중요하다"고 하는 저자의 견해는 타당하다.

머피의 『무엇이 법을 만드는가』는 근·현대의 여러 법철학 이론을 소개하고 각각 법 이론의 특성과 한계를 제시하면서, 법의 근본 문제로 나아간다. 라드부르흐의 『법철학』[101]과 카우프만의 『법철학』,[102] 켈젠의 『순수법학』,[103] 하트의 『법의 개념』,[104] 드워킨의 『법의 제국』,[105] 풀러의 『법의 도덕성』,[106] 샤피로의 『합법성』[107]에서 제시한 것처럼 법철학의 새로운 테제를 제시하거나 지평을 확장하지 못하는 점은 한계이면서 다소 아쉬운 부분이다. 그럼에도 불구하고 이 책은 법에서의 도덕적 고려를 둘러싼 의견의 불일치 문제라는 (법)실증주의와 비실증주의의 논쟁을 통해서 법의 개념과 법의 효력, 법의 근거와 국제법의 규범성의 문제를 설명하는 전개는 다른 어떤 법철학 저서보다 더 긴장되고 흥미롭다. 이 책을 통해 우리는 오늘날 현대 법철학에 대한 풍성하고 입체적인 관점과 가장 정리된 형태의 논의를 얻을 수 있을 것이다.

옮긴이를 대표하여 김대근 씀

주註

1) 어떤 그럴듯한 관점에서는 간극이 존재할 것이다. 즉 수학과 논리학은 어떤 법적 분쟁의 결과를 결정하는 데 도움이 될 수 있지만, 누구도 그것들이 현행법의 일부라고 믿지 않는다. 계약 용어는 부분적으로 계약 분쟁의 결과를 결정할 것이다. 그런 용어들을 현존하는 법의 일부로 간주하지 않는 것이 자연스러워 보이지만, 어떤 사람들은 그렇게 이야기하려—계약을 당사자 간의 사적 입법으로 취급하려—할 것이다. 문제는 공정성·정의 등등의 규범적 고려 사항들이, 판결에서 정당하게 적용될 경우, 현행법의 일부인지 여부다.

2) 115 N.Y. 506 (1889). 릭스 대 파머 사건은 1889년에 뉴욕 항소법원에서 다루어진 중요한 뉴욕 민사 재판이다. 할아버지 프랜시스 파머의 큰 유산을 상속받기로 한 손자 엘머 파머가 할아버지의 변심을 우려해 할아버지를 독살했다. 그는 형법에 의해 살인자로 처벌받아야 하지만, 그의 상속을 막을 규정이 존재하지 않는 상태였다. 법원의 다수 의견은 엘머 파머를 고발한 원고 릭스 부인과 프레스턴 부인(프랜시스 파머의 딸들)의 손을 들어주었다. 법원은 엘머가 상속을 받도록 허용할 경우 보통법의 원리와 격률이 훼손된다고 판단했다. 법원은 법을 만들 당시 모든 우연성을 포괄하도록 합리적으로 기대할 수 없으며, 엘머식 행위를 의심할 이유가 있다면 입법자들은 그러한 상황을 포함시켰을 것이라고 주장했다. 결국 형법 규정의 유무와 관련 없이 입법 취지의 보편성에 기초해 판단한 것이다.—옮긴이

3) "나는 법관들이 입법을 하고 있고 해야만 한다는 것을 주저 없이 인정한다. 하지만 오직 틈새에서만 할 수 있다. 그들은 질량에서 분자 운동에 이르기까지 얽매여 있다." *Southern Pacific Co. v. Jensen*, 244 U.S. 205, 221 (1917, Holmes,

무엇이 법을 만드는가

J., dissenting). 핸드(Hand 1952)도 비슷한 견해를 취하고 있고 포즈너(Posner 2008, 81~92)도 그렇다.

4) 법의 연원들을 문자 그대로 읽는 것 자체로는 법과 관련된 모든 문제에 답할 수 없으리라는 것은 법학의 상식—어떤 이론가나 법관도 실제로 동의하지 않을 수 없는—이다. 어떤 법체계나 법 영역들은 다른 경우에 비해 다소 확정적이라 해도, 자료에 대한 합리적 독해의 가능성이 반반인 경우는 언제나 존재할 것이다. 한 법관이 그 자신의 도덕 판단이나 종교적 판단과 관계없이 법의 연원들의 규정을 보완하게끔 해줄 수 있었던 판결 방법, 즉 "원전주의Originalism" 또는 카도조의 사회학적 방법 같은 판결법이 있을 수도 있고 없을 수도 있다. (이것은 분명치 않아 보이지만, 여기서 그 문제는 우리의 관심사가 아니다.) 하지만 원칙상 어떤 한 방법이 유용하다 해도, 그러한 방법이 현존하는 법의 연원들에 의해 명시적으로 지시된 것이라는 합의는 (대부분의 판결에서) 존재하지 않는다. 그러므로 미국 연방대법원의 앤터닌 스캘리아 대법관이 원전주의를 정치적 근거에서 옹호한 것(Scalia, 1998)은, 그 이전에 카도조가 사회학적 방법을 옹호한 것처럼 매우 적절하다. 이 두 사람 다, 법관들은 법의 연원들이 제공해줄 수 있는 것보다 더 많은 규정이 필요할 때 다른 자료에 의지해야 한다고 본다. 또한 그들은 이 다른 자료가 법관 자신의 도덕적 신념과는 다른 어떤 것, 즉 훨씬 더 객관적인 어떤 것이어야 한다고 본다. 하지만 둘 중 누구도 법관이 택한 판결 방법이 현존하는 법에 의해 지시된 것이라고 보지 않는다. 심지어 이러한 접근과 관련해서도 훌륭한 법관이 되기 위해서는, 스스로 판결을 하는 방법에 대한 올바른 도덕적 결론에 이르러야 한다. 어떤 법적 권위도 이 문제에서 법관을 이끌지 못한다. 법적 권위의 명백한 부조리에 직면해서, 적어도 미국에서는 오늘날 법관들 측의 도덕 추론의 필요성을 거부하는 풍조가 만연해 있는데, 이는 그 자체로 연구해볼 가치가 있는 정치적 병리 현상 같은 것이다. 좀더 확대된 논의로는 Kennedy 1998을 보라. 지금 여기서의 논점은 단지, 이러한 정치 환경에서 법의 본성에 관해 법관들이 말하는 바를 곧이곧대로 받아들이는 것은 지혜롭지 못한 일이리라는 것이다.

5) 이에 대한 포즈너의 의견은 다음과 같다. "법관이 어떤 어려운 사건에서 '법이 노후화해 이제 나는 어떤 형태로든 입법을 해야만 한다'고 말하게 되는 일은 없다. 법관은 자신이 판결을 해야 한다는 것, 그리고 자신이 어떤 판결을 내렸든 그 판결이 (지극히 넓은 의미에서) 법이 된다는 것을 알고 있다. 왜냐하면 임시

적 입법자로서의 법관도 여전히 법관이기 때문이다"(Posner 2008, 85).

6) BGHSt 39, 1 (1992).

7) BVerfGE 95, 96.

8) 공식 번역문은 다음 사이트를 보라. https://www.btg-bestellservice. dépdf/80201000.pdf.

9) "대부분의 법 이론은 법원이 법으로부터 무엇을 취하고 법에 무엇을 주는지, 법 적용이 어디서 끝나고 사법 판단이 어디서 시작되는지, 법원이 발견하는 법과 법원이 만들어내는 법 사이의 경계가 무엇인지를 좀더 잘 이해하기 위한 하나의 시도로 간주될 수 있다"(Raz 1986, 1117).

10) N.Y.3d 338, 855 N.E.2d 1 (2006).

11) *Summa Theologiae*, Qu. 90~97 in Aquinas 1988.

12) *Leviathan*, ch. XXVI.

13) 아퀴나스와 마찬가지로 수아레스는 하나의 입장을 취하고 있다고 해석될 만한 언급을 했다. "인간 입법자는 (…) 부정의한 법으로 구속할 권한이 없다. 그러므로 그가 부당한 것을 명령했다면, 그런 명령은 법이 될 수 없을 것이다. 왜냐하면 그런 명령은 힘도 없고 구속력도 없기 때문이다." "하나의 법이 진정한 법이기 위해서는 (…) 공정하고 합리적이어야 한다. 불공정한 법은 법이 아니기 때문이다." 이 구절들은 『법에 관하여De legibus』에 나오며, Garzón Valdés 1998, 267에 인용되어 있다. 가르손 발데스는 이 구절들을 불공정한 인정법 같은 것은 존재하지 않는다는 견해를 함축한 것으로 읽고 있다. 이 구절들은 이렇게 읽힐 수도 있지만, 법 명령 이론의 수용 같은 다른 측면에서의 수아레스는 (Postema 2012) 내가 이 책에서 받아들이고 있는 피니스의 아퀴나스 이해와 같은 식으로 이해될 수 있음을 시사한다. 아퀴나스처럼 수아레스에게서도 불공정한 "법"의 핵심 요지는 "구속력"이 없다는 점인 것 같다.

14) 월드론(Waldron 1996)은 칸트가 법실증주의자라고 설득력 있게 논하지만, 이는 텍스트에 함축적으로 드러나 있을 뿐이다.

15) "따라서 법과 법관의 의견이 언제나 서로 바꿔 쓸 수 있는 말인 것은 아니다. 달리 말하면, 언제나 동일한 것은 아니다. 때때로 법관이 법을 오해할 수도 있기 때문이다. 하지만 대체로 우리는 "법원의 판결은 보통법이 무엇인지를 보여주는 증거라는 것"(1: 71)을 하나의 일반 규칙으로 받아들인다. 이러한 논의에 대해서는 Lieberman 1989, Part I을 보라.

16) 전통적인 보통법 이론과 드워킨의 견해의 유사성에 대해서는 Perry 1987을 보라.

17) 이것은 "강한" 혹은 "배타적" 실증주의로 알려져 있다. 이 장 끝에서는 "약한" 혹은 "포용적" 대안을 다룰 것이다.

18) 켈젠의 견해들은 시간이 지나면서 달라졌다. Raz 1979에 큰 영향을 받은 나의 해석은 주로 Kelsen 1967에 기초를 두고 있지만, 그보다 앞서 혹은 뒤에 출판된 글들과도 양립할 수 있다. 켈젠의 견해의 전개 과정에 관한 논의는 Paulson 1998을 보라.

19) 하트는 공무원들이 승인 규칙에 대해 "내적 태도"를 취하지 않는다면 법체계는 지속되지 않을 것이라고 믿는다. 하지만 이러한 내적 태도는 여전히 하나의 사실 문제다. 공무원들이 사실상 승인 규칙을 행위의 이유를 제공하는 것으로 간주할 수 있는지에 대해서는 다음 절에서 계속 다룰 것이다.

20) 권한을 부여하는 어떤 규칙들, 이를테면 계약법과 같은 규칙들은 하트가 때로 채택하는 또 다른 구별 방식에 따르면 이차 규칙이 아니다. 그 방식에 따르면 이차 규칙은 다른 규칙들에 대한 규칙이다. 하트식 구별의 부적절함에 대해서는 이미 많이 다뤄졌기 때문에 나는 여기서 그 부적절함을 더 이상 논하지 않을 것이다.

21) 라즈(Raz 1979, 92~93)의 해석에 따르면, 하트는 승인 규칙이 단지 법 효력의 공통 기준에 대한 언명이 아니라 의무를 부과하는 규칙, 즉 법을 적용하는 공무원들에게 의무를 부과하는 규칙이라고 주장한다. 또한 Coleman 2001a, 84~86을 보라. 나는 앞 장에서 법관이 현행법의 내용에 관해 어떤 견해를 개진하지 않고도 원칙적으로는 자신의 공적 책무를 충분히 이행할 수 있다고 논했다. 따라서 원칙적으로 말하자면 실증주의적 법관은 승인 규칙이 무엇인지 알필요가 없다. 하지만 법관은 법이 무엇인지 이해해야 할 법적 의무가 있다고 상정하는 해석은 타당하다. 그러나 "논리"상 법 공무원들이, "이유를 부여하는 것으로 간주"된다는 의미에서, (법적) 주체로서든 공무원으로서든 자신들이 법을 지키거나 적용해야 한다는 것을 받아들여야 하는 것인가? 어떤 법체계의 존재가 여기에 달려 있는 것 같지는 않다. 어떤 법체계의 건전성과 효율성이 여기에 달려 있을지는 몰라도 말이다. 중요한 것은 법 공무원들이 법을 지키거나 적용하는 것이지, 왜 그렇게 하는지가 아니다. 경우에 따라 공무원들이 단지 이기심에서 법을 지킨다 해도 그것으로 족할 것이다. 좀더 자세한 내용은 7장과 8장을

보라.

22) 나는 이것이 "규칙 모델 I"의 근본 통찰이라고 생각한다(Dworkin 1978, 14~45).

23) 8장에서는 더 나아가, 우리가 어떤 규범을 다름 아닌 법 규범으로 생각할 때의 사고방식을 논한다.

24) 나는 여기서, 그리고 이어지는 내용에서 Marmor 2009, 155~175의 영향을 크게 받았다.

25) 8장에서 관습적인 국제법을 다시 다룰 것이다. 이른바 연대기적 패러독스에 관한 문헌은 방대하다. 나는 Lefkowitz 2008이 특히 도움이 된다고 본다.

26) 나는 "도덕 언어"가 어떤 연원에서 발견되는 경우 도덕은 승인 규칙 내용과 상관없이 바로 그 사실에 의해 법에 통합된다고 보는 견해는 제쳐둔다. 라즈 (Raz 2004)가 논한 것처럼, 이러한 견해에 따르는 문제는, 실증주의의 견지에서 어떤 논증이 요구된다는 것이다. 법관이 그로써 판결 시 참작하지 않을 수 없게 된 도덕적 고려 사항들 자체가 법의 일부라고 상정하기—외재주의자가 동의하다시피—위해서는 논증이 요구되는 것이다.

27) 포용적 법실증주의는 Coleman 2001a와 Waluchow 1994에서 옹호된다. Himma 2002도 짧지만 유용한 논의다.

28) 법의 근거들이 법치주의의 가치들을 포함하고 있다는 제러미 월드론 (Waldron 2008)의 주장은 그러한 가치들을 절차와 형식의 가치들로 특징짓는다. 하지만 월드론이 드워킨의 것만큼이나 확장적인 합법성에 대한 설명을 수용할 준비가 되어 있다는 징표가 있다. 그는 법관들이 어려운 사건들을 놓고 해결 방법에 대해 의견 일치를 보이지 않을 때—관련 법령이나 선례에 대해서는 어떤 의견 불일치도 없을 때—법관들은 법치주의라는 이상의 내용에 대해 의견이 불일치함으로써 현존하는 법이 무엇인가에 대해 의견이 불일치하고 있는 것이라고 적고 있다(48~54). 이는 분쟁을 해결하는 방법을 알아내는 데 관여하는 어떤 도덕적 요인이든 법치주의의 가치임을 시사한다.

29) 드워킨(Dworkin 1985, 146~177; 1986, 65~68·225~275)과 스탠리 피시 (Fish 1989, 87~119·356~371) 사이의 확대된 논쟁을 참조하라.

30) 스태브로풀로스(Stavropoulos 2014)와 그린버그(Greenberg 2011)는 달라진 게 없다고 보았고, 오히려 드워킨이 오랫동안 오독되어왔다고 보았다. 나는 그런 해석에 동의하지 않으며, 드워킨 자신도 분명 동의하지 않았다. Dworkin

무엇이 법을 만드는가

2011, 402를 보라.

31) 드워킨은 일반적·강제적 관할권을 가진 국제 법원이 없다는 이유로 국제법에 대한 법의 지위를 부인하진 않는다. 그가 분명히 하고 있듯이(Dworkin 2013), 법적 권리와 의무는 실제적이거나 가설적인 법원에 의해 적절히 판결이 내려진 것들이라는 게 그의 입장이다.

32) 이러한 언급은 Greenberg 2011과 Stavropoulos 2014에 제시된 입장들에도 똑같이 적용된다.

33) 로 대 웨이드 사건(410 U.S. 113, 1973)은 헌법에 기초한 사생활의 권리가 낙태의 권리를 포함하는지에 관한 미국 대법원의 가장 중요한 판례다. 미국 연방 대법원은 여성은 임신 후 6개월까지 임신중절을 선택할 헌법상의 권리를 갖는다고 판결했다. 그때까지 미국 대부분의 주에서는 여성의 생명이 위험한 경우가 아니면 낙태를 금지하고 있었다. 이 판결에 따르면, 낙태를 처벌하는 대부분의 법률은 미국 수정헌법 14조의 적법절차조항에 의한 사생활의 헌법적 권리에 대한 침해로, 위헌이다. 이로 인해 낙태를 금지하거나 제한하는 미국의 모든 주 법률과 연방 법률이 폐지되었다. 이 판결은 미국 대법원의 판결에서 역사상 가장 논쟁적이며, 정치적으로 의미 있는 판례 중 하나가 되었다. 또한 이 사건에서 대법원은 출산 전 3개월 동안은 낙태가 금지될 수 있다고 판결했는데, 의학 전문가들은 이 3개월을 태아가 자궁 밖에서도 생명체로서 존중될 수 있는 기간으로 인정했다. (https://ko.wikipedia.org/wiki/%EB%A1%9C_%EB%8C%80 _%EC%9B%A8%EC%9D%B4%EB%93%9C_%EC%82%AC%EA%B1 %B4-)—옮긴이

34) Pillans and Rose v. Van Mierop & Hopkins(1765) 3 Burr. 1663, 1670.

35) 2009년 대법원이 만들어질 때까지 영국 상원은 영국 사법 제도의 최고 기구였다.—옮긴이

36) Rann v. Hughes(1778) 4 Bro PC 27, 7 TR 350.

37) 비록 미국 밖에서는 약인이 단지 명목적 교환의 타당성에 대한 사법적 수용을 통해 크게 약화되어왔지만 말이다. Chappell & Co Ltd v Nestle Co Ltd [1960] AC 87.

38) 이것은 벌린(Berlin 1969, ix)이 적극적 자유라는 개념에 대해 갖고 있던 주된 우려로 보인다.

39) 차머스(Chalmers 2011, 532)는 이것을 "첨자添字, subscript gambit"라고 부

른다. 즉 우리는 자유 1, 자유 2, 자유 3 등을 갖고 있다.

40) 나는 여기서 앨런 리터의 제안에 감사한다.

41) 스캔런(Scanlon 1998, 371~373)은 (실천) 이성을 갖고 있다는 것이 어떤 의미인지에 대한 논쟁에 관해 비슷한 주장을 한다.

42) 던(Dunn 2006, 15)은 묻는다. "전 세계에서 궁극적인 정치적 찬사를 위한 언어 경쟁에서 승리한 것이 왜 이 민주주의여야 하는가?"

43) "민주주의"에 대한 이러한 제안은 차머스(Chalmers 2011, 526)가 "소거의 방법method of elimination"이라 부르는 것을 적용한 것이다.

44) 다음 장에서 보게 되겠지만, 드워킨과 라즈는 자연법에 관한 논증에서 이러한 전략을 채택하고 있다.

45) 네이글(Nagel 2005, 119)은 다음과 같이 적고 있다. "인도주의적 의무들은 우리가 도울 수 있는 사람들의 상대적인 필요 수준보다는 절대적인 필요 수준에 따라 유지된다. 이와 대조적으로, 정의는 사람들의 상이한 계급 조건들과 사람들의 불평등의 원인 간의 관계에 대한 것이다."

46) 전자에 대한 비판적 논의는 Waldron 2007을 보라. 후자의 견해는 여러 해에 걸친 드워킨의 저작 속에 예시되어 있다.

47) 세계은행은 「발전 정책의 한 가지 목표로서의 법치주의」라는 보고서에서 다음과 같이 밝히고 있다. "실질적 법치주의의 주된 장점은 법치주의를 규범적으로 선하고 바람직한 것과 명백히 동일시하는 것이다. 이러한 경우에 법치주의는, 좋은 것으로 규정되기 때문에 좋은 것이다. 이것은 호소력을 지닌다. 첫째, 주관적 판단이 형식적 기준들에 가려지기보다는 분명히 드러나기 때문이다. 둘째, '법치주의'라는 표현이 강력한 긍정적 함의를 획득했기 때문이다." Waldron 2007, 118에 인용됨.

48) 사실상 그들은 차머스의 첨자를 채용하고 있다(주 39 참고).

49) 내게 도구적 접근이 더 이상 실천 가능해 보이지 않는 이유를 더 알고 싶다면 Murphy 2008을 보라. 내 논의는 여기서 끌어왔다.

50) 내가 생각하는 바의 가장 좋은 예는 라즈다(Raz 1994, 194·221).

51) 자연적인 것에 대한 직관이 갈리는 것에 대해서는 Weinberg·Nichols·Stich 2001과 Segal 2004를 보라. 나 자신은 이 경우에 대해 어떤 식으로든 확고한 직관을 갖고 있지 않다. 생물학적인 것들에 대한 크립키(Kripke 1980)의 예들이 좀더 이해하기 쉽다. 예를 들어, 우리는 딱 호랑이처럼 생긴 어떤 파충류가

사실은 호랑이가 아니며, 현대의 생물 분류법이 개발되기 전에도 호랑이가 아니었다는 그의 의견에 동의할 것을 요구받는다. 나는, 적어도 가설적인 사례보다는 현실적인 사례를 생각할 때 크립키의 주장에 반대할 수 있다고 생각한다. 지금은 멸종한 태즈메이니아주머니늑대는 줄무늬 때문에 처음에는 태즈메이니아 호랑이로 불렸다. 그러다가 나중에는 생김새나 행동이 늑대와 많이 비슷해서 태즈메이니아늑대로 부르는 것이 더 맞다고 여겨졌다. 생물학적으로 말하면, 태즈메이니아주머니늑대는 호랑이가 아닌 만큼 늑대도 아니었다. 태즈메이니아주머니늑대는 유대목의 동물이었다. 하지만 내가 보기엔, 유태반有胎盤 늑대와 유대有袋 늑대를 구분하는 것이 아주 합리적이게끔 해주는 "늑대"의 폭넓은 의미가 존재하는 것 같다. 여기서 내 직관은 "늑대"의 그 폭넓은 의미는 언제나 존재했다는 것이다. 누군가 늑대처럼 생긴 유대목 동물을 처음 봤을 때 그것이 처음으로 만들어진 게 아니라는 것이다. 하지만 나는 많은 사람이 그에 동의하지 않는다고 확신한다. 따라서 어떤 과학적인 "본질"을 갖는다고 여겨질 법한 것들을 지칭하는 용어들인 경우에도 지칭에 대한 인과적-역사적 설명을 뒷받침하는 직관들은 불안정하고, 따라서 그런 개념들에 대한 기준주의적 접근을 논박하는 토대가 될 수 없다는 것이 내 생각이다. 그러므로 일부 철학자가 자연적인 종류의 개념들에 관한 직관이 어떤 개념에의 기준주의적 접근의 거부를 뒷받침한다고 믿는 듯 보이는 것, 따라서 가혹하고 비정상적인 것(Brink 1988)의 개념이나 법(Coleman·Simchen 2003)의 개념 같은 정치적으로 중요한 개념들에 대한 기준주의적 접근의 거부를 뒷받침한다고 믿는 듯 보이는 것은 당혹스러운 일이다.

52) 바로 이 점에서 콜먼과 심켄(Coleman·Simchen 2003, 22~27)은 이 견해에 반대한다. 하지만 그들이 찬성하는 견해가 더 설득력 있는 것은 아니다. 그들은 인과적-역사적 접근의 어떤 형태를 제안하는데, 이들의 견해에 따르면 "법"의 기준은 범형적 사례들의 본성에 대해 전문가들이 우리에게 말해주는 바에 의해 결정되지 않는다. 오히려 "'법'의 연장선상에 있다는 것은 범형적 사례들과 적절한 유사 관계를 갖는다는 것이다. 하지만 이런저런 것이 법의 어떤 범형적 사례와 이런 유사 관계를 갖고 있다는 규정은 평범한 발화자가 수행할 수 있을 것으로 기대되는 과제다"(27~28). 하지만 "법"의 어떤 결정적 확장이 있어야 하는 한, 당연히 어떤 하나의 유사 관계가 있어야 한다. 전문가들이 법의 본성에 대해 의견이 불일치하듯, 우리 일반인도 연관된 유사 관계가 무엇인가에 대해 의견이 불일치한다.

53) 드워킨(Dworkin 1986, 91)도 이런 식의 주장을 했지만, 거기서 그는 자신의 논증이 그것에 의존하지 않는다고 덧붙인다.

54) 배제주의에 대한 내 설명은 거의 20년에 걸쳐 루이스 콘하우저와 나눈 많은 대화에서 나왔다. 그가 구성한 기본 틀에 대해서는 Kornhauser 2004를 보라.

55) 설계의 문제는 "규범적 실증주의자"가 가장 집중적으로 관심을 갖는 것이다. Campbell 1996·2004·2005; Waldron 2001·2009a를 보라. 방법론적으로 캠 벨은 도구적 접근을 포용한다. 우리는 다른 좋은 의의들 중에서 법 모델에 가장 잘 들어맞는 법 개념을 정식으로 실현 가능한 규칙들의 집합으로 규정해야 하 는 것이다(Campbell 2005, 27). 월드론의 "규범적 실증주의자" 논문들에 대한 한 가지 가능한 해석은 그가 드워킨의 해석적 방법의 한 형태를 받아들이고 있 다고 보는 것이다. 이 방법은 Waldron 2008, 47n. 143에 분명하게 담겨 있다.

56) 리시엔룽 총리의 국회 연설은 http://www.yawningbread.org/apdx_2007/ imp-360.htm을 보라.

57) 이 내용과 관련해 로런스 세이거에게 감사한다.

58) 법이 너무 악법이어서 법관이 법에 따라 판결할 직업적 책무를 포기할 만한 도덕적 이유가 있는 경우는 제외할 수 있다.

59) 밀접한 관련이 있는 논의로는 Goldsmith·Levinson 2009를 보라. 이 문단 및 다음 몇 문단과 관련해 데이비드 골러브에게 감사한다.

60) 이러한 생각은 Smith 2011에 의해 촉발되었다.

61) 다음의 몇 문단은 철저하게 Murphy 2005에 기초를 두고 있다.

62) 배제적 실증주의의 입장은 라즈(Raz 1994, 217)의 다음 구절에 단적으로 드 러나 있다. "만일 여기서 전개된 논증이 견고하다면, 법을 적용하고 집행하는 법 원의 기능은 다른 기능들과 공존한다는 결론이 나올 것이다. 법원의 한 가지 기 능은, 해결책이 법에 의한 것이든 아니든, 권위를 가지고 분쟁을 해결하는 것이 다. 법원의 또 다른 기능은 법의 작동을 감시하고, 필요할 때 법을 세부적으로 개정하는 것이다. 어떤 법체계들에서는 대단히 중요할 수 있는 부가적 역할들이 법원에 부여된다. 예를 들어, 법원은 표현의 자유의 관리자, 즉 자유로운 표현의 보호를 위한 기준들을 설정하고 그 기준들을 적용할 때 발생하는 분쟁들에 대 해 판정할 책임이 있는 감시체가 될 수도 있다."

63) 이 점을 강조해준 셸리 케이건에게 감사한다.

64) ProCD v. Zeidenberg 86 F.3d 1447 (1996).

65) 샤피로(Shapiro 2011, 97)에 따르면, 하트는 "자신의 실증주의 이론이 흄의 법칙(하나의 존재로부터 하나의 당위를 얻을 수는 없다)과 어떻게 양립할 수 있는지에 대해 어떤 저술에서도 명시적으로 설명한 바 없다". 하지만 하트는 법의 효력이라는 단순한 사실로부터 행위의 진정한 객관적 이유를 얻을 수 있다고 결코 주장하지 않았다.

66) duty는 의무로, obiligation은 책무로 번역하고자 한다. 책무란 모종의 직책이나 직무에 따른 책임 및 임무를 말하고, 의무란 법이 하게 하거나 하지 못하게 하는 일(예컨대 병역 의무)을 말한다.—옮긴이

67) 하트는 도덕 규칙과 법 규칙에 대해 순수하게 기술적記述的인 설명을 제시하지는 않았다. 하트의 경우, 도덕 규칙이나 법 규칙의 규범성은 그러한 규칙들을 받아들이는 사람들의 태도에 있다. 물론 이것은, 도덕 규칙이나 법 규칙이 그것을 받아들이지 않는 사람들에게는 규범적으로 아무런 의미를 갖지 못하리라는 점에서 우리에게 행위의 객관적 이유를 제공하지 못한다. 하트의 메타 윤리적 견해에 대한 탁월한 설명으로는 Raz 1993을 보라. 이 절에서는 하트의 견해의 인지주의적 측면을 논한다(Raz 1993, 148~149를 보라).

68) 이러한 입장은 법의 근거들에 관한 비실증주의 이론들과도—드워킨의 것만이 아니라—양립할 수 있다.

69) 켈젠의 도덕적 주관주의가 비판자들에게 맞서 바이마르 공화국의 헌법 질서를 수호하고자 하는 설득력을 다분히 약화시켰다는 데는 의심의 여지가 없다(Dyzenhaus 1997, 158~160). 하지만 그것은 그의 이론을 불합리성에서 구제해준다. 도덕적으로 말해서, 현행 헌법에 부합되게 제정된 규칙이 무엇이든 객관적인 도덕적 책무들을 부과한다고 주장하는 것은 분명 설득력이 없다. 만일 법효력이 실재의 책무를 암시한다면, 법적으로 효력 있는 규칙들은 오래된 내용은 담고 있을 수 없고 오래된 방식으로는 정립될 수 없을 것이다.

70) 내게 이를 강조한 조지 렛서스, 스테펀 샤라파, 니코스 스태브로폴로스에게 감사한다.

71) 미국의 귀화 선서에는 그런 약속이 포함돼 있지 않다는 것을 지적할 만하다. 미국의 귀화 선서에는 "나는 국내외의 모든 적에 맞서 미합중국의 헌법과 법률을 지지하고 수호할 것을, 그것들에 참된 믿음과 충성을 바칠 것"을 맹세한다는 말이 나온다. 하지만 이 모든 것은, 적어도 마틴 루서 킹이 「버밍햄 감옥에서 보내는 편지」에서 주장한 것과 같은 시민 불복종과 양립할 수 있다.

72) 연합적 책무의 존재를 위한 다양한 조건은 반드시 효력 있는 법을 충족시킨 다는—법의 내용은 그러한 조건들을 제약으로 염두에 두고 결정될 것이므로— 드워킨의 법 이론을 전제하지 않는 한, 이러한 설명은 내용이나 맥락과 전적으 로 무관한 어떤 준수 의무의 근거가 되지 않을 것이다.

73) Murphy·Nagel 2002, 31~37에서 "일상의 자유지상주의"에 관한 논의를 보라.

74) 나는 여기서 시먼스(Simmons 1979·2001·2005)가 준수 의무에 관해 쓴 내 용의 많은 부분을 되풀이하고 있다. 하지만 그리너월트(Greenawalt 1989, 167) 와 마찬가지로 나는, 준수 의무에 관한 설명은 왜 우리가 특히 한 국가(자기 나 라)의 법을 준수할 특수한 책무를 띠는지를 설명해야 한다는 시먼스의 견해에 는 동의하지 않는다. 시먼스의 이 "특수성 요건"의 동기는 내 논의에 적용되는 것이 아니다. 그것은 국가에 의한 정당성 요구에 이의를 제기하는 것이기 때문 이다. 시먼스의 주장에 따르면, 이러한 정당성은 모든 시민이 특화된 도덕적 준 수 책무를 띨 경우에만 의미가 있을 수 있다. (시먼스가 동의하듯 일반적인 준 수 의무를 위한 유일한 희망인 합의 논변조차, 한 국가 이상의 나라들에 준수 를 약속하는 것이 분명 가능하다는 점에서 특수성 요건에 위배될 수 있다는 데 주목할 필요가 있다.) 나는 여기서 단지 우리가 법을 준수해야 하는 도덕적 책 무가 무엇인가를 탐구하고 있는 만큼, 우리 결론이 어떤 일정한 내용을 갖게 될 것이라고 미리 주장할 이유가 없다. 아무튼, 이제 막 논의될 그런 정치적 책무에 대한 도구적 설명은 분명 개인들에게, 그들이 긴밀하게 엮여 있는 국가의 제도 들을 유지하는 것에 대한 좀더 강한 책임을 부과할 수 있다. 게다가, 설령 내가 공정하고 이로운 제도들—어느 곳의 제도들이건—을 장려할 매우 일반적인 책 임을 띤다 할지라도, 그러한 책임을 이행하는 것과 관련된 나의 법 준수는 일반 적으로 나에 대한 관할권을 주장하는 법—대개의 경우 내가 현재 거주하는 지 역의 법—에 한정될 것이다. 이러한 문제들에 대한 논의로는 Waldron 1999를 보라. (귀화 선서는 차치하더라도, 시민권이라는 형식적인 법의 범주는 준수 의 무의 문제와 특별한 관련이 없다. 평생 동안 레바논에서 산 요르단의 팔레스타 인 시민이나 평생 동안 미국에서 산 오스트레일리아 시민 혹은 멕시코 시민을 생각해보라.)

75) 스티븐 페리(Perry 2013)는 최근에 정치적 권위—그것의 요소들이 실질적으 로 만들어질 경우 어떤 일반적 의무의 근거가 될—에 대해 다음과 같은 설명을

내놓았다. 입법자는 다른 사람들에게 책무를 부과할 권한이 있다면 좋을 경우에 대비해 그런 권한을 가지고 있다는 것이다. 이는, 국가는 권위를 가질 필요가 있기 때문에 권위를 갖는 것이라는 앤스콤(Anscombe 1990)의 생각과 관련 있다. 하지만 앤스콤과 달리 페리는, 강압적 힘의 행사가 가져올 이로움과 구별되는 다른 이로움들에 대한 책무를 부과할 힘을 국가가 가지고 있음을 설명해주는 것에 명시적으로 초점을 맞춘다. 이 곤혹스러운 논변 형태(그러는 것이 좋을 것이기 때문에 그러는 것이다)는 내버려두더라도, X가 Y에 관해서 그러한 힘을 갖는 것이 왜 가치 있는지는 불분명하다. 주체들로서는 정부가 말하는 대로 할 의무가 있다고 믿는 게 좋을 것이다. 하지만 행동에 미치는 영향과는 별개로 도덕적 관계의 단순한 사실―당신이 무엇을 해야 하는지를 내가 당신에게 말할 수 있다―이 가치 있는 이유는 무엇인가? 설령 국가가 민주적이고, 그래서 우리 모두를 평등하게 대우하는 공정한 과정을 거쳐 의무가 부과될지라도, 국가가 이러한 "규범적 힘"을 갖는 것이 그 자체로 좋을 만한 경우는 여전히 없는 것 같다. 그 경우는 약속의 경우와는 다르다. 약속의 경우에는 적어도, 내가 약속의 책무에 의해 너와 나를 묶을 수 있다는 데 가치가 있다고 논할 수 있다. 이러한 문제들에 관해서는 Edmundson 2010을 보라.

76) 나의 미준수 행위가 그러한 행위군의 일부로 간주되어야 하는지 여부를 정확히 결정하는 방법은 나쁜 결과에 대한 집단 책임과 관련된 일반적 난제에서 중요한 부분이다. 분명 그 시험은 나의 미준수 행위가 차이를 낳는가 아닌가 하는 것일 수 없다. 하지만 우리는 또한 합동으로 차이를 낳는 유형의 모든 행위가 그 행위군에 속한다고 말해서도 안 된다. 준수 행위가 더 적으면 차이를 낳지 않을 수도 있기 때문이다. 여기서 애매한 경계에 대한 어떤 설명이 있어야 할 것이다. 말했듯이, 이 중요한 문제를 여기서 더 자세히 다루는 것은 우리 영역에서 지나치게 벗어나는 일이 될 것이다.

77) 웰먼(Wellman 2005, 30~53)은 법을 준수할 의무란 구제할 의무에서 나온다는 주장을 개진하는 과정에서 이 문제를 논한다. 웰먼의 "선한 사마리아인" 논변에 대한 인상적인 비평으로는 Simmons 2005, 179~188과 Edmundson 2004, 249~252를 보라.

78) 이 내용과 관련해 레슬리 그린에게 감사한다.

79) 이 논의와 관련해 토머스 네이글에게 감사한다. "준법"이 고전적·비도구적 의미에서 하나의 덕목이 될 수 있다는 사상에 대한 탐구로는 Edmundson

2006을 보라.

80) 이 내용과 관련하여 알렉산더 게레로에게 감사한다.

81) 포즈너와 버뮬(Posner·Vermeule 2011)은 미국 행정부는 법의 구속을 받지 않으며 또 그것이 좋은 것이라는 논변에서, 국가의 기본 헌법 체계는 그대로 유지될 것이라고 간단히 가정한다.

82) 개인 자격을 띨 때의 공무원들의 법 준수의 좀더 큰 도구적 사유는 중요한 비공식적 "사회 지도자들"의 그것과 유사하다. 캔터베리 대주교를 다룬 Raz 1979, 237~238을 보라.

83) 이 내용과 관련해 바버라 프라이드에게 감사한다.

84) 좀더 회의적인 견해로는 Schauer 2010b·2012를 보라.

85) 이 점과 관련해 하트는 광범위하게 오해를 받았던 것 같다. 예를 들어 해럴드 고(Koh 1997, 2616)의 모호한 결론은 이렇다. "하트는 '준수'라는 개념 자체를 국제법에 의해 규정했다." 하트의 이론에 대한 국제법 이론가들의 또 다른 오해 사례들과 관련해서는 Lefkowitz 2008을 보라.

86) 이 마지막 문장은 또한 Weil 1983을 겨냥하고 있는 것 같다. 이 스터디그룹의 지도자는 마르티 코스케니미로, 그가 이 스터디그룹의 긴 보고서 (International Law Commission 2006b)를 "마무리했다".

87) 이것이 관습적인 국제법의 이른바 연대기적 난제가 승인 규칙의 변화들에 대한 똑같은 난제—3장에서 논의되었듯—와 일치하는 이유다.

88) Thirlway를 보라. "문명 국가들"의 국내법에서 발견되는 법 원리들이 국제법의 일부라는 것은 분명 효력의 한 가지 실질적 기준이다.

89) 3장의 좀더 폭넓은 설명을 적용해, 우리는 "법 공무원"을 "국제 재판소들의 법관, 국내 법원들의 법관, 국제기구들의 공무원, 국내 행정부의 법 공무원, 국제법 교수 등 국제법 안에서 살아가는 사람들"로 대체해야 할 것이다.

90) Waldron 2009b는 모든 일은 변화의 규칙들에 의해 이루어질 수 있다고 주장하면서 하트의 체계에서 승인 규칙들이 필요함을 강조한다. 그의 주장은 대부분의 국내법에서는 호소력을 갖는다. 하지만 법의 내용을 변경할 어떤 고전적 과정을 인정하지 않는, 완전히 정태적인 법질서의 경우에는 승인 규칙의 필요성이 남아 있다.

91) 법은 국가를 필요로 한다는 관념에 대한 법 인류학자들 간의 흥미로운 논쟁에 대해서는 Roberts 2005와 Pirie 2010을 보라.

92) 타마나하(Tamanaha 2001, 145~146)는, 법 주체들이 법적으로 요구되는 것을 할 어떤 상존하는 이유가 있다고 스스로 믿기 때문에 법에 따라 행위한다는 의미에서, 법 준수를 법 주체들이 법을 "따른다"는 뜻으로 이해하는 것 같다. 그는 이런 식으로 이해되는 효력을 거부한다는 점에서 옳다. 하나의 법체계가 존재하는 데 그것은 전혀 설득력 없는 기준은 아닐 것이다. 예를 들어 우리는, 우리 대부분이 법과 아무런 관련 없는 이유들에서 대부분의 형법에 따라 행위하기를 희망할 수도 있다(관련 언급으로는 Raz 1994, 343을 보라). 그럼에도 불구하고 형법 체계는 유효하다.

93) 바로 이 부분에서 "형법의 소관"의 적절한 범위에 관한 앤서니 더프와 그의 비판자들 간의 매우 유익한 논쟁이 끼어든다. 그러한 논쟁은 정당한 형법이 제재를 가할 수 있다는 것을 당연시한다. 만일 우리가 당국이 개입하는 것은 잘못일 것이라고 결론을 내린다면, 우리는 그 행위가 범죄화된 것이 잘못이라는 결론을 내리는 셈일 것이다. Duff 2007과 Cruft·Kramer·Reiff 2011을 보라. 나는 그러한 실질적 논쟁에 대해서는 언급하지 않는다.

94) 타마나하의 견해에 대한 탄탄한 비판으로는 Twining 2003, 223~231을 보라.

95) 범세계적 행정법에 관한 나의 간략한 논변은 다만 집행이라는 문제를 생각하는 데 도움이 되는 하나의 사례 연구를 제공하기 위한 것이긴 했지만, 어쩌면 글로벌 거버넌스를 위한 새로운 법의 가능성에 의해 제기된 또 다른 문제에 대해 언급할 가치가 있을 것이다. 그것은 바로, 법 이론가들이 국가를 넘어서는 새로운 종류의 법을 옹호하는 것이 더 나을까 아니면 현존하는 국제법 체계 내의 법의 연원들에 대한 확장된 이해를 옹호하는 것이 더 나을까 하는 문제다. 첫 번째가 적절해 보일 수 있는 이유는 국제법의 주체에는 이미 국가들만이 아니라 기관과 개인들도 포함되지만, 국제법의 연원들은 오로지 국가들의 행위에서만 발견된다는 데 있다. 옹호자들이 글로벌 거버넌스를 규제하는 새로운 법이 출현하고 있다는 자신들의 주장을 뒷받침하기 위해 제시하는 증거는 주로 제도적 실행과 관련 있다. 하지만 이러한 증거는 현재 새로운 일군의 관습법 규칙이 출현하고 있다는 주장을 뒷받침할 수 없다(Kingsbury 2009를 보라). 관습적 국제법의 기초가 될 수 있는 관행들의 관련 범위의 확대를 받아들이는 것은 현실적으로 무리한 일임이 분명하다. 하지만 새롭고 개별적이며 범세계적인 어떤 질서—그 질서와 국제법의 관계에 대해서는 협상이 필요할 것이다—의 출현과 반

대되는 그 방법의 장점은 대단히 크다. 관습적인 국제법에 대한 수정된 이해는 글로벌 거버넌스의 새로운 법 규칙들을 광범위하고 제도적으로 발전한 기존 법체계로 끌어들일 것이고, 이 기존 법체계는 파편화 논의에서 언급된 이유들로 인해 결국 새로운 법의 규범적 요청을 강화할 것이다.

96) Crawford·Watkins 2010, 289에 인용된 Cassese 2005, 241. 이 부분을 작성하는 데 도움을 준 Crawford·Watkins 2010과 나의 Murphy 2010은 내가 여기서 다룬 것보다 훨씬 더 심도 있게 이 주제들을 다루고 있다.

97) 나는 진정한 집단 책임이란 다만 어떤 집단의 구성원이 되는 데서 나오는 책임이라고 본다. 앞 장에서 이야기된 것처럼 "우리 함께" 어떤 일을 하는 경우들, 따로따로 취해진 각 행위의 효과가 도덕적으로 의미가 없더라도 우리 모두의 행위의 집합적 효과가 의미 있는 경우들은 이러한 의미에서의 집단 책임에 기대지 않고도 이해될 수 있다.

98) 지속적 반대자 규칙이란, 새로운 국제 관습 법규가 형성되기 시작한 때부터 그 법규에 집요하게 반대해온 국가는 그 법규가 국제 관습 법규로 확립된 이후에도 그 법규에 구속되지 않는다는 것이다. 지속적 반대자 규칙은 국제사법재판소가 1951년 어업 사건 판결의 부수적 의견에서 인정한 이래 상당수 학자의 지지를 받아왔으나, 이를 확인하는 국제사법재판소의 후속 판례는 없으며 이 규칙을 지지하는 국가 실행도 거의 없다. 박현석, 「지속적 반대자 규칙에 대한 지속적 반대」, 『국제법학회논총』 49권 2호(2004) 참고.─옮긴이

99) 드워킨 자신에게서 좀더 상세하고 섬세한 논증을 구한다면 Dworkin 2013을 보라.

100) 나는 이 문제를 천착하는 데 티머시 파울러의 도움을 받았다.

101) 구스타브 라드브루흐, 최종고 옮김, 삼영사, 2016─옮긴이

102) 아르투어 카우프만, 김영환 옮김, 나남출판, 2007─옮긴이

103) 한스 켈젠, 윤재왕 옮김, 박영사, 2018─옮긴이

104) 허버트 하트, 오병선 옮김, 아카넷, 2001─옮긴이

105) 로널드 드워킨, 장영민 옮김, 아카넷, 2004─옮긴이

106) 론 풀러, 박은정 옮김, 서울대학교출판문화원, 2015─옮긴이

107) 스콧 샤피로, 김대근 옮김, 근간─옮긴이

참고문헌

Ackerman, Bruce. 2010. *The Decline and Fall of the American Republic.* Cambridge, MA: Harvard University Press.

Adler, Matthew. 2006. "Popular Constitutionalism and the Rule of Recognition." *Northwestern University Law Review,* 100: 719~805.

Adler, Matthew, and Kenneth Einar Himma. 2009. *The Rule of Recognition and the U.S. Constitution.* New York: Oxford University Press.

Alexander, Larry, and Frederick Schauer. 1997. "On Extrajudicial Constitutional Interpretation." *Harvard Law Review* 110: 1359~1387.

Alexy, Robert. 2002. *The Argument from Injustice: A Reply to Legal Positivism.* Oxford: Oxford University Press.

Alston, Philip. 2002. "Resisting the Merger and Acquisition of Human Rights by Trade Law: A Reply to Petersmann." *European Journal of International Law* 13: 815~844.

Alvarez, Jose. 2005. *International Organizations as Law-Makers.* Oxford: Oxford University Press.

_____ 2008. "The Factors Driving and Constraining the Incorporation of International Law into WTO Adjudication." In *The WTO: Governance, Dispute Settlement, and Developing Countries,* edited by Merit E. Janow, Victoria Donaldson, and Alan Yanovich, 611~634. Hunington: Juris Publishing.

Anscombe, Elizabeth. 1990. "On the Source of the Authority of the State."

In *Authority*, edited by Joseph Raz, 142~173. New York, New York University Press.

Aquinas, St. Thomas. 1988. *St. Thomas Aquinas on Politics and Ethics*, translated and edited by Paul E. Sigmund. New York and London: Norton.

Aristotle. 1991. *On Rhetoric*. Translated by George A. Kennedy. New York: Oxford University Press.

Austin, John. 1995. *The Province of Jurisprudence Determined*. Cambridge: Cambridge University Press.

Bentham, Jeremy. 1970. *Of Laws in General*, edited by H. L. A. Hart. London: The Athlone Press.

_____2010. *Of the Limits of the Penal Branch of Jurisprudence*, edited by Philip Schofield. Oxford: Clarendon Press.

Benvenisti, Eyal, and George Downs. 2007. "The Empire's New Clothes: Political Economy and the Fragmentation of International Law." *Stanford Law Review* 60: 595~632.

Berlin Isaiah. 1969. "Two Concepts of Liberty." In *Four Essays on Liberty*, 118~172. Oxford: Oxford University Press.

Besson, Samantha. 2010. "Theorizing the Sources of International Law." In Besson and John Tasioulas, 163~186.

Besson, Samantha, and John Tasioulas, eds. 2010. *The Philosophy of International Law*. Oxford: Oxford University Press.

Bix, Brian H. 2005. "Raz, Authority, and Conceptual Analysis." *The American Journal of Jurisprudence* 50: 311~316.

Blackstone, William. 1765~1769. *Commentaries on the Laws of England*.

Brink, David O. 1988. "Legal Theory, Legal Interpretation, and Judicial Review." *Philosophy & Public Affairs* 17: 105~148.

Brunnée, Jutta, and Stephen Toope. 2010. *Legitimacy and Legality in International Law: An Interactional Account*. Cambridge: Cambridge University Press.

Buchanan, Allen. 2007. *Justice, Legitimacy, and Self-Determination: Moral*

Foundations for International Law. Oxford: Oxford University Press.

Buchanan, Allen, and Robert O. Keohane. 2006. "The Legitimacy of Global Governance Institutions." *Ethics and International Affairs* 20: 405~437.

Burke-White, William. 2005. "International Legal Pluralism." *Michigan Journal of International Law* 25: 963~980.

Campbell, Tom D. 1996. *The Legal Theory of Ethical Positivism*. Brookfield: Dartmouth Publishing.

_____ 2004. *Prescriptive Legal Positivism: Law, Rights and Democracy*. London: Cavendish Publishing.

_____ 2005. "Prescriptive Conceptualism: Comments on Liam Murphy, 'Concepts of Law.'" *Australian Journal of Legal Philosophy* 30: 20~29.

Cardozo, Benjamin. 1921. *The Nature of the Judicial Process*. New Haven, CT: Yale University Press.

Carnap, Rudolf. 1947. *Meaning and Necessity: A Study in Semantics and Modal Logic*. Chicago, IL: The University of Chicago Press.

Cassese, Antonio. 2005. *International Law*. Oxford: Oxford University Press.

Chalmers, David. 2011. "Verbal Disputes." *Philosophical Review* 120: 515~566.

Christiano, Thomas. 2008. *The Constitution of Equality: Democratic Authority and Its Limits*. Oxford: Oxford University Press.

Cohen, G. A. 2011. "Capitalism, Freedom and the Proletariat." In *On the Currency of Egalitarian Justice and other Essays in Political Philosophy*, edited by Michael Otsuka, 147~165. Princeton, NJ: Princeton University Press.

Coleman, Jules L. 2001a. *The Practice of Principle: In Defence of a Pragmatist Approach to Legal Theory*. Oxford: Oxford University Press.

_____ ed. 2001b. *Hart's Postscript: Essays on the Postscript to The Concept of Law*. Oxford: Oxford University Press.

_____ 2011. "The Architecture of Jurisprudence." *Yale Law Journal* 121: 2~80.

Coleman, Jules L., and Ori Simchen. 2003. "Law." *Legal Theory* 9: 1~41.

Crawford, James, and Penelope Nevill. 2012. "Relations between

International Courts and Tribunals: The 'Regime Problem.'" In Young 2012, 235~260.

Crawford, James, and Simon Olleson. 2010. "The Nature and Forms of International Responsibility." In *International Law*, edited by Malcolm D. Evans, 445~472. Oxford: Oxford University Press.

Crawford, James, and Jeremy Watkins. 2010. "International Responsibility." In Besson and Tasioulas 2010, 283~298.

Cruft, Rowan, Matthew H. Kramer, and Mark R. Reiff, eds. 2011. *Crime, Punishment, and Responsibility: The Jurisprudence of Anthony Duff.* Oxford: Oxford University Press.

Davis, Kevin. 2004. "What Can the Rule of Law Variable Tell Us about Rule of Law Reforms?" *Michigan Journal of International Law* 26: 141~161.

De Búrca, Gráinne. 2010. "The EU, the European Court of Justice and the International Legal Order after Kadi." *Harvard International Law Journal* 51: 1~49.

Dickson, Julie. 2001. *Evaluation and Legal Theory.* Oxford: Hart Publishing.

____ 2007. "Is the Rule of Recognition Really a Conventional Rule?" *Oxford Journal of Legal Studies* 27: 373~401.

____ 2008. "How Many Legal Systems? Some Puzzles Regarding the Identity Conditions of, and Relations between, Legal Systems in the European Union." *Problema* 2: 9~50.

Duff, R. A. 2007. *Answering for Crime: Responsibility and Liability in the Criminal Law.* Oxford: Hart Publishing.

Dunn, John. 2006. *Democracy: A History.* New York: Atlantic Monthly Press.

Dworkin, Ronald. 1978. *Taking Rights Seriously.* Cambridge, MA: Harvard University Press.

____ 1985. *A Matter of Principle.* Cambridge, MA: Harvard University Press.

____ 1986. *Law's Empire.* Cambridge, MA: Harvard University Press.

____ 1996. *Freedom's Law: The Moral Reading of the American Constitution.* Cambridge, MA: Harvard University Press.

____ 2006. *Justice in Robes.* Cambridge, MA: Harvard University Press.

＿＿2011. *Justice for Hedgehogs*. Cambridge, MA: Harvard University Press.

＿＿ 2013. "A New Philosophy for International Law." *Philosophy & Public Affairs* 4: 2~30.

Dyzenhaus, David. 1997. *Legality and Legitimacy: Carl Schmitt, Hans Kelsen, and Hermann Heller in Weimar*. Oxford: Oxford University Press.

＿＿ 2000. "Form and Substance in the Rule of Law." In *Judicial Review & The Constitution*, edited by Christopher Forsyth, 141~172. Oxford: Hart Publishing.

＿＿ 2006. *The Constitution of Law: Legality in a Time of Emergency*. Cambridge: Cambridge University Press.

＿＿ 2007. "The Rule of Law as the Rule of Liberal Principle." In *Ronald Dworkin*, edited by Arthur Ripstein, 56~81. Cambridge: Cambridge University Press.

＿＿ 2010. *Hard Cases in Wicked Legal Systems: Pathologies of Legality*. 2nd ed. Oxford: Oxford University Press.

＿＿2012. "Hobbes on the Authority of Law." In *Hobbes and the Law*, edited by David Dyzenhaus and Thomas Poole, 186~209. Cambridge: Cambridge University Press.

Edmundson, William A. 1998. *Three Anarchical Fallacies: An Essay on Political Authority*. Cambridge: Cambridge University Press.

＿＿2004. "State of the Art." *Legal Theory* 10: 215~259.

＿＿2006. "The Virtue of Law-Abidance." *Philosophers' Imprint* 6: 1~21.

＿＿ 2010. "Political Authority, Moral Powers and the Intrinsic Value of Obedience." *Oxford Journal of Legal Studies* 30: 179~191.

Epstein, Richard. 1979. "Causation and Corrective Justice: A Reply to Two Critics." *Journal of Legal Studies* 8: 477~504.

Finnis, John. 1967. "Blackstone's Theoretical Intentions." *Natural Law Forum* 12: 163~183.

＿＿1980. *Natural Law and Natural Rights*. Oxford: Oxford University Press.

＿＿ 1984. "The Authority of Law in the Predicament of Contemporary Social Theory." *Notre Dame Journal of Law, Ethics and Public Policy* 1:

115~137.

___ 1996. "The Truth in Legal Positivism." In *The Autonomy of Law: Essays on Legal Positivism*, edited by Robert P. George, 195~214. Oxford: Oxford University Press.

___ 2003. "Law and What I Truly Should Decide." *American Journal of Jurisprudence* 48: 107~129.

Fish, Stanley. 1989. *Doing What Comes Naturally: Change, Rhetoric, and the Practice of Theory in Literary & Legal Studies*. Durham, NC: Duke University Press.

Fodor, Jerry. 2004. "Water's Water Everywhere." Review of *Kripke: Names, Necessity and Identity* by Christopher Hughes. *London Review of Books*, October 21, 17~19.

Fuller, Lon. 1969. *The Morality of Law*. New Haven, CT: Yale University Press.

Gallie, W. B. 1955. "Essentially Contested Concepts." *Proceedings of the Aristotelian Society* 56: 167~198.

Gardner, John. 2001. "Legal Positivism: 5 1/2 Myths." *American Journal of Jurisprudence* 46: 199~227.

___ 2012. "How Law Claims, What Law Claims." In *Institutionalized Reason: The Jurisprudence of Robert Alexy*, edited by Matthias Klatt, 29~44. Oxford: Oxford University Press.

Garzón Valdés, Ernesto. 1998. "Two Models of Legal Validity: Hans Kelsen and Francisco Suárez." In Paulson and Paulson, 1998, 263~272.

Goldsmith, Jack, and Daryl Levinson. 2009. "Law for States: International Law, Constitutional Law, Public Law." *Harvard Law Review* 122: 1791~1868.

Goldsmith, Jack L., and Eric A. Posner. 2005. *The Limits of International Law*. New York: Oxford University Press.

Golove, David. 2005~2006. "Leaving Customary International Law Where It Is: Goldsmith and Posner's The Limits of International Law." *Georgia Journal of International and Comparative Law* 34: 333~377.

Green, Leslie. 1988. *The Authority of the State*. Oxford: Oxford University Press.

_____ 1999. "Positivism and Conventionalism." *Canadian Journal of Law and Jurisprudence* 12: 35~52.

_____ 2010. "Law as a Means." In *The Hart-Fuller Debate in the Twenty-First Century*, edited by Peter Cane, 169~187. Oxford: Hart Publishing.

Greenawalt, Kent. 1989. *Conflicts of Law and Morality*. Oxford: Oxford University Press.

Greenberg, Mark. 2011. "The Standard Picture and Its Discontents." In *Oxford Studies in Philosophy of Law: Volume 1*, edited by Leslie Green and Brian Leiter, 39~106. Oxford: Oxford University Press.

Guzman, Andrew T. 2002. "A Compliance-Based Theory of International Law." *California Law Review* 90: 1826~1887.

_____ 2008. *How International Law Works: A Rational Choice Theory*. New York: Oxford University Press.

Habermas, Jürgen. 1996. *Between Facts and Norms: Contributions to a Discourse Theory of Law and Democracy*. Translated by William Rehg. Cambridge, MA: MIT Press.

Hand, Learned. 1952. "How Far Is a Judge Free in Rendering a Decision." In *The Spirit of Liberty: Papers and Addresses of Learned Hand* 103~110. New York: Knopf.

Hare, R. M. 1982. *Moral Thinking: Its Levels, Method, and Point*. Oxford: Oxford University Press.

Hart, H. L. A. 1958. "Positivism and the Separation of Law and Morals." *Harvard Law Review* 71 (1958): 593~629. Reprinted in Hart 1984, 49~87.

_____1982. *Essays on Bentham*. Oxford: Oxford University Press.

_____ 1984. *Essays in Jurisprudence and Philosophy*. Oxford: Oxford University Press.

_____1994. *The Concept of Law*. 2nd ed. Oxford: Oxford University Press.

Hathaway, Oona, and Scott J. Shapiro. 2011. "Outcasting: Enforcement in

Domestic and International Law." *Yale Law Journal* 121: 252~349.

Henkin, Louis. 1979. *How Nations Behave*. 2nd ed. New York: Columbia University Press.

Hill, Thomas. 2002. "Questions about Kant's Opposition to Revolution." *The Journal of Value Inquiry* 36: 283~298.

Himma, Kenneth. 2002. "Inclusive Legal Positivism." In *The Oxford Handbook of Jurisprudence and Philosophy of Law*, edited by Jules Coleman and Scott Shapiro, 125~165. Oxford: Oxford University Press.

Hobbes, Thomas. 1651. *Leviathan*.

____ (1681) 1971. *A Dialogue between a Philosopher and a Student of the Common Laws of England*, edited by Joseph Cropsey. Chicago, IL: The University of Chicago Press.

Howse, Robert. 2007. "The Concept of Odious Debt in Public International Law." United Nations Conference on Trade and Development Discussion Paper, No. 185. http://unctad.org/en/Docs/osgdp20074_en.pdf.

Howse, Robert, and Ruti Teitel. 2010. "Beyond Compliance: Rethinking Why International Law Really Matters." *Global Policy* 1: 127~136.

Holmes, Oliver Wendell, Jr. 1897. "The Path of the Law." *Harvard Law Review* 10: 457~478.

Hume, David. 1978. 2nd ed. *A Treatise of Human Nature*, edited by L. A. Selby-Bigge, 2nd ed. revised by P. H. Nidditch. Oxford: Oxford University Press.

____ 1994. "Of the Original Contract." In David Hume, "Political Writings." edited by Stuart D. Warner and Donald W. Livingston, 164~181.

International Law Commission. 2006a. "Conclusions of the work of the Study Group on the Fragmentation of International Law: Difficulties Arising from the Diversification and Expansion of International Law." UN Doc. Á61/10, para. 251.

____ 2006b. "Fragmentation of International Law: Difficulties Arising from the Diversification and Expansion of International Law." Report of the Study Group of the International Law Commission, Finalized by Martti

Koskenniemi. UN Doc. ÁCN.4/L.682.

Jackson, Frank. 1998. From Metaphysics to Ethics: In Defense of Conceptual Analysis. Oxford: Oxford University Press.

Kant, Immanuel. 1996. *The Metaphysics of Morals*, edited by Mary Gregor. Cambridge: Cambridge University Press.

Kelsen, Hans. 1928. "Natural Law Doctrine and Legal Positivism." Reprinted in Kelsen 2006, 391~446.

____ 1967. *Pure Theory of Law*. 2nd ed. Berkeley: University of California Press.

____ 1973. "Law and Morality." In *Essays in Legal and Moral Philosophy*, edited by Ota Weinberger and translated by Peter Heath, 83~94. Dordrecht: Reidel.

____ 2000. "On the Essence and Value of Democracy." In *Weimar: A Jurisprudence of Crisis*, edited by Arthur Jacobson and Bernhard Schlink, translated by Belinda Cooper, 84~109. Berkeley: University of California Press.

____ 2006. *General Theory of Law and State*. New Brunswick, NJ: Transaction Publishers.

Kennedy, Duncan. 1976. "Form and Substance in Private Law Adjudication." *Harvard Law Review* 89: 1685~1778.

____ 1998. *A Critique of Adjudication (Fin de siecle)*. Cambridge, MA: Harvard University Press.

Kingsbury, Benedict. 1999. "Foreword: Is the Proliferation of International Courts and Tribunals a Systemic Problem?" *New York University Journal of International Law and Politics* 31: 679~696.

____ 2003. "Legal Positivism as Normative Politics: International Society, Balance of Power and Lassa Oppenheim's Positive International Law." In *East Asian and European Perspectives on International Law*, edited by Michael Stolleis and Masaharu Yanagihara, 139~178. Baden-Baden: Nomos.

____ 2009. "The Concept of Law in Global Administrative Law." *European*

Journal of International Law 20: 23~57.

Kingsbury, Benedict, Nico Krisch, and Richard Stewart. 2005. "The Emergence of Global Administrative Law." *Law and Contemporary Problems* 68: 15~61.

Koh, Harold Hongju. 1997. "Why Do Nations Obey International Law?" *Yale Law Journal* 106: 2599~2695.

Kornhauser, Lewis. 2004. "Governance Structures, Legal Systems, and the Concept of Law." *Chicago-Kent Law Review* 79: 355~381.

____ Unpublished Manuscript. "Designing Collegial Courts." Last revised 2012. Adobe pdf file.

Koskenniemi, Martti. 2002. "The Lady Doth Protest Too Much: Kosovo and the Return to Ethics in International Law." *Modern Law Review* 65: 159~175.

____ 2012. "Hegemonic Regimes." In Young 2012, 305~324.

Koskenniemi, Martti, and Päivi Leino. 2002. "Fragmentation of International Law? Postmodern Anxieties." *Leiden Journal of International Law* 15: 553~579.

Kramer, Matthew. 2003. *In Defense of Legal Positivism: Law without Trimmings*. Oxford: Oxford University Press.

Kripke, Saul. 1980. *Naming and Necessity*. Cambridge, MA: Harvard University Press.

Kumm, Mattias. 2005. "The Jurisprudence of Constitutional Conflict: Constitutional Supremacy in Europe before and after the Constitutional Treaty." *European Law Journal* 11: 262~307.

____ 2012. "The Moral Point of Constitutional Pluralism: Defining the Domain of Legitimate Institutional Civil Disobedience and Conscientious Objection." In *Philosophical Foundations of European Union Law*, edited by Julie Dickson and Pavlos Eleftheriadis, 216~246. Oxford: Oxford University Press.

Lacey, Nicola. 2006. *A life of H. L. A. Hart: The Nightmare and the Nobel Dream*. Oxford: Oxford University Press.

Lamond, Grant. 2001. "Coercion and the Nature of Law." *Legal Theory* 7: 35~57.

Lefkowitz, David. 2004. "Legitimate Political Authority and the Duty of Those Subject to It: A Critique of Edmundson." *Law and Philosophy* 23: 399~435.

___ 2008. "(Dis)solving the Chronological Paradox in Customary International Law: A Hartian Approach." *The Canadian Journal of Law and Jurisprudence* 21: 129~148.

Levinson, Daryl. 2011. "Parchment and Politics." *Harvard Law Review* 124: 657~746.

Lieberman, David. 1989. *The Province of Legislation Determined: Legal Theory in Eighteen-century Britain.* Cambridge: Cambridge University Press.

Mackie, J. L. 1974. "What Is De Re Modality?" *Journal of Philosophy* 71: 551~561.

Marmor, Andrei. 2009. *Social Conventions: From Language to Law.* Princeton, NJ: Princeton University Press.

___ 2010. "The Pure Theory of Law." In *The Stanford Encyclopedia of Philosophy* (Fall 2010 Edition), edited by Edward N. Zalta. http://plato.stanford.edu/archives/fall2010/entries/lawphil-theory/.

___ 2011. *Philosophy of Law.* Princeton, NJ: Princeton University Press.

McRae, Donald. 2012. "The Work of the International Law Commission, 2007~2011: Progress and Prospects." *The American Journal of International Law* 106: 322~340.

Morrison, Trevor W. 2010. "Stare Decisis in the Office of Legal Counsel." *Columbia Law Review* 110: 1448~1525.

Murphy, Liam. 2001a. "The Political Question of the Concept of Law." In Coleman 2001b, 371~409.

___ 2001b. "Beneficence, Law, and Liberty: The Case of Required Rescue." *Georgetown Law Journal* 89: 605~665.

___ 2005. "Concepts of Law." *Australian Journal of Legal Philosophy* 30: 1~

19.

_____ 2007. "Razian Concepts." *American Philosophical Association Newsletter on Philosophy and Law* 6: 27~31.

_____ 2008. "Better to See Law This Way." *New York University Law Review* 83: 1088~1108.

_____ 2010. "International Responsibility." In Besson and John Tasioulas, 299~320.

Murphy, Liam, and Thomas Nagel. 2002. *The Myth of Ownership: Taxes and Justice.* New York: Oxford University Press.

Nagel, Thomas. 2005. "The Problem of Global Justice." *Philosophy & Public Affairs* 33: 113~147.

Nozick, Robert. 1974. *Anarchy, State, and Utopia.* New York: Basic Books.

Parfit, Derek. 1984. *Reasons and Persons.* Oxford: Oxford University Press.

Paulson, Stanley L. 1998. "Introduction." In Paulson and Paulson 1998, xxiii ~liii.

_____ 2006. "On the Background and Significance of Gustav Radbruch's Post-War Papers." *Oxford Journal of Legal Studies* 26: 17~40.

Paulson, Stanley L., and Bonnie Litschewski Paulson, eds. 1998. *Normativity and Norms: Critical Perspectives on Kelsenian Themes.* Oxford: Oxford University Press.

Pauwelyn, Joost. 2003. *Conflict of Norms in Public International Law–How WTO Law Relates to Other Rules of International Law.* New York: Cambridge University Press.

Payandeh, Merhdad. 2011. "The Concept of International Law in the Jurisprudence of HLA Hart." *European Journal of International Law* 21: 967~995.

Perry, Stephen. 1987. "Judicial Obligation, Precedent, and the Common Law." *Oxford Journal of Legal Studies* 7: 215~257.

_____ 2001. "Hart's Methodological Positivism." In Coleman 2001b, 311~354.

_____ 2009. "Where All Have the Powers Gone: Hartian Rules of Recognition, Noncognitivsm, and the Constitutional and Jurisprudential

무엇이 법을 만드는가

Foundations of Law." In Adler and Himma 2009, 295~326.

_____ 2013. "Political Authority and Political Obligation." In *Oxford Studies in Philosophy of Law: Volume 2*, edited by Leslie Green and Brian Leiter, 1~73. Oxford: Oxford University Press.

Pirie, Fernanda. 2010. "Law before Government: Ideology and Aspiration." *Oxford Journal of Legal Studies* 30: 207~228.

_____ 2013. *The Anthropology of Law*. Oxford: Oxford University Press.

Pogge, Thomas. 2002. *World Poverty and Human Rights: Cosmopolitan Responsibilities and Reforms*. Cambridge: Polity Press.

Posner, Eric, and Adrian Vermeule. 2011. *The Executive Unbound: After the Madisonian Republic*. New York: Oxford University Press.

Posner, Richard. 2008. *How Judges Think*. Cambridge, MA: Harvard University Press.

Postema, Gerald. 1986. *Bentham and the Common Law Tradition*. New York: Oxford University Press.

_____ 2012. "Legal Positivism: Early Foundations." In *The Routledge Companion to Philosophy of Law*, edited by Andrei Marmor, 31~47. New York: Routledge.

Putnam, Hilary. 1975. "The Meaning of 'Meaning.'" In *Mind, Language, and Reality: Philosophical Papers, Volume 2*, 215~271. Cambridge: Cambridge University Press.

Radbruch, Gustav. 2006. "Statutory Lawlessness and Supra-Statutory Law." Translated by Bonnie Litschewski Paulson and Stanley L. Paulson. *Oxford Journal of Legal Studies* 26: 1~11.

Railton, Peter. 1984. "Alienation, Consequentialism, and the Demands of Morality." *Philosophy & Public Affairs* 13: 134~171.

Rawls, John. 1996. *Political Liberalism*. New York: Columbia University Press.

_____ 1999. *A Theory of Justice*. Revised edition. Cambridge, MA: Harvard University Press.

Raz, Joseph. 1979. *The Authority of Law: Essays on Law and Morality*. Oxford:

Oxford University Press.

_____ 1980. 2nd ed. *The Concept of a Legal System: An Introduction to the Theory of Legal System.* Oxford: Oxford University Press.

_____1985. "Authority and Justification." *Philosophy & Public Affairs* 14: 3~29.

_____ 1986. "Dworkin: A New Link in the Chain." *California Law Review* 74: 1103~1119.

_____1988. *The Morality of Freedom.* Oxford: Oxford University Press.

_____1993. "H. L. A. Hart (1907~992)." *Utilitas* 5: 145~156.

_____ 1994. *Ethics in the Public Domain: Essays in the Morality of Law and Politics.* Oxford: Oxford University Press.

_____ 1999. *Practical Reason and Norms.* 2nd ed. Oxford: Oxford University Press.

_____ 2001. "Two Views of the Nature of the Theory of Law." In Coleman 2001b, 1~38.

_____2004. "Incorporation by Law." *Legal Theory* 10: 1~17.

_____ 2005. "Can There Be a Theory of Law?" In *The Blackwell Guide to the Philosophy of Law and Legal Theory,* edited by Martin P. Golding and William A. Edmundson, 324~342. Malden: Blackwell Publishing.

Ripstein, Arthur. 2009. *Force and Freedom: Kant's Legal and Political Philosophy.* Cambridge, MA: Harvard University Press.

Roberts, Simon. 2005. "After Government? On Representing Law without the State." *Modern Law Review* 68: 1~24.

Rundle, Kristen. 2012. *Forms Liberate: Reclaiming the Jurisprudence of Lon L Fuller.* Oxford: Hart Publishing.

Scalia, Antonin. 1998. *A Matter of Interpretation: Federal Courts and the Law,* edited by Amy Gutmann. Princeton, NJ: Princeton University Press.

Scanlon, T. M. 1998. *What We Owe to Each Other.* Cambridge, MA: Harvard University Press.

Schauer, Frederick. 1991. *Playing by the Rules: A Philosophical Examination of Rule-based Decision Making in Law and in Life.* Oxford: Oxford University Press.

_____ 2005. "The Social Construction of the Concept of Law: A Reply to Julie Dickson." *Oxford Journal of Legal Studies* 25: 493~501.

_____ 2010a. "Was Austin Right After All? On the Role of Sanctions in a Theory of Law." *Ratio Juris* 23: 1~21.

_____ 2010b. "When and How (If at All) Does Law Constrain Official Action?" *Georgia Law Review* 44: 769~801.

_____ 2012. "The Political Risk (If Any) of Breaking The Law." *Journal of Legal Analysis* 4: 83~101.

Segal, Gabriel M. A. 2004. "Reference, Causal Powers, Externalist Intuitions and Unicorns." In *The Externalist Challenge*, edited by Richard Schantz, 329~346. Berlin: Walter de Gruyter.

Shapiro, Scott. 2011. *Legality*. Cambridge, MA: Harvard University Press.

Shklar, Judith N. 1998. *Political Thought and Political Thinkers*, edited by Stanley Hoffmann. Chicago, IL: University of Chicago Press.

Sidgwick, Henry. 1982. *The Methods of Ethics*. Indianapolis, IN: Hackett Publishing.

_____ 2000. "Bentham and Benthamism in Politics and Ethics." In *Essays on Ethics and Method*, edited by Marcus G. Singer, 195~218. Oxford: Oxford University Press.

Simmons A. John. 1979. *Moral Principles and Political Obligations*. Princeton, NJ: Princeton University Press.

_____ 2001. *Justification and Legitimacy*. Cambridge: Cambridge University Press.

_____ 2005. "The Duty to Obey and our Natural Moral Duties." In Wellman and Simmons, 93~196.

Simmons, Beth. 2010. "Treaty Compliance and Violation." *Annual Review of Political Science* 13: 273~296.

Smith, Stephen A. 2011. "Normativity of Private Law." *Oxford Journal of Legal Studies* 31: 215~242.

Soper, Philip. 1984. *A Theory of Law*. Cambridge, MA: Harvard University Press.

_____ 2002. *The Ethics of Deference: Learning from Law's Morals*. Cambridge: Cambridge University Press.

_____ 2007. "In Defense of Classical Natural Law in Legal Theory: Why Unjust Law Is No Law at All." *The Canadian Journal of Law and Jurisprudence* 20: 201~223.

Stavropoulos, Nicos. 1996. *Objectivity in Law*. Oxford: Oxford University Press.

_____ 2003. "Interpretivist Theories of Law." In *The Stanford Encyclopedia of Philosophy* (Fall 2008 Edition), edited by Edward N. Zalta. http://plato. stanford.edu/archives/fall2008/entries/law-interpretivist/.

_____ 2014 Forthcoming. "Legal Interpretivism." In *The Stanford Encyclopedia of Philosophy*, edited by Edward N. Zalta, ⟨http://plato.stanford.edu⟩.

Tamanaha, Brian. 2001. *A General Jurisprudence of Law and Society*. Oxford: Oxford University Press.

Tasioulas, John. 2007. "Customary International Law and the Quest for Global Justice." In *The Nature of Customary Law: Philosophical, Historical and Legal Perspectives*, edited by Amanda Perreau-Saussine and James B. Murphy, 307~335. Cambridge: Cambridge University Press.

Thirlway, Hugh. 2006. "The Sources of International Law." In *International Law*, 2nd ed., edited by Malcolm D. Evans, 115~140. Oxford: Oxford University Press.

Twining, William. 2003. "A Post-Westphalian Conception of Law." *Law and Society Review* 37: 199~258.

_____ 2009. *General Jurisprudence: Understanding Law from a Global Perspective*. Cambridge: Cambridge University Press.

von Bogdandy, Armin, Philipp Dann, and Matthias Goldmann. 2008. "Developing the Publicness of Public International Law: Towards a Legal Framework for Global Governance Activities." *German Law Journal* 9: 1375~1400.

Waldron, Jeremy. 1996. "Kant's Legal Positivism." *Harvard Law Review* 109: 1535~1566.

_____ 1999. "Special Ties and Natural Duties." In *The Duty to Obey the Law: Selected Philosophical Readings*, edited by William A. Edmundson, 271~299. Lanham, MD: Rowman & Littlefield Publishers.

_____ 2001. "Normative (or Ethical) Positivism." In Coleman 2001b, 410~434.

_____ 2002. "Is the Rule of Law an Essentially Contested Concept (in Florida)?" *Law and Philosophy* 21: 137~164.

_____ 2007. "Legislation and the Rule of Law." *Legisprudence* 1: 91~124.

_____ 2008. "The Concept and the Rule of Law." *Georgia Law Review* 43: 1~61.

_____ 2009a. "Can There Be a Democratic Jurisprudence?" *Emory Law Journal* 58: 675~712.

_____ 2009b. "Who Needs Rules of Recognition?" In Adler and Himma 2009, 327~349.

Walker, Neil, and Grainne de Burca. 2007. "Reconceiving Law & New Governance." *Columbia Journal of European Law* 13: 519~537.

Waluchow, Wilfrid J. 1994. *Inclusive Legal Positivism*. Oxford: Oxford University Press.

Weil, Prosper. 1983. "Towards Relative Normativity in International Law?" *The American Journal of International Law* 77: 413~442.

Weinberg, Jonathan, Shaun Nichols, and Stephen Stich. 2001. "Normativity and Epistemic Intuitions." *Philosophical Topics* 29: 429~460.

Wellman, Christopher Heath. 2005. "Samaritanism and the Duty to Obey the Law." In Wellman and Simmons 2005, 3~89.

Wellman, Christopher Heath, and A. John Simmons. 2005. *Is There a Duty to Obey the Law?*. Cambridge: Cambridge University Press.

Whittington, Keith E. 2009. *Political Foundations of Judicial Supremacy: The Presidency, the Supreme Court, and Constitutional Leadership in U.S. History*. Princeton, NJ: Princeton University Press.

Williams, Glanville. 1945. "International Law and the Controversy Concerning the Word 'Law.'" *The British Year Book of International Law* 22: 146~163.

Yankah, Ekow. 2008. "The Force of Law: The Role of Coercion in Legal Normativity." *University of Richmond Law Review* 42: 1195~1255.

Young, Margaret A, ed. 2012. *Regime Interaction in International Law: Facing Fragmentation*. Cambridge: Cambridge University Press.

무엇이 법을 만드는가

1판 1쇄 2021년 2월 15일
1판 3쇄 2023년 3월 6일

지은이 리엄 머피
옮긴이 이종철 김대근
펴낸이 강성민
편집장 이은혜
책임편집 한선예
마케팅 정민호 이숙재 박치우 한민아 이민경 박진희 정경주 정유선 김수인
브랜딩 함유지 함근아 박민재 김희숙 고보미 정승민
제작 강신은 김동욱 임현식

펴낸곳 (주)글항아리 | 출판등록 2009년 1월 19일 제406-2009-000002호
주소 10881 경기도 파주시 심학산로 10 3층
전자우편 bookpot@hanmail.net
전화번호 031-955-1936(편집부) 031-955-8869(마케팅)
팩스 031-955-2557

ISBN 978-89-6735-861-7 93360

www.geulhangari.com